叶晓锋 · 著

丝绸之路

沿线语言比较视野中的

上古汉语
词汇研究

ZHEJIANG UNIVERSITY PRESS
浙江大学出版社
·杭州·

图书在版编目（CIP）数据

丝绸之路沿线语言比较视野中的上古汉语词汇研究 /
叶晓锋著. — 杭州：浙江大学出版社，2022.12
ISBN 978-7-308-23512-9

Ⅰ．①丝… Ⅱ．①叶… Ⅲ．①古汉语－词汇－研究
Ⅳ．①H131

中国国家版本馆CIP数据核字（2023）第019776号

丝绸之路沿线语言比较视野中的上古汉语词汇研究

叶晓锋　著

策划编辑	杨利军（ylj_zjup@qq.com）	
责任编辑	张培洁	
责任校对	闻晓虹	
封面设计	雷建军	
出版发行	浙江大学出版社	
	（杭州市天目山路148号　　邮政编码　310007）	
	（网址：http://www.zjupress.com）	
排　　版	杭州林智广告有限公司	
印　　刷	广东虎彩云印刷有限公司绍兴分公司	
开　　本	710mm×1000mm　1/16	
印　　张	14	
字　　数	248千	
版 印 次	2022年12月第1版　2022年12月第1次印刷	
书　　号	ISBN 978-7-308-23512-9	
定　　价	68.00元	

目　录

1

绪 论

▼

1.1　研究缘起

自从德国人李希霍芬（Ferdinand Freiherr von Richthofen，1833—1905）提出"丝绸之路"这一概念之后，"丝绸之路"这一名称逐渐得到中外学术界的认可。[①]

丝绸之路历史悠久，远在张骞出使西域之前，就已经存在。中国通过丝绸之路联通东南亚、中亚、西亚、欧洲、非洲。丝绸之路主要有两条：北方丝绸之路和南方丝绸之路。[②] 北方丝绸之路从中国西北出发，经过中亚、南亚、西亚，从而连接欧洲、非洲。北方丝绸之路涉及的语言主要是阿尔泰语、印欧语、闪含语。南方丝绸之路从中国西南和东南沿海出发，经过东南亚、印度和波斯，抵达西亚、非洲、欧洲。南方丝绸之路涉及的语言主要有藏缅语、侗台语、苗瑶语、南岛语、南亚语、印欧语、闪含语。上古中国与丝绸之路沿线国家和地区存在频繁的交流和互动，这必然会带来语言上的接触和融合。但是迄今为止，学术界尚未全面系统地将上古汉语与丝绸之路沿线语言展开历史比较。本书将

---

① 详见 Von Richthofen, F. F. *China: Ergebnisse eigener Reisen und darauf gegründeter Studien*. Berlin: D. Reimer, 1877, p.454；Mair, V. H. *Reconfiguring the Silk Road: New Research on East-West Exchange in Antiquity*. Philadelphia: University of Pennsylvania Press, 2014, p.1；荣新江：《从张骞到马可·波罗：丝绸之路十八讲》，江西人民出版社，2022 年，第 1—2 页。

② 刘迎胜：《从西太平洋到北印度洋——古代中国与亚非海域》，南京大学出版社，2017 年，第 476 页。

首次全面地比较上古汉语与丝绸之路沿线的语言（包括印欧语、阿尔泰语、闪含语、藏缅语、侗台语、苗瑶语、南亚语、南岛语等）之间的基本词，努力还原上古汉语与丝绸之路沿线语言的演化与接触情况。

本书期望全面讨论上古汉语与丝绸之路沿线语言之间的关系，进而还原上古中国与丝绸之路沿线文明交流与互动的历史，为当前的人类文明交流互鉴研究提供有益的参考。

语言的演化与地貌的演变相似，会呈现出不均衡性。这种不均衡性很大程度上代表了语言发展的不同时期的面貌，为我们考察语言演化的历史提供了很好的参照。也就是说，即便时间上的序列存在空白，空间上的差异仍然可能为我们探索语言演化的历史提供宝贵的线索。因此，不同语言之间的比较研究是语言研究的重要推动力。

同时，语言和人群、部落、民族一样，与其他异质语言一直存在接触与交融，就会产生一些新的语言特征，因此，不同时期突然出现的新词语是非常值得重视的研究材料。如果这些新词语能在其他语言中找到对应的词语，就能为我们揭示不同历史时期不同文明之间的互鉴提供宝贵线索，甚至可以弥补历史记载的缺漏以及考古学偏重物质文化遗存的不足。因为历史记载往往包含了书写者的认知、关注角度和焦点，无法反映全部历史事实。比如春秋时期中国医学有没有受到其他文明医学的影响，这个问题是不见于历史记载的。同时，物质文化遗产的保存与发现具有偶然性，一件文物从过去的时代保存下来需要诸多特殊的条件，特别是技术类考古，有时面临物质遗存缺失的问题。但是从语言考古学的角度看，还是能发现一些线索的。

《史记·扁鹊仓公列传》："姓秦氏，名越人……为医或在齐，或在赵。在赵者名扁鹊。"根据这段记载可知，春秋时期的著名神医秦越人，到了赵国后有了一个新的名字"扁鹊"。有意思的是，"扁鹊"又写作"敝昔"，在成都老官山汉墓医简中，有《敝昔医论》，这里的"敝昔"就是"扁鹊"。①

根据早期佛教梵汉对音材料，泰部字许多韵尾为 -s，"敝"为并母泰部字，上古音为 *bas；"昔"为心母铎部字，上古音为 *sak。因此，"敝昔"上古音为

---

① 吴晓玲、陈四四：《920 支医简内含 10 部医书 价值远超马王堆》，《四川日报》2013 年 12 月 18 日。

*bassak。① 其实"敝昔"（即"扁鹊"）和印欧语中的印度 – 伊朗语支表示"医生"的词语非常相似。如梵文 bhishag（医生），巴利文 bhisakka（医生、内科医生），印度铭文 bishak（国王的医学顾问、内科医生），阿萨姆语 bez（医生），巴列维语 bizeʃk（医生、内科医生），波斯语 bizishk（医生、内科医生）。② 值得一提的是，"医术"，英语是 fisicien、fisitien、phisicien，古法语是 fisike，一般认为和拉丁语 physica（本质）以及希腊语 physikē（本质）同源，③ 但是如果从印度 – 伊朗语支看，显然是梵文 bhishag 的同源词。

根据上述材料，可以看到，"敝昔"（即"扁鹊"）和印度 – 伊朗语里的 bhishag（医生）对应。

此外，上古时期在秦国医生的医学术语中，"痹"指代"风病"，"达"表示"针"（如《左传》中有"达之不及"），从上古汉语内部很难解释，但是通过语言之间的比较可以发现，"痹"（*pit）和印度 – 伊朗语中的 vad~bad（风）对应，"达"（*dat）可以和梵文中的 tātala（铁针）对应。④

通过上面一系列医学术语的还原和比对，可以发现上古时期中国医学和印度医学之间存在互鉴和交流的情况。通过这种语言考古学手段，可以弥补上古史料和现有物质遗产考古学的缺失，丰富我们对上古中国与丝绸之路上的其他文明之间的互动、互鉴情况的认知。

---

① 在翻译过程中可能是后一音节的声母 s- 发音比较长，所以又成了前一音节的韵尾。这种在上古翻译当中很常见，如佛教里的 namo，对应的汉语是"南无"*namm，显然在当时汉语听者听感上 namo 中的 m 比较长，不仅是后一音节的声母，也是前一音节的韵尾。

② Mackenzie, D. N. *A Concise Pahlavi Dictionary*. London: Oxford University Press, 1971, p.18；Steingass, F. J. *A Comprehensive Persian-English Dictionary*. London: Routledge & K.Paul, 1892, p.183；Macdonell, A. A. *A Practical Sanskrit Dictionary with Transliteration, Accentuation, and Etymological Analysis Throughout*. London: Oxford University Press, 1929, p.84；Davids, T. W. & Stede, W. *The Pali Text Society's Pali-English Dictionary*. Chipstead: The Pali Text Society, 1921, p.505；Sircar, D. C. *Indian Epigraphical Glossary*. Delhi: Motilal Banarsidass, 1966, p.54.

③ 详见 https://www.etymonline.com/word/physic?ref=etymonline_crossreference，2022-12-15。

④ 详见叶晓锋、陈永霖：《从丝绸之路语言接触的角度看先秦部分医学词语的来源——以"扁鹊"、"痹"、"达"等词语为例》，《民族语文》2018 年第 1 期。

1.2　国内外研究现状综述

迄今为止，中外学者将汉语与丝绸之路沿线语言展开比较，取得了一系列丰硕的成果。

关于汉语和藏缅语之间的关系，一般认为两者之间存在亲属关系。在汉藏语比较方面，成果众多。俞敏、马学良、邢公畹、戴庆厦、孙宏开、丁邦新、吴安其、潘悟云、薛才德、全广镇、金理新、白保罗（P. K. Benedict）、包拟古（N. C. Bodman）、柯蔚南（W. S. Coblin）、马提索夫（J. A. Matisoff）、向柏霖（G. Jacques）等人的研究成果，使我们对汉藏语同源词有了更深的认知。[①]

关于汉语和侗台语之间的关系，李方桂、邢公畹、梁敏、张均如、邢凯、倪大白、覃小航、石林、陈孝珍、陈保亚等学者对侗台语展开了深入的比较分析，李方桂、邢公畹等认为两者是亲属关系，但是白保罗、陈保亚、金理新等认为侗台语和汉语的相似是深度接触导致的借用现象，从根本上来看侗台语和

---

　　① 俞敏：《汉藏同源字稿谱》，《民族语文》1989 年第 1 期；马学良：《汉藏语概论》（上、下），北京大学出版社，1991 年；郑张尚芳：《上古音系》，上海教育出版社，2013 年；龚煌城：《汉藏语研究论文集》，北京大学出版社，2004 年；邢公畹：《汉藏语同源词初探》，载丁邦新、孙宏开：《汉藏语同源词研究（二）：汉藏、苗瑶同源词专题研究》，广西民族出版社，2001 年；戴庆厦、彭茹：《景颇语的基数词：兼与汉语等亲属语言比较》，《民族语文》2015 年第 5 期；孙宏开：《原始汉藏语的复辅音问题：关于原始汉藏语音节结构构拟的理论思考之一》，《民族语文》1999 年第 6 期；吴安其：《汉藏语同源研究》，中央民族大学出版社，2002 年；潘悟云：《汉语历史音韵学》，上海教育出版社，2000 年；金理新：《上古汉语音系》，黄山书社，2002 年；金理新：《汉藏语核心词研究》，黄山书社，2010 年；薛才德：《汉语藏语同源字研究：语义比较法的证明》，上海大学出版社，2001 年；全广镇：《汉藏语同源词综探》，台湾学生书局，1996 年；Benedict, P. K. & Matisoff, J. A. *Sino-Tibetan: A Conspectus*. Cambridge: Cambridge University Press, 1972；Matisoff, J. A. *Handbook of Proto-Tibeto-Burman: System and Philosophy of Sino-Tibetan Reconstruction*. Berkeley: University of California Press, 2003；Coblin, W. S. *A Sinologists Handlist of Sino-Tibetan Lexical Comparisons*. Nettetal: Steyler Verlag, 1986；Bodman, N. C. Tibetan Sdud 'Folds of a Garment', The Character 卒 ', and the * St-Hypothesis, *Bulletin of the Institute of History and Philology*, 1969(39)；包拟古：《原始汉语与汉藏语》，潘悟云、冯蒸译，中华书局，1995 年；Sagart, L., Jacques, G., Lai,Y., et al. Dated Language Phylogenies Shed Light on the Ancestry of Sino-Tibetan, *Proceedings of the National Academy of Sciences*, 2019, 116(21)；斯塔罗斯金：《古代汉语音系的构拟》，林海鹰、王冲译，北京大学出版社，2012 年；沙加尔：《上古汉语词根》，龚群虎译，上海教育出版社，2004 年。

汉语不是亲属关系。①

关于汉语和苗瑶语之间的关系，王辅世、毛宗武、陈其光、拉特利夫（M. Ratliff）、李云兵、石德富、王艳红等学者有深入的研究，取得了一系列丰硕的成果。②

关于汉语和南亚语之间的关系，罗杰瑞、梅祖麟、王敬骝、陈国庆等学者做了细致的研究，对早期汉语、楚语和南亚语之间的关系有许多富于启发性的观察和思考。③

关于汉语和南岛语之间的关系，白保罗、沙加尔（L. Sagart）、邢公畹、郑张尚芳、潘悟云、李壬癸、白乐思（R. A. Blust）、金理新、邓晓华、范志泉等

---

① 李方桂：《比较台语手册》，丁邦新译，清华大学出版社，2011 年；邢公畹：《汉台语比较手册》，商务印书馆，1999 年；邢凯：《汉语和侗台语研究》，军事谊文出版社，2000 年；李锦芳：《侗台语言与文化》，民族出版社，2002 年；覃小航：《侗台语源探索》，民族出版社，2009 年；石林：《侗台语比较研究》，天津古籍出版社，1997 年；陈孝玲：《侗台语核心词研究》，华中科技大学博士学位论文，2009 年；陈保亚：《论语言接触与语言联盟：汉越（侗台）语源关系的解释》，语文出版社，1996 年；欧阳觉亚：《少数民族语言与粤语》，暨南大学出版社，2011 年；曾晓渝：《侗台苗瑶语言的汉借词研究》，商务印书馆，2010 年；蒙元耀：《壮汉语同源词研究》，民族出版社，2010 年；龚群虎：《汉泰关系词的时间层次》，复旦大学出版社，2002 年；蓝庆元：《壮汉同源词借词研究》，中央民族大学出版社，2005 年。

② 陈其光：《汉语苗瑶语比较研究》，载丁邦新、孙宏开：《汉藏语同源词研究（二）：汉藏、苗瑶同源词专题研究》，广西民族出版社，2001 年；李云兵：《苗瑶语比较研究》，商务印书馆，2018 年；王辅世、毛宗武：《苗瑶语古音构拟》，中国社会科学出版社，1995 年；拉特利夫：《苗瑶语言历史研究》，余金枝等译，中国社会科学出版社，2019 年；王艳红：《苗语双借词与苗汉关系词研究》，复旦大学博士学位论文，2013 年；石德富：《汉借词与苗语固有词的语义变化》，《民族语文》2003 年第 5 期。

③ Norman, J. & Mei, T. The Austroasiatics in Ancient South China: Some Lexical Evidence, *Monumenta Serica*, 1976(32)；王敬骝：《华夏语系说》，国际汉藏语言暨语言学会议，2001 年；陈国庆：《孟高棉语族语言次要音节研究》，上海师范大学博士学位论文，2008 年；叶晓锋：《上古楚语中的南亚语成分》，《民族语文》2014 年第 3 期。

学者有全方位、多维度的研究。[①]

在以上研究的基础上，邢公畹、郑张尚芳、沙加尔、潘悟云、王敬骝等提出一个超大语系——华澳语系，这个语系涵盖汉藏语、苗瑶语、侗台语、南岛语乃至南亚语。

需要指出的是，汉语与中国境内南方少数民族语言之间的比较研究明显较多，而汉语与北方地区的阿尔泰语、印欧语以及闪含语之间的比较研究相对较少。白鸟库吉、岑仲勉、蒲立本、赵相如、梅维恒、夏含夷、吴安其、周及徐等研究过古汉语与阿尔泰语、印欧语之间的语言接触现象。[②]特别值得一提的是梅维恒和夏含夷的研究。美国学者梅维恒根据考古发现和古文字材料，发现上古汉语的"巫"（*myag）与印欧语系中波斯语的 magus（巫师、术士）、英语的 magician（巫师、术士）等在语音上对应，因此他认为"巫"其实来自古代波斯语。[③]夏含夷根据考古发现指出，上古中国的马车出现时间相对于其他文明

① Benedict, P. K. Thai, Kadai, and Indonesian: A New Alignment in Southeastern Asia, *American Anthropologist,* New Series, 1942, 44(4)；Sagart, L. New Views on Old Chinese Phonology. *Diachronica,* 1993(2)；Sagart, L., Hsu, T., Tsai, Y. & Hsing, Y. C. Austronesian and Chinese Words for the Millets, *Language Dynamics and Change,* 2017, 7(2)；邢公畹：《关于汉语南岛语的发生学关系问题》，《民族语文》1991年第3期；郑张尚芳：《汉语与亲属语同源根词及汉语与亲属语同源根词及附缀成分比较上的择对问题》，载王士元：《汉语的祖先》，李葆嘉主译，中华书局，2005年，第442—462页；潘悟云：《对华澳语系假说的若干支持材料》，载王士元：《汉语的祖先》，李葆嘉主译，中华书局，2005年，第242—287页；李壬癸：《汉语和南岛语有发生学关系吗》，载王士元：《汉语的祖先》，李葆嘉主译，中华书局，2005年，第221—241页；白乐思：《一位南岛语言学家眼中的汉语——南岛语系》，载王士元：《汉语的祖先》，李葆嘉主译，中华书局，2005年，第463—477页；沙加尔：《关于汉语的祖先的若干评论》，载王士元：《汉语的祖先》，李葆嘉主译，中华书局，2005年，第345—371页；金理新：《汉藏语系核心词》，民族出版社，2012年；邓晓华：《南方汉语中的古南岛语成分》，《民族语文》1994年第3期；范志泉、邓晓华、王传超：《语言与基因：论南岛语族的起源与扩散》，《学术月刊》2018年第10期。

② 白鸟库吉：《匈奴は如何なる種族に屬するか》，载《白鸟库吉全集·第四卷·塞外民族史研究上》，岩波书店，1970年，第1—8页；白鸟库吉：《匈奴の人種について》，载《白鸟库吉全集·第四卷·塞外民族史研究上》，岩波书店，1970年，第475—484页；白鸟库吉：《匈奴民族考》，何建民译，载林幹：《匈奴史论文选集1919—1979》，中华书局，1983年，第184—216页；岑仲勉：《从汉语拼音文字联系到周金铭的熟语》，载《两周文史论丛》，中华书局，2004年，第192—225页；岑仲勉：《我国上古天文历数知识多导源于伊兰》，载《两周文史论丛》，中华书局，2004年，第226—260页；Pulleyblank, E. G. East-West Contacts Across Eurasia: Notes and Comment, *Pacific Affairs,* 1974-1975, 47(4)；蒲立本：《汉语的历史和史前关系》，载王士元：《汉语的祖先》，李葆嘉主译，中华书局，2005年，第288—344页；赵相如：《突厥语与古汉语关系词对比研究》，社会科学文献出版社，2012年；吴安其：《东亚太平洋语言的基本词及与印欧语的对应》，商务印书馆，2016年；周及徐：《汉语印欧语词汇比较》，四川民族出版社，2002年。

③ Mair, V. H. Old Sinitic 'MyAG', Old Persian 'MAGUŠ', and English 'MAGICIAN', *Early China,* 1990(15).

偏晚，但制作工艺却是如出一辙，于是判断上古中国的马车是通过中亚借自近东。梅维恒进一步指出"车"就是一个借词，车的上古音为 *kljag，与原始印欧语 *kwekwlo（轮子）、吐火罗语 kukale（轮子）、奥塞梯语 calx（轮子）的发音非常相似。早期汉语和闪含语的比较研究，目前非常罕见。总体而言，研究汉语与阿尔泰语、印欧语、闪含语之间关系的学者比较少，而且一般都是历史学家。这是一个值得注意的现象。

不过最近十年来，研究者一般倾向于做单一语言研究，很少看到不同语系之间的大规模比较了，这是目前令人比较遗憾的趋势。

总体而言，上古汉语与丝绸之路沿线语言的比较研究取得了许多重要的成果，但是也存在一些问题。

第一，缺乏全局视野。目前上古汉语与丝绸之路沿线语言比较研究的重心在藏缅语、侗台语、苗瑶语等亚洲南方的语言上，对上古汉语与北方的丝绸之路沿线语言的比较研究着力不多。在张骞出使西域之前，丝绸之路就已经存在很久了，上古中国与西部以及北方外来民族的接触、互动频繁，但是这些西来民族、北方民族的语言到底属于哪个语系，目前并没有深入探讨，最好的解决方法就是将上古汉语与丝绸之路沿线语言进行全面的比较。因此，除了研究上古汉语与南方各民族语言之间的关系之外，有必要全面深入地将上古汉语与印欧语、阿尔泰语、闪含语展开比较研究，挖掘它们之间的关联。

第二，缺乏系统性。之前绝大多数学者展开比较时，往往根据上古汉语某些语词与丝绸之路沿线语言的某些语词在语音上的相似性展开比较。对于这些上古汉语的语词是否为上古汉语基本词汇，并没有深入考虑。因此，在上古汉语与丝绸之路沿线语言的比较过程中，应该以基本词汇为核心。

第三，对借词的研究重视不够。大部分从事历史比较的学者所做的工作都是同源比较，但是，汉语在与丝绸之路沿线语言的互动接触过程中不断融合演变，这必然会产生语词的借用现象。到目前为止，我们对上古汉语中借词的研究还很不充分。只有对丝绸之路沿线语言展开深入研究，才能更好地研究上古汉语中的借词。借词研究与同源词研究是相辅相成的，只有以同源词为本体，以借词为补充，结合此二者，才可以重构上古汉语演化的动态全过程。

第四，选用比较的框架存在问题。之前的研究往往以斯瓦迪什提出的 207

条人类语言基本词为比较的基础，[①]但是，斯瓦迪什的基本词也存在许多问题。比如根据斯瓦迪什的基本词表，人称代词"我"（I）、"我们"（we）、"他"（he）、"他们"（they）分为四个不同词条，但是这种区分带有明显的印欧语中心思维模式。这些人称代词在英语中词形确实各不相同，但是，在大部分语言中（如汉语），"我"和"我们"的基本词根是一样的，区别在于有无复数词缀。"他"和"他们"的区别也是如此。如果人称代词的单数和复数核心词根不同，很有可能是借用了其他语言的人称代词。因此，从简洁的角度看，一般可以直接采用人称代词和指示代词的单数作为比较的基本词。又如斯瓦迪什将"腿"和"脚"分为两个不同的词条，但是在许多语言（如龙州壮语）和汉语方言（如温州方言）中，"腿"和"脚"是不分的。[②]从基本词的角度看，将"腿"和"脚"分为两个基本词条显然并不合适。因此，我们进行跨语言比较时，还需对斯瓦迪什的基本词表进行调整。

第五，以往研究往往以斯瓦迪什提出的 207 条人类语言基本词为比较的基础，但是，斯瓦迪什的基本词是不涉及精神观念的。我们完全可以进一步对丝绸之路沿线地区的精神观念词语展开比较分析，这不仅有助于我们探索上古中国的精神观念演化历史，也有助于重构部分精神观念的全球史。

1.3　研究思路及框架

本书所说的"上古汉语词汇"主要是指汉代以前的汉语词汇，基本研究思路是以斯瓦迪什的最核心词汇（主要包括代词、否定词、人类和家庭名词、天体地理名词）为基础，[③]收集、整理《尔雅》《说文》《释名》《广雅》《故训汇纂》中相关的基本训诂材料，与丝绸之路沿线语言（主要有藏缅语、苗瑶语、侗台

---

① Swadesh, M. Lexico-Statistic Dating of Prehistoric Ethnic Contacts: With Special Reference to North American Indians and Eskimos, *Proceedings of the American Philosophical Society*, 1952, 96(4).

② 龙州壮语中"脚"和"腿"都是 kha。（详见王均等：《壮侗语族语言简志》，民族出版社，1984 年，第 814 页。）温州方言（笔者母语）中，"腿"也说成"脚"。

③ 上文已经指出斯瓦迪什表存在印欧语中心倾向，所以我们对斯瓦迪什的基本词条也进行了适当调整，在下面的章节里我们会随文说明。

语、南亚语、南岛语、阿尔泰语、印欧语、闪含语）展开系统比较和分析，来考察上古汉语与丝绸之路沿线语言的互动和交融的情况。

在比较过程中，笔者发现斯瓦迪什基本词表存在较大问题，基本词汇区分过细。比如，斯瓦迪什根据印欧语的经验，将腿和脚分为两个不同的词条。但是许多语言都是脚和腿不分的，如果将脚和腿分开，在做语言比较的时候就会存在找不到对应词语的问题。由此可见，斯瓦迪什的词表具有印欧语中心主义倾向。维尔茨别希卡、果达德等人对推进词汇类型学做出了重要贡献。比如，他们提出，所有语言都由六十个基本语义元素构成，这六十个基本语义元素，几乎可以解释所有词语的词义。[1] 这是一个非常有创造力的贡献。维尔茨别希卡、果达德将斯瓦迪什的词表做了极大的简化，这是有跨语言的语言事实依据的。因此，本研究在选择基本词时，综合考虑斯瓦迪什和维尔茨别希卡、果达德的研究。

综上所述，本书的基本框架如下：第 1 章为绪论；第 2 章主要研究上古汉语与丝绸之路沿线语言中的代词、疑问词和否定词；第 3 章主要研究上古汉语与丝绸之路沿线语言中人类和家庭范畴基本名词；第 4 章主要研究上古汉语与丝绸之路沿线语言中天文地理范畴基本名词；第 5 章为结语。

1.4　参考文献引用及基本缩写符号说明

由于是大规模比较上古汉语词与丝绸之路沿线语言，研究中需要大量征引古代辞书和经典注疏。但是古代辞书和经典注疏材料浩如烟海，如果每条都罗列参考文献，会导致行文不够简练。王念孙《广雅疏证》、王力等《古汉语常用字典》、宗福邦等《故训汇纂》、朱祖延《尔雅诂林》、黄金贵等《古代汉语文化

---

[1]　Goddard, C. & Wierzbicka, A. *Introducing Lexical Primitives, Semantic and Lexical Universals: Theory and Empirical Findings*. Amsterdam: John Benjamins Publishing Company, 1994, pp.31-56；Wierzbicka, A. *Semantics, Culture, and Cognition: Universal Human Concepts in Culture-Specific Configurations*. Oxford: Oxford University Press, 1992；Goddard, C. & Wierzbicka, A. *Words and Meanings: Lexical Semantics Across Domains, Languages, and Cultures*. Oxford: Oxford University Press, 2014.

百科词典》、华学诚《扬雄方言校释汇证》等著作 ① 是古代训诂材料集大成者，为本研究提供了极大便利。一般字词训诂材料，如果不特别标明出处，均取自以上著作，为了行文简洁，不再一一标注。

由于各家的上古音构拟体系各有所长，本书的上古音主要采用高本汉和王力的古音系统，个别语词采用李方桂、俞敏、郑张尚芳、潘悟云、蒲立本、白一平、沙加尔、金理新等学者的构拟。② 为了行文简洁，相关古音构拟材料引文一般不再一一标注。从音位上看，ŋ 和 n 在 i 前面基本是一样的，为了排版方便，古代汉语中的 ŋ 统一写作 n。

最近几十年，上古音研究已经取得了长足的进步，对于歌部、脂部、微部，王力认为是 -i 韵尾，本书采纳俞敏、郑张尚芳、潘悟云等人的看法，歌部、脂部、微部有流音韵尾 -l。③ 此外，三等韵没有 i 介音越来越成为共识。郑张尚芳、斯塔罗斯金认为三等是短元音，一、二、四等是长元音；金理新、孙景涛认为三等是紧元音，一、二、四等是松元音。罗杰瑞、沙加尔等人认为三等是普通音，一、二、四等是咽化音；本书赞同郑张尚芳等人的看法，中古三等韵大多在上古并没有 i 介音。④ 郑张尚芳指出，中古塞擦音是后起的。⑤ 这给我们很大的启发。同时鉴于精组和端组经常谐声，如"载"和"戴"属于同一谐声系列，金理新将精组构拟为舌面塞音，这是一个重大的进步。⑥ 我们认为，上古时期，一部分中古塞擦音精母、清母、从母和端母、透母、定母是一样的，分别是 *t、

① 　王念孙：《广雅疏证》，中华书局，2004 年；王力等：《古汉语常用字典》，商务印书馆，1983 年；宗福邦等：《故训汇纂》，商务印书馆，2003 年；朱祖延：《尔雅诂林》，湖北教育出版社，1999 年；华学诚：《扬雄方言校释汇证》，中华书局，2006 年；黄金贵、曾昭聪：《古代汉语文化百科词典》，上海辞书出版社，2016 年。

② 　高本汉：《汉文典》，潘悟云等译，上海辞书出版社，1997 年；李珍华、周长楫：《汉字古今音表》，中华书局，1999 年。《汉字古今音表》基本按照王力的古音体系，把上古汉语常用字词的古音都标注出来了。

③ 　俞敏：《后汉三国梵汉对音谱》，载《俞敏语言学论文集》，北京：商务印书馆，1999 年，第 1—62 页；郑张尚芳：《上古音系》，上海教育出版社，2003 年，第 165 页；潘悟云：《汉语历史音韵学》，上海教育出版社，2000 年，第 179—180 页。

④ 　郑张尚芳：《上古音系》，上海教育出版社，2003 年，第 171—186 页；潘悟云：《汉语历史音韵学》，上海教育出版社，2000 年，第 14—20 页；斯塔罗斯金：《古代汉语音系的构拟》，林海鹰、王冲译，上海教育出版社，2010 年，第 218 页；金理新：《上古音略》，黄山书社，2013 年，第 13—14 页；孙景涛：《古汉语重叠构词法研究》，上海教育出版社，2008 年，第 206—208 页；沙加尔：《上古汉语词根》，龚群虎译，上海教育出版社，2004 年，第 55—56 页。

⑤ 　郑张尚芳：《上古音系》，上海教育出版社，2003 年，第 153 页。

⑥ 　金理新：《上古音略》，黄山书社，2013 年，第 386 页。

*th、*d，还有一部分可能和心母是一样的，上古读音是 *s。由于 t 和 s 经常互变，因此精母、清母上古音构拟为 *t、*th 或 *s，从母构拟为 *d 或 *z。

历史语言学事实表明，元音相对具有易变性，辅音抗拒变化的能力相对较强。同时，发音部位相同但发音方法并不相同的辅音之间经常有互变情况。同源词的元音往往一样，但是同一发音部位的辅音发音方法却不一样，如以 p、ph、b、f、v、w 等唇音为声母的词经常构成同源词。

因此，为了方便比较，我们确定本研究基本缩写原则如下：

（1）将元音统一缩写为 V；①

（2）p、ph、b、f、v、w 等唇音缩写为 B；

（3）t、th、d、ţ、ţh、ɖ 等齿音塞音缩写为 D；

（4）ts、tsh、dz、tʂ、tʂh、dʐ 等塞擦音归为一类，缩写为 TS；

（5）s、ʃ 等齿音擦音为一类，缩写为 S；②

（6）k、kh、g、h、x、ɣ、q 等软腭音和其他后辅音归为一类，缩写为 G；

（7）鼻音 m、n、ŋ 各自单独一类，分别缩写为 M、N、NG；③

（8）l、r 等流音分别缩写为 L、R；

（9）"~"表示语音之间的交替或互变关系。

---

① V 是英文 vowel（元音）的缩写。

② s 虽然和 t、th 等都是齿龈音，也经常互变，但是也同样和塞擦音 ts、tsh 等互变。考虑到 t 和 ts 在同源词比较中有时不是一类，因此我们将这三组分为三类。

③ 鼻音虽然有时和同部位塞音互变，但总体来看自成一类，因此我们把鼻音单独归为一类。

2

上古汉语中的代词系统和否定词

2.1 第一人称代词

2.1.1 上古汉语中的第一人称代词

"卬"（*ŋaŋ）——《诗经》："人涉卬否。"毛传："卬，我也。"

"吾"（*ŋa）——《说文》："吾，我自称也。"

"我"（*ŋal）——《说文》："我，施身自谓也。"

"台"（*də）——《尚书》："祗台德先。"孔安国："台，我也。"

"余"（*da）——《孟子》："浲水警余。"焦循："余，我也。"

"朕"（*dəm）——《尚书》："朕在位七十载。"陆德明："朕，我也。"

"身"（*sin）——《尔雅》："朕、余、躬，身也。"邢昺："身即我也。"

"甫"（*pa）——《尔雅》："甫，我也。"

"言"（*ŋan）——《诗经》："言从之迈。"郑玄："言，亦我也。"

"孤"（*kwa）——《吕氏春秋》："君民孤寡。"高诱："孤寡，人君之谦
称也。"

根据语音，可以将上述上古汉语中表示第一人称的词语分为四个类型：

第一，NGV~NGVL~NGVN~NGVNG~GV 类型。如："吾"（*ŋa）、"我"
（*ŋal）、"言"（*ŋan）、"卬"（*ŋaŋ）、"孤"（*kwa）。

第二，DV 类型。如："余"（*da）、"台"（*də）、"朕"（*dəm）。

第三，BV 类型。如："甫"（*pa）。

第四，SVN 类型。如："身"（*sin）。

其中，陈梦家、周法高等指出"我"一般表示复数和集体概念。① "卬"（*ŋaŋ）可能是"吾"（*ŋa）鼻音韵尾增生导致的变体。由于 ŋ 和 g 之间经常互变，同时 ng>ŋ，nk>ŋ，因此"吾"更早可能来自 nga，甚至就是 ga。此外，上古汉语中，君王自称"孤"，上古音为 *kwa，由于 wa 和 o 经常可以互变，因此，"孤""吾""我"也是一个类型。

2.1.2　丝绸之路沿线语言中的第一人称代词

2.1.2.1　侗台语中的第一人称代词（含单数和复数）

部分侗台语的第一人称代词复数和其他侗台语言的第一人称代词单数比较相似。比如壮语 ɣau²（我们）、仫佬语 hɣa:u¹（我们）和临高语 hau²（我）非常相似，而壮语 tou¹（我们）、布依语 tu¹（我们）、侗语 tiu¹（我们）、毛难语 nde¹（我们）、仫佬语 niu²（我们）、水语 ndiu¹（我们）、德宏傣语 tu⁶（我们）则和黎语 de³（我）非常相似。因此，将侗台语第一人称代词单数和复数语音近似的语词放在一起讨论。

侗台语中的第一人称代词按照语音归为两类：

第一，DV~NDV 类型。如：西双版纳傣语 tu¹（我们），侗语 tiu¹/ta:u¹（我们），水语 ndiu¹/ndau¹（我们），毛难语 nde¹/ndau¹（我们），保定黎语 de³（我）。

第二，GV 类型。如：武鸣壮语 kou¹（我）、ɣau²（我们），布依语 ku¹（我），临高语 hau²（我），西双版纳傣语 ku¹（我），德宏傣语 kau⁶（我），通什黎语 hou¹（我），侗语 ja:u²（我），水语 ju²（我），仫佬语 həi²（我）、hɣa:u¹（我们），毛难语 fie²（我）。②

从侗台语内部来看，原始侗台语存在两个第一人称代词：一个是 *ko，另外

---

① 陈梦家：《殷虚卜辞综述》，中华书局，1988 年，第 96—97 页；张玉金：《西周汉语代词研究》，中华书局，2006 年，第 57 页；周法高：《中国古代语法》（称代编），中华书局，1990 年，第 57 页；蒲立本：《古汉语语法纲要》，孙景涛译，语文出版社，2006 年，第 85 页。

② 中央民族学院少数民族语言研究所第五研究室：《壮侗语族语言词汇集》，中央民族学院出版社，1985 年，第 174 页；王均等：《壮侗语族语言简志》，民族出版社，1984 年，第 870—871 页。

一个是 *do。从辅音看，k 又可以演变为 j、ɦ、h，从元音看，o 会裂变为 ou，而 ou 又会演变为 au，因此第一人称 GV 类型的原始形式构拟为 *ko。需要指出的是，kau 或 ko 在许多侗台语中是表示傲称或者长辈对晚辈的自称，如龙州壮语 kau 就是长辈对晚辈的自称，对于平辈则用 ŋo。侗台语的 kau 或 ko 是第一人称傲称，上古汉语中，王侯自称是"孤""寡人"，两者是对应的。①

2.1.2.2 苗瑶语中的第一人称代词

苗瑶语中的第一人称代词按照语音归类为：

第一，GV 类型。如：川黔滇苗语 ko³（我），滇东北苗语 ku³（我），标敏瑶语 kəu³（我）。

第二，BV 类型。如：黔东苗语 vi⁴（我）、pi¹（我们），湘西苗语 we⁴³（我）、pɯ¹（我们），川黔滇苗语 pe¹（我们），滇东北苗语 pi¹（我们），布努瑶语 pe¹（我们），勉瑶语 buo¹（我们）。②

从苗瑶语看，第一人称代词单数基本是 ko³、kəu³ 等，原始形式为 *ko，这和侗台语的第一人称单数语音形式是一样的。

在苗瑶语中，第一人称代词复数基本都是 pi 或 pe。黔东苗语第一人称代词单数是 vi，湘西苗语是 we，以轻唇音和重唇音来区分单复数，这是非常值得注意的形态变化形式。蒙古语 bi:（我）、突厥语 biz（我们）与苗瑶语的 pi 或 pe（我们）非常相似，这些相似的语词之间是否存在关联值得注意，详见下文。

2.1.2.3 藏缅语中的第一人称代词

藏缅语中的第一人称代词"我"按照语音归类为：

第一，V 类型。如：普米语 a³⁵，尔苏语 ɑ⁵⁵。

第二，GV 类型。如：羌语 qɑ。

第三，NGV 类型。如：藏语 ŋa¹³，门巴语 ŋe¹³，嘉绒语 ŋa，尔龚语 ŋɛ，木雅语 ŋɯ⁵⁵，扎巴语 ŋa³⁵，贵琼语 ŋø³⁵，纳木义语 ŋa⁵⁵，史兴语 ŋe⁵⁵，彝语 ŋa³³，傈僳语 ŋuɑ⁴⁴，纳西语 ŋə³¹，哈尼语 ŋa⁵⁵，拉祜语 ŋA³¹，基诺语 ŋɔ³¹，白语 ŋo³¹，土家语 ŋa³⁵，缅文 ŋa²，缅语 ŋa²²，阿昌语 ŋo⁵⁵，载瓦语 ŋo⁵¹，浪速语 ŋo³¹，怒

---

① 邢公畹：《汉台语比较手册》，商务印书馆，1999 年，第 327—328 页。

② 中央民族学院苗瑶语研究室：《苗瑶语方言词汇集》，中央民族学院出版社，1987 年，第 6—7、32—33 页。

语 ŋa⁵⁵，独龙语 ŋa⁵³，景颇语 ŋai³³，珞巴语 ŋa³⁵。①

从上文可以看出，汉藏语许多语言的第一人称代词读音为 ŋa，这是汉藏语的一个重要特征，这也是上古汉语的"吾"（*ŋa）的同源词。这是此前大部分语言学学者的共识。②

在这个基础上，我们可以展开更深入的讨论。从语音类型学来看，ŋ 作为声母或者韵首是后起的。因此，ŋ 的产生一般有两个路径：一个是零声母，在元音前面增加 ŋ；另一个是 g 变为 ŋ，这可能是由于 ŋ 和 g 在语音上极为相似。在上古和中古对音材料中，汉语疑母（即 *ŋ）经常和 g 对应。如在敦煌吐蕃汉藏对音中，"我"对应 ga，"五"对应 go，"眼"对应 gen。③ 在中古汉语和于阗语对音中，"衙"对应 ga，"我"对应 ga，"五"对应 gū，"语"对应 gu。④ 因此，原始汉藏语的 ŋ 更早阶段可能是 *ga 或 *a。⑤

汉藏语的第一人称代词复数基本上是在第一人称代词 ŋa 基础上添加后缀构成的。⑥

比较值得注意的是，景颇语第一人称代词单数为 ŋai³³，第一人称代词复数则是 an⁵⁵the³³，复数形式比较特别。an⁵⁵ 是第一人称词根，-the³³ 是复数后缀。但是 an⁵⁵ 作为第一人称代词，在汉藏语中非常少见。值得注意的是，在闪含语许多语言中，第一人称代词也是 an，如：伊拉克语 an（我），巴林语 an（我）。⑦

此外，独龙语的第一人称代词单数为 ŋa⁵³，但是复数为 iŋ³⁵，没有任何后

---

①《藏缅语语音和词汇》编写组：《藏缅语语音和词汇》，中国社会科学出版社，1991 年，第 1343 页。

② Benedict, P. K. & Matisoff, J. A. *Sino-Tibetan: A Conspectus*. Cambridge: Cambridge University Press, 1972, p.93；Matisoff, J. A. *Handbook of Proto-Tibeto-Burman: System and Philosophy of Sino-Tibetan Reconstruction*. Berkeley: University of California Press, 2003, p.489.

③ 周季文、谢后芳：《敦煌吐蕃汉藏对音字汇》，中央民族大学出版社，2006 年，第 60 页，第 65 页。

④ 高田时雄：《敦煌·民族·语言》，钟翀等译，中华书局，2005 年，第 248 页。

⑤ 可以参考羌（麻窝）语 qa（我），普米（桃巴）语 a³⁵（我）。

⑥ 后缀基本分为以下几类：第一类，-nV 后缀，基本都是鼻音 n- 或 ŋ- 与元音相结合，如尔龚语 ŋa ŋɛ（我们），ŋua⁴⁴ nu³¹（我们）；第二类是流音后缀，-rV 或 -lV，如史兴语第一人称为 ŋɛ⁵⁵rɛ（我们）；第三类是塞擦音 -tso 或 -tsho 后缀，如拉萨藏语 ŋa¹³ tso⁵⁵（我们）；第四类是 -to 或 -tu，如缅文 ŋa²to¹（我们）；第五类是软腭音 -gɯ 或小舌音 -χo，如丽江纳西语 ŋa³¹gɯ³¹（我们）；第六类是通过声调的变化来实现的，如白语 ŋo³¹（我），ŋo⁵⁵（我们），第一人称单数调值是 31，第一人称复数调值则是 55，但是这种类型比较少见；第七类是 mo，载瓦语 ŋo⁵¹（我），ŋo⁵¹mo（我们）。

⑦ Weninger, E., Streck, M. P. & Watson, J. *The Semitic Languages: An International Handbook*. Berlin: De Gruyter Mouton, 2011, p.44.

缀，看起来非常特别。在南亚语系中，皮尔里语中的 eŋ~iñ（我）和独龙语的 iŋ³⁵（我）极为相似。[①] 可以看出，第一人称代词复数比单数更容易借用。景颇语、独龙语以及南亚语的第一人称代词复数的词根可能和闪含语的 an 是相关的。

2.1.2.4 南亚语中的第一人称代词

南亚语中的第一人称代词按照语音归类为：

第一，GV 类型。如"我"：马散语 ʔɤʔ，岩帅语 ʔɤʔ，孟乘语 ʔʌʔ，硝厂沟语 ʔʌu，南虎语 ʔo，茶叶箐语 ʔau⁵¹，曼俄语 ʔɯʔ³⁵/ʔe ʔ³⁵，胖品语 ʔau⁵¹/ʔɤi⁵¹，甘塘语 au⁵¹/ʔɤi³¹，曼买语 ʔoʔ/ʔiʔ，南谦语 ʔi。

第二，SV 类型。如"我们"：马散语 ziʔ，岩帅语 ziʔ，孟乘语 ʒiʔ，硝厂沟语 ze，南虎语 zɛi，茶叶箐语 ʒi⁵¹，南谦语 ʒɔ。又如"我"：坎修语 yɛʔ，提阿德语 yɛʔ，雅哈伊语 yɛʔ。[②]

第三，VNG 类型。如：皮尔里语 eŋ~iñ（我），heŋ、yaŋ（我们）；田恩语 ʔiŋ（我）。[③]

南亚语第一人称代词的第一种类型的原始形式是 kau，在一部分南亚语中，第一人称代词单数分别是胖品语 ʔau⁵¹，硝厂沟语 ʔʌu，孟乘语 ʔʌʔ，马散语 ʔɤʔ，基本韵母的演变是 au>ʌu>ʌ>ɤ。侗台语第一人称代词为 kau，k 变成 ʔ 是常见音变，如闽语中："狗"，尤溪话 kau³，沙县话 au³；"菇"，尤溪话 ku¹，沙县话 u¹。[④] 因此我们认为这些南亚语 ʔau "我"的原始形式是 *kau，这和侗台语的 kau（我）非常相似。

南亚语第一人称代词的第二种类型的原始形式是 *jeʔ。这和上古汉语第一人称代词"台"（*də>*jə）和"余"（*da>*ja）对应。

南亚语第一人称代词的第三种类型的原始形式是 eŋ 或 iñ。这种形式是南亚语的特有形式，后来传入部分汉藏语，如独龙语的第一人称代词复数形式为 iŋ³⁵（我）。而这一形式又和近东闪含语 an（我）是对应的。

---

① 当然南亚语这个形式可能也和闪含语 an 有关。详见 Headley, R. K. An English-Pearic Vocabulary, *The Mon-Khmer Studies Journal*, 1978(7).

② 勉瑶语的 jie "我"可能和南亚语有关。

③ 颜其香、周植志：《中国孟高棉语族语言与南亚语系》，社会科学文献出版社，2012 年，第 619 页；Phaiboon, D. Glossary of Aslian Languages: The Northern Aslian Languages of Southern Thailand, *Mon-Khmer Studies*, 2006(36).

④ 陈章太、李如龙：《闽语研究》，语文出版社，1991 年，第 65 页。

2.1.2.5 南岛语中的第一人称代词

南岛语中的第一人称代词"我"按照语音归类为：

第一，GV 类型。如：卡那卡那布语 ku，卑南语 ku。

第二，VGV 类型。如：印度尼西亚语 aku，马来语 aku，赛德语 jaku，萨斯特语 jako，邵语 jaku。

第三，SVGV 类型。如：泰耶尔语 sakuʔ，布农语 ðaku。[①]

从上文可以看出，在原始南岛语中，第二种类型 VGV 其实是在 GV 基础上添加 a 而来，后面又出现了增生 j 的语音现象，于是产生了 jaku，j 又可以演变为 ð、s，所以 jaku 又变成 saku。南岛语第一人称代词演变路径为：ku>aku>jaku>ðaku>sakuʔ。

因此，南岛语中第一人称代词的核心词根是 ku。

2.1.2.6 闪含语中的第一人称代词

闪含语中的第一人称代词按照语音归类为：

第一，VNV 类型。如："我"，叙利亚语 'ena，阿拉伯语 'ana，埃塞俄比亚语 'ana，伊拉克语 an/ani，比迦语 ane，任迪勒语 ani，奥罗莫语 ani，阿法尔语 anu，巴林语 an/yən，西达姆语 ani。

第二，VNVGV 类型。如："我"，原始闪米特语 'ana(ka)，阿卡德语 'anaku，希伯来语 'anoχi，索马里语 anigu。[②]

从上文可以看出，闪含语的第一人称代词基本分为 VNV 和 VNVGV 两类结构。第二类其实是在第一类基础上增添 GV 结构，比如原始闪米特语 'ana(ka)（我）、阿卡德语 'anaku（我）、索马里语 anigu（我）。根据上文探讨，侗台语、苗瑶语、南岛语第一人称代词都是 GV 结构，如布依语 ku¹（我）、滇东北苗语

---

① Blust, R. A. Subgrouping, Circularity and Extinction: Some Issues in Austronesian Comparative Linguistics, *Selected Papers from the 8th International Conference on Austronesian Linguistics, Symposium Series of the Institute of Linguistics*. Taipei: Institute of History and Philology, 1999, pp. 314, 447-448；Ross, M. Reconstructing the Case-Marking and Personal Pronoun Systems of Proto Austronesian, *Streams Converging into an Ocean: Festschrift in Honor of Professor Paul Jen-kuei Li on His 70th Birthday*. Taipei:Institute of Linguistics, 2006, pp.521-563；陈康：《台湾高山族语言》，中央民族学院出版社，1992 年，第 386—387 页。

② Gray, L. H. *Introduction to Semitic Comparative Linguistics*. New York: Columbia University Press, 1934, p.62；Weninger, S., Streck, P. & Watson, J. *The Semitic Languages: An International Handbook*. Berlin: De Gruyter Mouton, 2011, p.44.

ku³（我）、卑南语 ku（我）。因此，闪含语第二种类型 VNVGV 结构的来源，理论上有两种可能：其一，VNVGV 结构是所有这些语言的原始形态，后来脱落了 GV，留下 VNV 类型（如 ana）；其二，VNVGV 结构对于闪含语而言是后起的，闪含语第一人称代词的原始形态是 ana 之类的 VNV 结构，后来和南岛语、侗台语、苗瑶语等语言的第一人称代词 GV 结构接触，由 VNV 结构和 GV 结构融汇而成。由于原始闪米特语为 'ana(ka) 形式，所以第一种可能性更大。

值得一提的是，闪含语是以辅音为基本单位的语言，元音相对而言不是特别重要，因此往往可以省略。原始闪米特语 'an-aka（我）、Ammonite 语 'nk（我）和汉藏语的"吾"（*ŋa）或"卬"（*ŋaŋ）非常相似。①

从第一人称代词复数来看，闪含语复数标记基本是 NV 结构（即 n 和一个元音组合在一起）。如：阿卡德语 'anaku（我），('a)ninu（我们）；希伯来语 'anoχi、ani（我），('a)naḥnū（我们）；阿拉伯语 'ana（我），naḥnu（我们）。可以看出，闪含语的复数标记基本上是 -n-，第一人称代词复数的词根是 NV 结构。②

2.1.2.7　阿尔泰语中的第一人称代词

突厥语中的第一人称代词按照语音归类为：③

第一，MVN 类型。如："我"，维吾尔语 mɛn，哈萨克语 men，柯尔克孜语 men，乌兹别克语 men，塔塔尔语 men~min，图佤语 men，撒拉语 men，西部裕固语 men。④

第二，BVS 类型。如："我们"，维吾尔语 biz，哈萨克语 biz，柯尔克孜语 biz，乌兹别克语 biz，塔塔尔语 biz，图佤语 biz。

可以明确的是，突厥语中的 MVN 类型和 BVS 类型的词根肯定有不同的来源。

突厥语中，第一人称代词单数基本都是 men。突厥语第二人称代词单数为

---

① Lipiński, E. Semitic Languages: Outline of a Comparative Grammar. Leuven: Peeters, 1997, p.684.

② 上文许多藏缅语中，有许多复数都是 NV 或 N 结构，可能与受近东闪含语影响有关。如：嘉绒语 ŋa ŋʁ（我们），傈僳语 ŋuɑ⁴⁴nu³¹（我们），木雅语 ŋu⁵⁵ ŋɯ（我们），格曼僜语 kin⁵³（我们），其中 ki⁵³ 是"我"的意思。显然这些复数都和闪含语非常相似，可能是与闪含语接触而产生的。

③ 陈宗振、努尔别克、赵相如：《中国突厥语族语言词汇集》，民族出版社，1990 年，第 50—51 页，第 138—139 页。

④ 突厥语中的 men（我）和波斯语 mana（我，宾格）肯定存在关联。详见 Beekes, R. *A Grammar of Gatha-Avestan Asian Studies.* Leidon: Brill, 1988, p.137.

sen，第二人称代词复数为 seler，复数标记是 -ler，因此第二人称代词的词根是 se。由此可见，第二人称代词 -n 是单数标记。由于 -n 是单数标记，那么就可以确定突厥语中 men（我）的词根是 me（见表 2-1）。

表 2-1 突厥语的第一人称代词和第二人称代词

形式	第一人称代词	第二人称代词
单数	me-n	se-n
复数	—	se-ler

突厥语 biz 表示"我们"，词根 bi 与蒙古语、满通古斯语的 bi（我）对应，-z 是复数标记。

蒙古语中的第一人称代词按照语音归类为 BV 类型。[①] 如："我"，正蓝旗方言 bi:，巴林右旗方言 bi:，陈巴尔虎方言 bi:，布利亚特方言 bi:，达尔罕方言 bi:，喀喇沁方言 bi:，东苏尼特方言 bi:，鄂托克方言 bi:，阿拉善方言 bi:，都兰方言 bi:，和静方言 bi:，达斡尔语 bi:，东部裕固语 bu，土族语 bu，东乡语 bi，保安语 bə。[②]

满通古斯语中的第一人称代词按照语音归纳为 BV 类型。[③] 如："我"，满语 bi，锡伯语 bi，鄂温克语 bi，鄂伦春语 bi，赫哲语 bi。

蒙古语和满通古斯语的 bi，可能是 me 的变体，m 和 b 发音相似。在吐蕃汉藏对音材料中，明母字经常对应 b，比如，"蜜"对应 bir，"茂"对应 ɦbu。闽南方言也是如此，明母(*m) 基本已经演变为 b，如"米"bi³，"麦"be?。[④] 因此，蒙古语和满通古斯语的第一人称代词 bi 可能是突厥语 mi 的变体。除了中国部分地区之外，欧亚大陆语言的第一人称代词都是 me，这是一个有趣的现象。

因此，阿尔泰语第一人称代词单数的核心词根是 me~be，突厥语第一人称代词复数为 biz，复数标记为 -z，和蒙古的复数 bid 很像，d>z 是常见的演变，所以突厥语第一人称代词复数是借自蒙古语族，并顺利取代了原来的复数形式。突厥语复数标记为 -ler，而现在的 biz（我们）中，完全看不到这个复数标记的

---

① 孙竹：《蒙古语族语言词典》，青海人民出版社，1990 年，第 100—101 页。

② 形式"我们"加 -d 后缀。

③ 朝克：《满通古斯语族语言词汇比较》，中国社会科学出版社，2014 年，第 338—339 页。

④ 周季文、谢后芳：《敦煌吐蕃汉藏对音字汇》，中央民族大学出版社，2006 年，第 39 页；陈章太、李如龙：《闽语研究》，语文出版社，1991 年，第 59 页。

痕迹，因此其最有可能是借词。值得注意的是，满通古斯语则是通过元音的洪细变化实现单数和复数的转换，细音 i 为单数，洪音 u 或 ə 则为复数，如鄂伦春语中，bi 表示"我"，bu 表示"我们"。

2.1.2.8 印欧语的第一人称代词

从印度雅利安语来看，希纳语 ma（我）、旁遮普语 mai（我）、西莱基语 mæ（我）的主格形式与其施格、宾格形式是完全匹配的，这说明原始印度雅利安语第一人称代词单数是 MV 结构，梵文第一人称代词主格 aham 其实是来自达罗毗荼语或南亚语的借词。① 确定这一点对于我们分析印欧语非常重要。印度雅利安语的第一人称代词单数与复数的情况详见表 2-2、表 2-3。

表 2-2　印度雅利安语的第一人称代词单数（"我"）

语言	主格	施格	宾格	与格	属格
梵文	aham	maya	mam	mahyam	mama
卡拉什语	ā	—	mai	—	mai
希纳语	ma	mas	ma	mat	mai
旁遮普语	mai	mai	mai	—	mera
西莱基语	mæ	mæ	mæ	—	mædā
信德语	mā/āū	mū	mū	—	mū
布拉吉语	hau	—	mo	moy	merau
阿瓦德语	mai	—	mahi	—	mor
比哈尔语	ham	—	hamra	hamra	hamran
迈蒂利语	ham	—	hamrā	hamrā	hamrā
孟加拉语	ami	—	ama	amake	amra

表 2-3　印度雅利安语的第一人称代词复数（"我们"）

语言	主格	施格	宾格	与格	属格
梵文	vayam	asmabhih	—	asmabhyam	mama
卡拉什语	abi	—	homa	—	homa
希纳语	be	bes	aso	asot	asei
旁遮普语	asī	asī	asī	asī	son
西莱基语	asā	asā	asā	—	sadā
信德语	asī	asā	asā	—	asā jo

---

① 梵文 aham 的形成过程为：蒙达语第一人称 a，加上达罗毗荼语复数标记 -m，变成 am（我们），由于复数经常可以表示单数，am 变成单数用途，然后 am 前面增生 h，就变成 ham，人称代词前面增生 a，就变成 aham。

语言	主格	施格	宾格	与格	属格
布拉吉语	ham	—	mo	moy	merau
阿瓦德语	ham	—	mahi	—	mor
比哈尔语	hamran	—	hamra	hamra	hamran
迈蒂利语	hamsabh	—	hamrā	hamrā	hamrā
孟加拉语	amra	amra	—	amader	amader

　　凯尔特语没有格的变化，第一人称代词基本是 mi 或 me。这是印欧语的固有人称代词。第一人称代词复数形式，爱尔兰语为 muid（我们），威尔士语为 ein（我们）。[①] 爱尔兰语中 muid 核心词根是 mui，-d 是复数标记，威尔士语 ein（我们）都来自近东闪含语 an。

　　我们再看赫梯语和日耳曼语族。

　　表 2-4 是赫梯语的第一人称代词情况。赫梯语中，"我"，ūk（主格），ammuk（与格），ammēl（属格），ammēdaz（夺格）。[②] 由此可见，在赫梯语中，"我"的主格形式和与格等其他形式很不一样，主格是元音 ū 和软腭音 k 组合而成的音节，是 VG 结构。与格则是以 m 和元音组合而成，即 MV 结构。赫梯语 wēs（我们）和立陶宛语的 mēs（我们）是对应的，鉴于 m>w 是常见音变，me 是印欧语第一人称代词词根，s 是复数标志，因此，赫梯语 wēs 可能来自 mēs，这和阿尔泰语 biz 非常相似。anzās（我们，与格）等核心词根为 an，这是借自近东闪含语 an（我）。

表 2-4　赫梯语的第一人称代词

第一人称代词	主格、宾格	与格、施格	属格	夺格
"我"	ūk	ammuk	ammēl	ammēdaz
"我们"	wēs	anzās	anzēl	anzēdaz

　　在日耳曼语族中，第一人称代词单数的主格基本是 ik、eg、jeg，[③] 都由元音和软腭音组合而成，即 VG 结构。但是致使格、属格和施格词根显然是 me，是

　　① Russell, P. *An Introduction to the Celtic Languages*. London: Routledge, 1995, pp.89,166；Ball, M. J. & Müller, N. *The Celtic Languages*. London: Routledge, 2009, p.9.

　　② Kapović, M. *The Indo-European Languages*. London: Routledge, 2016, p.181.

　　③ König, E. & Auwera, J. *The Germanic Languages*. London: Routledge, 1994, p.98,121,200；Wayne, H. *The Germanic Languages*. Cambridge: Cambridge University Press, 2007, pp.176-177.

MV 结构，和主格有两个不同的来源。同时，第二人称代词复数标记主格基本是 wat、wir、vit、哥特语 weis，这些显然和赫梯语 wēs 是同源的。但是从致使格、属格等来看，第一人称代词复数基本为 us、ūs、uns、unsih、unser，核心词根成分是 uns，后来 n 脱落了，就变成了 us，其中 s 是复数标志，这个 un 就是从闪含语 an（我）借来的。

由此可见，从语言接触角度看，人称代词的主格相对容易借用，但是致使格、属格等相对就不太好借用。人称代词中，复数相对单数更容易借用，复数的主格相对于其他致使格或属格也比较容易借用。详见表 2-5、表 2-6。

表 2-5　日耳曼语族的第一人称代词单数（"我"）

语言	主格	致使格	属格	施格
古高地德语	ih	mih	min	mir
古撒克逊语	ik	mi	min	mi
古英语	ic	mē	mīn	mē
法罗语	eg	meg	min	mær
哥特语	ik	mik	meina	mis
丹麦语	jeg	mig	min	—
弗里斯兰语	ik	my	myn	—

表 2-6　日耳曼语族的第一人称代词复数（"我们"）

语言	主格	致使格	属格	夺格
古高地德语	wir	unsih	unser	uns
古撒克逊语	wi	us	user	us
古英语	wē	ūs	ūre	ūs
法罗语	vit	okkum	okkara	okkum
哥特语	weis	uns	unsis	unsara
丹麦语	vi	—	vores	—
弗里斯兰语	wat	unk/onk	—	unken

回头再看希腊语、赫梯语、拉丁语、哥特语等，我们会发现它们的第一人称代词"我"主格分别是：希腊语 egō，赫梯语 uk，拉丁语 egō，哥特语 ik（见表 2-7）。这些词语有一个很明显的特征：前面是一个元音，后面加一个软腭塞音 g 或 k，即 VG 结构。值得注意的是，这些语言中，除了主格之外，第一人称代词的其他格都以 me 或 mi 为词根，各种形态对应非常整齐，这恰恰是印欧语的

核心词根。值得一提的是，卢威语第一人称代词单数还是 amu，这显然是印欧语的固有特征词。

根据印欧语第一人称代词材料（见表 2-2 至表 2-8），我们可以得出以下三点结论：

第一，印欧语中的第一人称代词 egō（我）等 VG 或 VGV 结构和下列语言中的第一人称代词同属 GV 结构，如：阿卡德语 'anaku（我），侗台语 ku（我），苗瑶语 ku（我），南岛语的 ku（我），藏缅语 ngo（我）。可以看出，希腊语、拉丁语、赫梯语乃至哥特语可能受到过亚洲语言的影响。

第二，印欧语中的第一人称代词 me 等 MV 结构和阿尔泰语的 me（我）等 MV 结构相同。

第三，印欧语中的第一人称代词 nos、an- 等 NV 或 VN 结构和闪含语的 an（我）、ana（我）等 VN 或 VNV 结构相同。①

需要指出的是，在拉丁语中，第一人称代词主格 egō 无疑是借词，第一人称代词致使格 me 等是印欧语固有词。拉丁语复数 nos，s 是复数，no 是第一人称代词，这和近东 an 其实是一样的。② 从这里可以看出，第一人称代词的复数很容易借用。

表 2-7　印欧语的第一人称代词单数（"我"）

语言	主格	致使格	属格	与格	夺格
希腊语	egō	eme/me	emeo/meo	emoi/moi	—
赫梯语	uk	ammuk	ammel	ammedaz	—
卢威语	amu	amu	-mu	—	—
立陶宛语	as	mane	manes	man	manyje
拉丁语	egō	me	mei	med	mihi
哥特语	ik	mik	meina		mis

---

① 从表 2-8 也可以看出，赫梯语第一人称复数 anzās、anzēl 等不同格和哥特语 uns、unsara 是对应的，赫梯语的第一人称复数核心辅音是 -nzs、-nzl、-nzds，词根是 nz，哥特语第一人称复数核心辅音是 -ns、-nsr、-uns，核心词根是 ns，两者构成对应关系。赫梯语的 -z 和哥特语的 -s 都是复数标记，那么赫梯语和哥特等日耳曼语的第一人称核心词根就是赫梯语的 an 或者 Vn，这和近东闪含语的 an 是一样的，因此鉴于印欧语第一人称词根是 me，所以赫梯语 anzās（我们，致使格）和日耳曼语 uns（我们，致使格），可能也是借自近东的第一人称 an。

② Beekes, R.S. *Comparative Indo-European Linguistics: An Introduction.* Amsterdam/ Philadelphia: John Benjamins Publishing Company, 2011, p.232；Kapović, M. *The Indo-European Languages.* London: Routledge, 2016, p.181.

表 2-8　印欧语的第一人称代词复数（"我们"）

语言	主格	致使格	属格	与格	夺格
希腊语	hēmīs	hēmeas	hēméōn	—	hēmīn
赫梯语	wēs	anzās	anzēl	anzēdas	anzās
卢威语	anzanza	anzanza/-anz	—	—	—
立陶宛语	mēs	mane	manes	man	manyje
拉丁语	nos	nos	nostri	nobis	nobis
哥特语	weis	uns	unsara	—	uns

2.1.3　小结

2.1.3.1　上古汉语第一人称代词和丝绸之路沿线语言第一人称代词比较

在语音演变里，相同部位的塞音与鼻音相互演变很常见，如 n 和 d、m 和 b、ŋ 和 g 都可以互变。所以 na 和 da、me 和 be、ŋa 和 ga 是可以互变的。比如，古代突厥语第一人称代词可以是 bän，也可以是 män。[①] 这为第一人称代词的演变提供了很好的线索。

通过上面的材料，我们可以看出，"吾"和"孤"分别是软腭部位的鼻音和塞音，发音部位相同，由于鼻音和相同部位的塞音可以互变，因此"吾"和"孤"是同源词。

我们整理了丝绸之路沿线语言中的第一人称代词，见表 2-9。

表 2-9　丝绸之路沿线语言中的第一人称代词

GV~NGV		DV~NV		BV~MV	
上古汉语	*ŋa 吾	上古汉语	*da 余	上古汉语	*pa 甫
上古汉语	*kwa 孤	上古汉语	*də 台	上古汉语	*bat 敝
汉藏语	ŋa	上古汉语	*dəm 朕	上古汉语	*prə 鄙
侗台语	ko	侗台语	nde	中古汉语	*aman 阿瞒
苗瑶语	ko	闪含语	ana	阿尔泰语	bi~mi~men
南亚语	ʔau			印欧语	me~mana
南岛语	aku				
闪含语	'anaku				
印欧语	egō				

综合以上资料，我们归纳如下：

第一，"吾"（*ŋa）、"孤"（*kwa）都是由软腭音和元音结合而成的，属于

[①] 冯·加班：《古代突厥语语法》，耿世民译，内蒙古教育出版社，2004 年，第 83 页。

GV 结构音节，这和侗台语 ko（我）、苗瑶语 ko（我）、南亚语 ʔau（我）、南岛语 aku（我）、汉藏语 ŋa（我）、闪含语 'anaku（我）、印欧语 egō（我）对应。GV 结构音节第一人称代词形式在海上丝绸之路沿线语言中比较常见。

第二，"台"（*də>*je）、"余"（*da>*ja）和侗台语 nde¹（我）、南亚语 *jeʔ（我）、拉丁语 nos（我们）、闪含语 ana（我）对应，都属于 DV 结构，也主要分布于海上丝绸之路沿线语言中。

第三，"甫"（*pa）是由双唇音和元音结合而成的，属于 BV 结构音节，这和阿尔泰语中的 bi（我）对应。

第四，"敝"（*bat）和"鄙"（*prə）与北方阿尔泰语中 biːd（我们）或 biz（我们）对应，在上古汉语中经常用来表示与第一人称代词有关的概念。俞理明指出，汉末佛教材料中，"鄙"经常可以表示"我"或"我们"，一般都是有身份有地位之人的自称。俞理明认为其可能是"鄙人"的简略。① 但是"鄙人"的"鄙"为何可以表示第一人称代词，其语源依旧不详。因此问题的症结在于如何解释"敝"（*bat）、"鄙"（*prə）的语源。

《史记·赵世家》："乃令赵胜受地，告冯亭曰：'敝国使者臣胜，敝国君使胜致命。'"《左传·僖公二年》："今虢为不道，保于逆旅，以侵敝邑之南鄙。"一般认为"敝"是谦称。但是有个问题，"敝"，往往解释为"败"或"坏"。如《左传·僖公十年》："敝于韩。"杜预注："敝，败也。"《左传·昭公二十六年》："鲁之敝室也。"杜预注："敝，坏也。"如果"敝"是"我"的意思，应该存在"败邑""坏邑"之类表示"我们国家""我们城市"的说法，实际上并不存在。第一人称有关的"敝"（*bat）和"鄙"（*prə）其实是北方阿尔泰语中 biːd（我们）或 biz（我们）的音译词，是"我们"的意思。蒙古语第一人称代词单数为biː（我），因此 -d 是复数后缀，作为韵尾的 -t 和 -d 是经常互变的，因此"敝"（*bat）中的 -t 是复数后缀，这和蒙古语 bid（我们）是对应的。"敝"在上古文献中经常表示集体概念，如"敝邑""敝国"。这和蒙古语 bid（我们）在语用上也是对应的。因此，"敝"（*bat）和"鄙"（*prə）是借自阿尔泰语的 bi（我）和 biːd（我们）。

---

① 俞理明：《从佛经材料看六朝时代的几个三身称谓词》，《中国语文》1990 年第 2 期。

第五，"朕"（*dəm）和古代波斯语 adam（我）相似。[①] 波斯语 adam（我）还有一个变体：阿维斯塔波斯语 azam（我）。[②] 元代以后出现了"咱"，"咱"（*tsam）表示"我们"，语源一直不详，[③] 其实可能是音译借词，来自波斯语 azam（我）。不过古代波斯语的 adam 也有可能来自上古汉语，因为古代波斯语中的 adam（我）并不见于其他印欧语。

第六，"阿瞒"是唐代李隆基在皇宫里常用的自称。段成式《酉阳杂俎》："玄宗，禁中尝称阿瞒，亦称鸦。"南卓《羯鼓录》："上笑曰：'大哥不在过虑，阿瞒自是相师。花奴当更得公卿间令誉耳。'宁王笑曰：'若如此，臣乃输之。'上曰：'阿瞒亦输大哥矣。'宁王又谦谢，上笑曰：'阿瞒赢处多，大哥亦不用挒挶。'"南卓于"阿瞒自是相师"句下注云："上于诸亲常自称此号。"[④] 在唐代，"阿"经常可以表示人称代词前面的前缀，并没有实际的意义。在唐代，"你"又称为"阿你"，[⑤] 因此"阿瞒"就是"瞒"。这和古波斯语 mana（我）、突厥语 men（我）对应。我们推测，唐玄宗喜欢用的"阿瞒"可能来源于波斯语或突厥语，这不仅表现了唐玄宗本人具有接纳不同文明的广阔胸怀，也可以看出唐和波斯、突厥之间密切的文明交流和互鉴。

第七，唇音系列的第一人称代词（即 BV~MV 类型）主要出现于阿尔泰语、印欧语，这些语言从地理上看主要是欧亚大陆北方的丝绸之路沿线语言。

第八，唇音和软腭音辅音互变是常见音变，从这一点看，GV~NGV 类型第一人称代词和 BV~MV 类型第一人称代词又可以追溯到更早的共同源头，后来才分化。GV~NGV 类型第一人称代词主要见于海上丝绸之路语言，而 BV~MV 类型第一人称代词则主要见于欧亚大陆北方的丝绸之路语言。从人类走出非洲的迁徙路线来推测，GV~NGV 类型第一人称代词相对更早，而 BV~MV 类型第一人称代词是后来发生音变之后产生的新形式。

---

① Johnson, E. L. *Historical Grammar of the Ancient Persian Language*. Cincinnati and New York: American Book Company, 1917, p.135.

② Beekes, R. *A Grammar of Gatha-Avestan Asian Studies*. Leidon: Brill, 1988, p.137.

③ 吕叔湘、江蓝生：《近代汉语指代词》，学林出版社，1985 年，第 88—89 页。

④ 江蓝生、曹广顺：《唐五代语言词典》，上海教育出版社，1997 年，第 2 页。

⑤ 江蓝生、曹广顺：《唐五代语言词典》，上海教育出版社，1997 年，第 3 页。

2.1.3.2　上古汉语中的"余""朕""我""吾"

上古汉语中，"余""朕""我""吾"都可以作为第一人称代词，但是使用的语境并不一样。

陈梦家指出，殷商卜辞中，"余"表示单数概念，"我"则表示复数概念。此后张玉金、管燮初、周法高基本上认可这一观点。[①] 表 2-10 简单列出了殷墟甲骨文中第一人称"余""朕""我"的区别。

表 2-10　殷墟甲骨文中的第一人称区别

第一人称	数	格
余	单数	主格、宾格
朕	单数	领格
我	复数	主格、领格、宾格

霍文文和金理新进一步指出，"余"一般是尊者的自称，受身份限制，而"吾"的使用并不受语境限制。此外，朱红指出"余"有复数的功能，[②] 这是很有趣的发现。我们可以佐证这种观点，在上古经典文献中，一般王者常常自称"余一人"，比如《左传》："天子曰：'于今十年，勤成五年，余一人无日忘之。'"但是也可以称"我一人"，《尚书》："惟我一人弗恤弗蠲，乃事时同于杀。"经典文献中从来不存在"吾一人"这种说法。由此可见，"余"和"我"有时相同。周法高指出：在先秦时期，"我"除了有加强语气作用之外，还可以表示复数，相当于"我们"。[③] 由于"我一人"和"余一人"相同，可见，人称代词复数演化为人称代词单数，是一个普遍语言现象。[④] 我们可以推断，上古汉语早期，"余"本来是第一人称代词复数，同时具有强调作用。

在侗台语中，壮语 tou¹（我们）、布依语 tu¹（我们）、侗语 tiu¹（我们）、毛难语 nde¹（我们）、仫佬语 niu²（我们）、水语 ndiu¹（我们）、德宏傣语 tu⁶（我们）等为第一人称代词复数，黎语 de³（我）为第一人称代词单数，两者语音非

---

① 陈梦家：《殷虚卜辞综述》，科学出版社，1956 年，第 96—97 页；张玉金：《西周汉语代词研究》，中华书局，2006 年，第 57 页；周法高：《中国古代语法》（称代编），中华书局，1990 年，第 57 页；蒲立本：《古汉语语法纲要》，孙景涛译，语文出版社，2006 年，第 85 页。

② 朱红：《先秦汉语第一人称代词研究》，南开大学博士学位论文，2010 年，第 16 页；霍文文、金理新：《试论〈左传〉第一人称代词"余"》，《古汉语研究》2018 年第 2 期。

③ 周法高：《中国古代语法》（称代编），中华书局，1990 年，第 57 页。

④ 吕叔湘、江蓝生：《近代汉语指代词》，学林出版社，1985 年，第 77—80 页。

常相似。这说明第一人称代词复数和单数经常存在转换关系。也就是说侗台语的 DV 音节既可以作为第一人称代词单数，也可以作为第一人称代词复数。这和"余"（*da）的句法功能是对应的。

　　一般而言，外来词的复数充当单数是常见语言现象。从这一角度来看，"余"可能是外来词，"吾"是固有词。之所以"吾"在早期甲骨文中没有出现，其实是与文体性质有关的。因为早期能留下青铜器铭文的都是王侯贵族，他们不仅仅代表他们自身，还代表家族、部落、国家。列维 – 斯特劳斯（C. Lévi-Strauss）曾经考察过美洲印第安人，其酋长的名称为 Ulilikande，意思就是"那个把人们团结起来的人"。① 王侯贵族一般会倾向于使用第一人称代词复数。因此，早期甲骨文、青铜器铭文用第一人称代词复数"余"就很正常。后来"余"慢慢从复数变成了单数。在汉语中，代词的复数形式演化成单数形式很常见，如"我们学校"也说成"我的学校"。②

　　"朕"（*dəm）很有可能原来也是第一人称代词复数，是"余"（*da）或者"台"（*də）增加复数后缀 -m 构成的词语。③ 在达罗毗荼语和近东语言中，-m、-me 是复数后缀，如希伯来语中的 'att（你）、'attem（你们）。④ 之前一般认为，"朕"在早期并非王者专用，普通人也能用以表示第一人称代词单数，最经典的例子就是屈原的"朕皇考曰伯庸"。现在看来，需要纠正一下，屈原的身份不是普通人，而是贵族。因此，"朕"原来也应是复数，后来逐渐变成了单数。古代波斯语的 adam（我）从印欧语内部来看，找不到同源词，可能是借自上古汉语的"朕"。唐玄宗经常用以自称的"阿瞒"（*aman）可能借自波斯语 mana（我）或突厥语 men（我）。由此可见，古代文明之间的流动从来都是双向的。

　　以第二人称代词作为定点的话，就可以确定，上古汉语人称代词中，哪些是借词，哪些是固有词语。

　　上古汉语第二人称代词"汝"和"尔"的声母都是舌尖鼻音，"余"（*da）、

---

① 克洛德·列维 - 斯特劳斯：《忧郁的热带》，王志明译，中国人民大学出版社，2009 年，第 381 页。

② 吕叔湘、江蓝生：《近代汉语指代词》，学林出版社，1985 年，第 79 页。

③ 如果"朕"是"余"或"台"增加复数后缀 -m 构成的词语，与此对应，上古汉语的第二人称代词"戎"（*nəm~nuŋ）可能也是"汝"或"任"增加复数后缀 -m 构成的，这能解释"戎"（*nəm~nuŋ）和"任"（*nəm）的谐声系列经常存在通假和异文关系，如"戎"和"茬"，详见高亨、董治安：《古字通假会典》，齐鲁书社，1997 年，第 20 页。

④ 陈永霖、叶晓锋：《中古梵僧入唐与复数标记"们"的产生》，《民族语文》2020 年第 2 期。

"台"（*də）上古也是舌尖音。世界上所有语言中，第一人称代词和第二人称代词发音部位都不一样，不可能重合。那么舌尖音第一人称代词"余""台"等不可能是上古汉语的固有词。上古汉语原生的第一人称代词只能是"吾"和"我"。甲骨文、金文不出现"吾"，这并不代表"吾"不存在，因为这和甲骨文、金文的文体与作者有关。一般甲骨文、金文都是王侯贵族所作，他们的身份尊贵，在公共场合不仅仅代表自己，还代表家族、部落、王国，所以为了避免和"我"相混，他们常选择表示第一人称代词复数的借词"余"以自称，这是很有可能的。从其他语言借来人称代词的复数后用为单数，是常见语言现象。①

2.2　第二人称代词

2.2.1　上古汉语中的第二人称代词

"汝"（*na）——《广韵》："汝，尔也。"

"若"（*nak）——《国语》："其归若也。"韦昭："若，汝也。"

"尔"（*nil）——《诗经》："百尔君子。"郑玄："尔，汝也。"

"戎"（*nuŋ）——《诗经》："戎虽小子。"朱熹："戎，汝也。"

"乃"（*nə）——《尚书》："乃言底可绩。"孔安国："乃，汝也。"

根据语音，可以将上面表示第二人称代词的词语分为四个类型：

第一，NV 类型。如："汝"（*na）、"乃"（*nə）。

第二，NVG 类型。如："若"（*nak）。

第三，NVL 类型。如："尔"（*nil）。

第四，NVNG 类型。如："戎"（*nuŋ）。

---

① 吕叔湘、江蓝生：《近代汉语指代词》，学林出版社，1985 年，第 77 页。

2.2.2 丝绸之路沿线语言中的第二人称代词

2.2.2.1 侗台语的第二人称代词

侗台语中的第二人称代词按照语音归类为：

第一，MV 类型。如：临高语 mə²（你），德宏傣语 maɯ²（你），黎语 meɯ¹/mɯ¹（你）。

第二，MVNG 类型。如：壮语 muŋ²（你），布依语 muŋ²（你）。

第三，NV 类型。如：侗语 na²（你），仫佬语 na²/ni²（你），水语 na²（你）。

第四，SV 类型。如：壮语 sou¹（你们），德宏傣语 su¹（你们），侗语 ɕa:u¹（你们），仫佬语 sa:u¹（你们），毛难语 se¹（你们）。[1]

值得注意的是，侗台语的第二人称代词复数和单数有不同的词根，许多侗台语中第二人称代词复数为 SV 类型，而单数则是 MV、MVNG、NV 类型。

从上文可以看出，"汝"（*na）和侗台语的 NV 类型对应，如：侗语 na²，仫佬语 na²。但是这些词很有可能是汉语借词。

2.2.2.2 苗瑶语的第二人称代词

苗瑶语的第二人称代词按照语音归类为：

第一，MV 类型。如：湘西苗语 mɯ²（你），布努瑶语 mi²（你），勉瑶语 muei²（你），标敏瑶语 məi²（你）。

第二，MVNG 类型。如：黔东苗语 moŋ²（你）、maŋ²（你们）。[2]

从上文可以看出，上古汉语中并没有与苗瑶语相似的第二人称代词。

2.2.2.3 南亚语中的第二人称代词

南亚语的第二人称代词按照语音归类为：

第一，MV 类型。如：马散语 mɛiʔ（你），岩帅语 maiʔ（你），硝厂沟语 mǎi（你），南虎语 mai（你），茶叶箐语 mǎi⁵¹（你），曼俄语 miʔ³³（你），胖品语 mi⁵¹（你），甘塘语 mi³¹（你），曼买语 mi（你），南谦语 mǐ（你）。

第二，BV 类型。如：马散语 peʔ（你们），岩帅语 peʔ（你们），孟乘语 peʔ（你

---

① 中央民族学院少数民族语言研究所第五研究室《壮侗语族语言词汇集》，中央民族学院出版社，1985 年，第 175 页。

② 中央民族学院苗瑶语研究室：《苗瑶语方言词汇集》，中央民族学院出版社，1987 年，第 24—25 页。

们），硝厂沟语 be（你们），南虎语 pai/pʏi（你们），茶叶箐语 pe⁵¹（你们），曼俄语 peʔ³⁵（你们），胖品语 phʏi⁵¹（你们），甘塘语 phʏi³¹（你们）。[1]

从上文可以看出，南亚语的 MV 类型和苗瑶语的 MV 类型相同，上古汉语中并没有与南亚语相似的第二人称代词。

2.2.2.4 藏缅语中的第二人称代词

藏缅语的第二人称代词"你"按照语音归类为：

第一，NV 类型。如：普米语 ni³⁵，嘉绒语 no，尔龚语 ni，木雅语 nɛ⁵³，扎巴语 ne³⁵，贵琼语 nū³⁵，尔苏语 nɛ⁵⁵，纳木义语 no³³，史兴语 ni⁵⁵，彝语 nɯ³³，傈僳语 nu³³，哈尼语 nʏ⁵⁵，拉祜语 nɔ³¹，基诺语 nɛ³¹，白语 no³¹，土家语 ni³⁵，怒语 ŋɑ³¹，独龙语 nɑ⁵³，僜语 no⁵³，珞巴语 no³⁵。

第二，NVNG 类型。如：缅文 naŋ²，阿昌语 nuaŋ⁵⁵，载瓦语 naŋ⁵¹，景颇语 naŋ³³。[2]

从上文可以看出，上古汉语的"汝"（*na）和藏缅语中的 NV 类型对应，如独龙语 nɑ⁵³，僜语 no⁵³。上古汉语的"戎"（*nuŋ）和藏缅语中的 NVNG 类型对应，如缅文 naŋ²，阿昌语 nuaŋ⁵⁵。

2.2.2.5 南岛语的第二人称代词

南岛语中的第二人称代词按照语音归类为：

第一，SV 类型。如：原始南岛语 i-su（你），泰耶尔语 ʔisuʔ（你），赛德语 isu（你），邹语 suu（你），排湾语 sun（你），布农语 su（你），萨斯特语 ʃoʔo（你）。

第二，GVSV 类型。如：阿眉斯语 kiʃu（你），鲁凯语 kusu（你）。

第三，MV 类型。如：耶眉语 imu（你们），赛德语 jamu（你们），邹语 muu（你们），排湾语 mun（你们），布农语 mu（你们），萨斯特语 mojo（你们）。

第四，GVMV 类型。如：卡那卡那布语 kamu（你们），阿眉斯语 kamu（你们），邵语 ihuman（你们）。[3]

根据以上材料可以看出，第一类和第二类都有共同的词根 su，第三类和第四类都有核心词根 mu。南岛语中的这两类第二人称代词词根和侗台语的第二人

---

① 颜其香、周植志：《中国孟高棉语族语言与南亚语系》，社会科学文献出版社，2012 年，第 619—620 页。

② 《藏缅语语音和词汇》编写组：《藏缅语语音和词汇》，中国社会科学出版社，1991 年，第 1347 页。

③ 陈康：《台湾高山族语言》，中央民族学院出版社，1992 年，第 387 页。

称代词 su 和 mə 是对应的，可见南岛语和侗台语关系密切。

从上文可以看出，上古汉语中并没有与南岛语相似的第二人称代词。

2.2.2.6 突厥语的第二人称代词

突厥语的第二人称代词按照语音归类为：

第一，SVN 类型。如：维吾尔语 sɛn（你），哈萨克语 sen（你），柯尔克孜语 sen（你），乌兹别克语 sen（你），塔塔尔语 sen~sin（你），图佤语 sen（你），撒拉语 sen（你），西部裕固语 sen（你）。

第二，SVLVR 类型。如：维吾尔语 silɛr（你们），哈萨克语 siler（你们），撒拉语 selɛr（你们），西部裕固语 seler（你们）。[①]

突厥语中的第二人称代词单数按照语音归纳为 SVN 类型，复数为 SV-ler，核心词根为 SV，这与突厥语中第一人称代词单数的 -n 为人称代词的单数标记、-ler 是复数标记的情况相同。

从上文可以看出，突厥语第二人称代词词根是 SV，和侗台语的 su¹（你们）以及南岛语的 su（你）对应，这是很值得注意的对应现象。上古汉语中并没有与之语音相似的第二人称代词。

2.2.2.7 蒙古语的第二人称代词

蒙古语中的第二人称代词按照语音归类为：[②]

第一，DV 类型。如：正蓝旗方言 tɑ（您），陈巴尔虎方言 tɑ（您），布利亚特方言 tɑ（您），东苏尼特方言 tɑ（您），鄂托克方言 tɑ（您），阿拉善方言 tɑ:（您），都兰方言 tɑ（您），和静方言 tɑ:（您），达斡尔语 tɑ:（您），东部裕固语 ta（您），土族语 ta（您）。

第二，SV~TSV 类型。如：东乡语 tʂɯ（你），保安语 tɕi（你），蒙古语 tʃi:（你），达斡尔语 ʃi:（你），东部裕固语 tʃə:（你），土族语 tɕe（你），康家语 tʃi（你）。

其中达斡尔语、东部裕固语、土族语第二人称代词有两个形式。

从上文可以看出，蒙古语中的第二人称代词是 SV，与突厥语、侗台语、南

---

① 陈宗振、努尔别克、赵相如：《中国突厥语族语言词汇集》，民族出版社，1990年，第218—219页，第230—231页。

② 德力格尔玛、波·索德：《蒙古语族语言概论》，中央民族大学出版社，2006年，第100—101页。

岛语的第二人称代词相似。上古汉语中并没有与之相似的第二人称代词。蒙古语中的 tɑ（您）可能是借自闪含语 'atta（你）或印欧语 tva（你）。

2.2.2.8　满通古斯语中的第二人称代词

满通古斯语中的第二人称代词按照语音归类为 SV 类型。如：满语 si（你），锡伯语 şi（你），鄂温克语 ʃi（你），鄂伦春语 ʃi（你），赫哲语 ʃi（你），女真语 ʃu（你们）。[①]

从上文可以看出，满通古斯语的第二人称代词词根是 SV，和突厥语、蒙古语、侗台语、南岛语的第二人称代词相似。上古汉语中并没有与之相似的第二人称代词。

2.2.2.9　印欧语的第二人称代词

从表 2-11 的示例中，我们可以清楚地看到，印欧语的第二人称代词基本都是 TV 结构，也就是齿龈塞音 t 和元音的组合。

表 2-11　印欧语的第二人称代词（"你"）[②]

语言	主格	致使格	属格	施格	夺格
梵文	tvám	tvā	tava/te	tvad	tubhya
立陶宛语	ty	tave	tebe	—	tau
赫梯语	zik	tuk	tuel	tuedaz	tuk
希腊语	sú	sé	seo	—	ted
拉丁语	tū	tē	tui	soi	tibi

印欧语中，第二人称代词词根基本上都是 DV 类型音节，如：梵文 tvám、tvā，立陶宛语 ty、tebe，赫梯语 zik、tuk，希腊语 sú、sé，拉丁语 tū、tē。其中，希腊语的 sú、sé 是 tū、tē 的变体。从这一点看，希腊语中的 su（你）、se（你），突厥语、满通古斯语、蒙古语中的 se（你）、si（你）、ʃi（你），侗台语中的 su（你），南岛语中的 su（你），都和拉丁语 tu（你）、te（你）对应。

2.2.2.10　闪含语中的第二人称代词

闪含语中，"你"在各语言中分别对应——阿卡德语 'atta，希伯来语 'att、'attah，阿拉伯语 'anta，埃塞俄比亚语 'anta，原始闪米特语 'anta；"你们"分

---

① 朝克：《满通古斯语族语言词汇比较》，中国社会科学出版社，2014 年，第 338—339 页。

② 参见：Beekes, R. & Michiel de V. *Comparative Indo-European Linguistics: An Introduction.* Amsterdam/Philadelphia: John Benjamins Publishing Company, 2011.

别对应——阿卡德语 'attunu，希伯来语 'attem，叙利亚语 atton，阿拉伯语 'antum，埃塞俄比亚语 'anten，原始闪米特语 'antumu。[①] 可以看出，闪含语中的第二人称代词的基本形式就是 'atta 或 'anta，其中核心词根是 ta。

可以看出，闪含语、印欧语的第二人称代词基本都是 ta 或 tu，基本音节形式都是 DV 类型，希腊语中发生了 t>s 音变，tu 变成了 su 或 se，从这里可以看出，印欧语内部第二人称代词按照语音分成两种类型：TV 和 SV。TV 和 SV 属于互变关系。由此可见，欧亚非大陆上，闪含语、印欧语、阿尔泰语、侗台语、南岛语的第二人称代词词根存在高度的一致性，都是 TV 或 SV。

2.2.3 小结

上古汉语中，第二人称代词主要有"汝"（又写作"若"）、"尔"、"戎"、"乃"等词语。

"汝"（*na）、"乃"（*nə）、"尔"（*nil）在语音上属于 NV 类型[②]，与藏缅语的 NV 类型是对应的，如：普米语 ni³⁵，嘉绒语 no。

通过上文的材料可以看出，蒙古语、印欧语、闪含语等第二人称代词都是 DV 类型，词根都是 ta。这些语言在地理位置上分布于东北亚、中亚、西亚以及欧洲的部分地区，基本和黄河流域的文明一样，处在中国长江以北。

由于 n 和 d 经常可以互变，如东汉佛经梵汉对音中，梵文 da 对音"那"（*na）；敦煌吐蕃汉藏对音中，"泥"（中古音 *niei）的藏文对音为 fide，"浓"（中古音 *nuoŋ）的藏文对音为 doŋ。[③]

因此，上古汉语中的第二人称代词"汝"（*na）除了与藏缅语直接对应之外，还和闪含语的 'atta（你）、印欧语 tva（你）对应。由于 n、t 和 s 属于同一发音部位，经常互变，这些语言又和阿尔泰语的 si（你）、侗台语的 su（你）、南岛语的 su（你）对应。参考表 2-12 可知，丝绸之路沿线语言的第二人称代词高度一致。

[①] Gray, L. H. *Introduction to Semitic Comparative Linguistics*. New York: Columbia University Press, 1934, p.62.

[②] "尔"（*nil）一般认为是"汝"的复数形式，详见张玉金：《西周汉语代词研究》，中华书局，2006 年，第 108 页。

[③] 俞敏：《后汉三国梵汉对音谱》，载《俞敏语言学论文集》，商务印书馆，1999 年，第 53 页；周季文、谢后芳：《敦煌吐蕃汉藏对音字汇》，中央民族大学出版社，2006 年，第 39 页。

表 2-12　丝绸之路沿线语言中的第二人称代词

类型	上古汉语	藏缅语	侗台语	南岛语	闪含语	印欧语	阿尔泰语
NV~DV~SV	*na 汝 *nə 乃 *nil 尔	ni	su	su	'atta	tva	si

2.3　第三人称代词和指示代词

第三人称代词和指示代词（特别是远指代词）在语源上具有天然关联。巴特指出他调查的 225 种语言中，有 84 种语言的第三人称代词和指示代词是相关的，相对而言，远指代词和第三人称代词关系更加密切。[①] 王力、黄盛璋直接指出，"彼""厥""其""之"等第三人称代词是从指示代词演化而来的。此后徐丹也认为，许多语言中，第三人称代词都是源于指示代词。[②] 周法高认为，上古时期第三人称代词相对不如第一人称代词和第二人称代词那么发达。因此，周法高把这两者放在一起讨论。[③] 我们采用同样的研究思路，将二者放在一起展开比较研究。

2.3.1　上古汉语中的第三人称代词和指示代词

根据管燮初的统计，西周金文中出现的第三人称代词和指示代词主要有"厥""其""若""之""是""斯""兹"。[④]

张玉金综合了出土文献和传世文献，指出西周汉语第三人称代词和指示代词主要是"厥""其""之""彼""诸"（表 2-13）。值得注意的是，"彼"基本上都在《诗经》的雅、颂中，并不见于西周金文和甲骨文，比较可疑。

---

　　① Bhat, D. N. S. Third-Person Pronouns and Demonstratives, Haspelmath, M. (Eds.)*The World Atlas of Language Structures*. Oxford: Oxford University Press, 2005, pp.178-179；张玉金：《西周汉语代词研究》，中华书局，2006 年，第 151—156 页。

　　② 王力：《汉语史稿》，中华书局，2004 年，第 272 页；黄盛璋：《古汉语的人身代词研究》，《中国语文》1963 年第 6 期；徐丹：《第三人称代词的特点》，《中国语文》1989 年第 4 期。

　　③ 周法高：《中国古代语法》（称代编），中华书局，1990 年，第 88 页。

　　④ 管燮初：《西周金文语法研究》，商务印书馆，1981 年，第 174 页。

表 2-13　西周时代汉语中第三人称代词的出现频次 ①

单位：次

第三人称代词	西周金文	西周甲骨文	《尚书》	《逸周书》	《诗经》雅、颂	《周易》	合计
厥	262	7	97	25	30	1	422
其	60	0	24	15	182	94	375
之	34	0	33	35	258	41	401
彼	0	0	0	0	12	1	13
诸	0	0	0	5	0	0	5

在东周金文中，第三人称代词只出现了 3 次，为"厥""其""之"。近指代词有"兹""此""是""之""若"，远指代词有"厥""其""斯""皮"（"彼"）。②

我们接下来主要讨论这些代词：

"厥"（*kwat）——《易经》："厥孚交如。"孔颖达："厥，其也。"

"其"（*gə）——《论语》："工欲善其事。"王力："其，第三人称代词，表示领有。"

"若"（*nak）——《墨子》："即若其利也。"孙诒让："若，此也。"

"之"（*tə）——《史记》："投之河中。"王力："之，第三人称代词。"

"是"（*di）——《论语》："夫子至于是邦也。"皇侃："是，此也。"

"斯"（*si）——《论语》："有美玉于斯。"王力："斯，指示代词，此。"

"彼"（*pal）——《吕氏春秋》："道者止彼在己。"高诱："彼，谓他人。"《慧琳音义》："彼，他也。"

"夫"（*pa）——《楚辞》："夫人兮自有美子。"朱熹："夫人，犹言彼人。"

"时"（*də）——《尚书》："时日曷丧。"王力："时，此，这。"

上古汉语中的第三人称代词根据发音部位可以分为四组：

第一，GV 结构。如："厥"（*kwat）、"其"（*gə）。

第二，DV~SV 结构。如："之"（*tə）、"时"（*də）、"是"（*di）、"斯"（*si）。

---

① 参见：张玉金：《西周汉语代词研究》，中华书局，2006 年，第 159 页。
② 于沛芝：《东周金文代词研究》，华东师范大学硕士学位论文，2016 年，第 84 页。

第三，NVG 结构。如："若"（*nak）。①

第四，BV 结构。如："彼"（*pal）、"夫"（*pa）。

在商代甲骨文中，第三人称代词主要是"之"，"其"仅仅出现了 1 次，而且是作为定语。但是到了西周金文中，第三人称代词除了"其"之外，开始出现"厥"（*kwat），主要充当定语和主语，定语的出现频次高于主语。② 由于韵尾 -t、-d 和 -l 经常互变，"厥"（*kwat）和突厥语的第三人称代词 gol（他、那个）对应，极有可能是来自突厥语的借词。

由表 2-14 可知，在东周金文中，远指代词合计出现 216 次，但是"皮"（"彼"）仅仅出现 2 次，春秋和战国时期各出现 1 次。从这一点看，"彼"作为人称代词或指示代词，应该出现相对较晚。根据上文对丝绸之路沿线语言的综合比较分析，只有阿尔泰语中的突厥语才有 BVL 结构的指示代词和第三人称代词，如：维吾尔语 bu（这），哈萨克语 bul~bu（这），柯尔克孜语 bul~bu（这），乌兹别克语 bul（这），塔塔尔语 bu（这），图佤语 bu（这），撒拉语 bu（这），西部裕固语 bu（这）。③ 因此可以推断，西周开始，一部分突厥民族开始和上古华夏民族发生语言接触，上古汉语吸收了突厥语的指示代词和第三人称代词，于是出现了"彼"（*pal）和"厥"（*kwat）。鉴于这种来自突厥语的系统性结构的指示代词和第三人称代词的出现，同时西周产生于上古中国的西边，西周王族的语言最有可能与突厥语有密切关系。

表 2-14 东周金文中远指代词的出现频次④

单位：次

东周金文中的远指代词	春秋时期	战国时期	合计
厥	37	7	44
其	160	8	168
斯	2	0	2
皮（彼）	1	1	2
总计	200	16	216

---

① 这和波斯语 anha 很相似。参见 Steingass, F. J. *A Comprehensive Persian-English Dictionary*. London: Routledge & K. Paul, 1892, p.116.

② 张玉金：《甲骨文语法学》，学林出版社，2001 年，第 34 页；张玉金：《西周汉语代词研究》，中华书局，2006 年，第 162—164 页。

③ 陈宗振、努尔别克、赵相如：《中国突厥语族语言词汇集》，民族出版社，1990 年，第 56—57 页。

④ 参见：于沛芝：《东周金文代词研究》，华东师范大学硕士学位论文，2016 年，第 160 页。

2.3.2　丝绸之路沿线语言中的第三人称代词和指示代词

齿龈音声母系列的第三人称代词和指示代词主要见于印欧语、闪含语、藏缅语。

藏缅语的近指代词基本上都是 DV 结构，如：藏文 ɦdi，拉萨藏语 ti¹³，普米语 u⁵⁵ti⁵³，尔龚语 jethɯ，尔苏语 thɛ⁵⁵，纳木义语 tɛ⁵⁵，傈僳语 the⁴⁴，大理白语 tɯ³¹，景颇语 n³³tai³³。[①]

壮侗语的近指代词基本上是 NV 结构，如与"这"对应的是：武鸣壮语 nei⁴，龙州壮语 nai³，布依语 ni⁴，西双版纳傣语 ni⁸，德宏傣语 lai⁴，侗语 na:i⁶，仫佬语 na:i⁶，水语 na:i⁶。[②]

苗瑶语的近指代词基本上是 NV 结构，如与"这"对应的是：黔东苗语 noŋ³，黔西苗语 nen³，川黔滇苗语 na³，黔东北 nei¹³，布努瑶语 nau³。[③]

阿尔泰语的指示代词基本上是 VN 结构和 DVR 结构。如：蒙古语 en（这）、tər（那）[④]，满通古斯语 er（这）、ter（那）。[⑤]

印欧语指示代词一般认为有三套：近指代词、中指代词、远指代词。如梵文中，分别是 sá、sá、tád；希腊语中，分别是 ho、hē、tó。可以看出希腊语中 ho 和 hē 是从 so 和 sē 演变而来的。[⑥]印欧语的指示代词基本上是 DV 或 DVD 结构。印欧语的第三人称代词相当复杂，目前对此还没有很好的总结。

闪含语中的第三人称代词基本上是 SV 结构。如：阿卡德语 šu（阳性）、ša（阴性）、ši（阴性），希伯来语 hū（阳性）、-ōh（阳性）、hā（阴性）、-āh（阴性），叙利亚语 hi（阳性）、eh（阳性）、-ah（阴性），阿拉伯语 hu（阳性）、hā（阴性），埃塞俄比亚语 hū（阳性）、-ōh（阳性）、-ha（阴性）。[⑦]闪含语中指示代词，原

---

①　《藏缅语语音和词汇》编写组：《藏缅语语音和词汇》，中国社会科学出版社，1991年，第1355页。

②　王均等：《壮侗语族语言简志》，民族出版社，1984年，第870—871页。

③　中央民族学院苗瑶语研究室：《苗瑶语方言词汇集》，中央民族学院出版社，1987年，第88—89页。

④　道布：《蒙古语简志》，民族出版社，1983年，第71页。

⑤　力提甫·托乎提：《阿尔泰语言学导论》，山西教育出版社，第460页。

⑥　Beekes, R. S. *Comparative Indo-European Linguistics: An Introduction.* Amsterdam/ Philadelphia: John Benjamins Publishing Company, 2011, p.226；Kapović, M. *The Indo-European Languages.* London: Routledge, 2016, p.85.

⑦　Gray, L. H. *Introduction to Semitic Comparative Linguistics.* New York: Columbia University Press, 1934, p.64.

始闪米特语中就一套：ði~ða。阿拉伯语 dā（阳性）、dī（阴性），希伯来语 zeh（阳性）、zōθ（阴性）。[1]

2.3.3 小结

将丝绸之路沿线语言中的第三人称代词和指示代词整理如表 2-15，可以发现：藏缅语、阿尔泰语、印欧语以及闪含语的指示代词存在共同特征，都是 NV~DV~SV 结构。这和上古汉语的"之"（*tə）、"时"（*də）、"是"（*di）、"斯"（*si）等指示代词是对应的。值得一提的是，上古汉语的"他""它"一般表示"别的""其他的"，但从汉代开始，这两个字可以用来表示第三人称代词，如《后汉书》："还它马，赦汝死罪。"杨树达认为，"它"就是"彼"。此后高名凯、周法高指出，东汉佛经中"他"经常表示第三人称代词。[2] 由于韵尾 -l、-d 经常互变，"他"（*thal）或"它"（dal）表示第三人称代词，和梵文的 tád"那"对应，可能和佛教传入中国有关。

表 2-15　丝绸之路沿线语言中的第三人称代词和指示代词

BVL		DV~SV		GV	
上古汉语	*pal 彼	上古汉语	*tə 之	上古汉语	*kwat 厥
突厥语	bu~bul	上古汉语	*də 时	突厥语	gol
		上古汉语	*di 是		
		上古汉语	*si 斯		
		汉藏语	ti		
		蒙古语	tər		
		满通古斯语	ter		
		闪含语	dā~sa		
		印欧语	tád		

---

① Gray, L. H. *Introduction to Semitic Comparative Linguistics*. New York: Columbia University Press, 1934, p.65.

② 杨树达：《词诠》，中华书局，2004 年，第 60 页；高名凯：《汉语语法论》，开明书店，1946 年，第 305 页；吕叔湘、江蓝生：《近代汉语指代词》，学林出版社，1985 年，第 8—9 页；周法高：《中国古代语法》（称代编），中华书局，1990 年，第 114 页。

2.4 疑问词

上古汉语中的疑问词有：

"谁"（*dul）——《说文》："谁，何也。"

"孰"（*duk）——《易经》："其孰能此哉。"惠栋："孰，谁也。"

"何"（*gal）——《说文》："何，谁也。"

"曷"（*gat）——《易经》："曷之用。"李鼎祚："曷，何也。"

"奚"（*gi）——《韩非子》："吾奚以知天下之然也？以此。"王先慎："奚作何。"

"安"（*an）——《经传释词》："安，焉也，然也。"

"焉"（*an）——《论语》："人焉廋哉。"朱熹："焉，何也。"

"乌"（*a）——《汉书》："乌，何也。"

"无"（*ma）——《诗经》："无草不死。"李富孙："无作何。"

"胡"（*ga）——《诗经》："胡臭亶时。"郑玄："胡之言何也。"

"畴"（*du）——《书·尧典》："畴咨若时登庸。"孔安国传："畴，谁也。"

"岂"（*khil）——《玉篇》："岂，安也。"

根据语音特点，王力将疑问词分为三个系列：第一，z系列，主要有"谁"（*zǐwəi）、"孰"（*zǐuk）等，这些词语主要表示人；第二，ɣ系列，主要有"何"（*ɣai）、"曷"（*ɣat）、"胡"（*ɣa）、"奚"（*ɣie）等，这些词语主要指物；第三，零声母系列，主要有"安"（*an）、"乌"（*al）、"焉"（*an）等，这些词语主要表示处所。[1] 此后蒲立本也有相似的分类。[2] 但是总的来看，其实疑问词可以归结为一类，都表示询问。

下面我们按照王力的分类对疑问词展开讨论。只不过为了更加直观和简洁，根据最新上古音的构拟，我们把第一类改为齿音系列疑问词，第二类改为软腭音系列疑问词，第三类改为齿龈鼻音系列疑问词。由于在上古汉语中，"无"也

---

[1] 由于是引用王力的观点，这里的疑问词的上古音，直接参照王力原文，详见王力：《汉语史稿》，中华书局，2004年，第280—281页。

[2] 蒲立本：《古汉语语法纲要》，语文出版社，2006年，第102页。

可以充当疑问词，因此我们增加第四类双唇鼻音系列疑问词。

2.4.1　齿音系列疑问词（DV）

"什么，哪一个"，闪含语 di，希伯来语 di，南亚语 daj，苗瑶语 tei¹³。

侗台语中，"什么，哪一个"，暹罗语 day¹，白泰语 daɯ¹，黑泰语 daɯ¹、laɯ¹，掸语 laɯ¹，廊开语 day¹，雷坪话 naɯ⁴，龙鸣话 lɤɯ⁴，龙州话 naɯ¹，石语 dɤɤ，西方黎语 thi³，白沙黎语 the⁵，保定黎语 ra³，中沙黎语 ra¹。①

从侗台语可以看出，day、daɯ¹、laɯ 是不同变体，其实是同源词，都是表示"什么"。② 原始侗台语中的"什么"可以构拟为 *dai~*lai~*rai~*nai。

蒲立本和魏培泉等人指出，经典文献中，"谁"和"孰"的区别主要在于："孰"总体上用作主语，很少用作宾语，"谁"基本上可以同时作主语和宾语；"孰"可以同时用作人和事物，"谁"基本上是指代人。③ uj 和 i 互变很常见，如广西方言中，复数标记有些方言是 ti，有些方言是 tui，如："我们"，桂平 ŋo²⁴ti²²，北流 ŋɔ²³ti²¹，蒙山 nu⁵³tui²²，武宣 ŋɔ²⁴tui²¹。④ 因此，"谁"和"孰"显然也是同一个系列。⑤

从上文可以看出，闪含语、南亚语、苗瑶语、侗台语中的 di、dai、lai、rai、nai 和上古汉语中的"谁"（*dul）、"孰"（*duk）、"畴"（*du）比较接近。

汪维辉指出，汉代突然出现"何等"表示"什么"。如：

《说苑》："茅焦对曰：'陛下有狂悖之行，陛下不自知邪！'皇帝曰：'何等

---

① Mitchel, L. A. *A Student's Vocabulary for Biblical Hebrew and Aramaic*. Grand Rapids: Zondervan Publishing House, 1984, p.52; Jacq, P. A. *Description of Jruq (Loven): A Mon-Khmer Language of the Lao PDR*. Canberra: The Australian National University, 2001, p.165；王辅世、赵习：《苗语简志》，民族出版社，1985 年，第 49 页；Hudak, T. J. *William J. Gedney's Comparative Tai Source Book*. Hawaii: University of Hawaii Press, 2008, p.116；李方桂：《比较台语手册》，丁邦新译，清华大学出版社，2011 年，第 127 页；欧阳觉亚、郑贻青：《黎语调查研究》，中国社会科学出版社，1983 年，第 452 页。

② 李方桂还专门指出侗台语中的 rai 或 roi 表示"什么"，经常和前面表示人的词语共同组合成疑问词"谁"。比如侬语 lu（什么），cou（什么），由 can（人）和 lu 组合而来。（李方桂：《比较台语手册》，丁邦新译，清华大学出版社，2012 年，第 131 页。）

③ 蒲立本：《古汉语语法纲要》，语文出版社，2006 年，第 102—105 页；魏培泉：《汉魏六朝称代词研究》，台湾"中央研究院"语言学研究所，2004 年，第 201 页。

④ 谢建猷：《广西汉语方言研究》，广西人民出版社，2007 年，第 1914 页。

⑤ 蒲立本：《古汉语语法纲要》，语文出版社，2006 年，第 105 页。

也？愿闻之。'"①

《论衡》："所谓'尸解'者，何等也？"

"等"的读音值得讨论，从古文字通假谐声情况来看，"等"经常和"志""持"通假，②这说明"等"从"寺"得声，上古音本来并没有鼻音韵尾，因此读音为 *ti，即后来《乐府诗集》中的疑问词"底"（表示"什么"）。③"等"与"谁""孰""底"是同源词，是南方各语言与汉语接触以后进入汉语的。

魏晋南北朝的《乐府诗集》中经常出现表示"何""什么"等意思的"底"。

《乐府诗集·清商曲辞二·欢闻变歌》："君非鸬鹚鸟，底为守空池。"

《乐府诗集·子夜四时歌》："寒衣尚未了，郎唤侬底为？"④

这里的疑问词"底"可能来自中古南方吴语，和现在东南亚的苗瑶语、侗台语、南亚语存在关联。

现代汉语中，还有这种 DV 语音形式的疑问词，一般都写作"多"。

现代汉语中，经常用"多"表示询问，比如"多远""多大""多小"。在一些方言中表现得更为明显，比如云南方言中，"什么时候"，昭通方言说"多会"，昆明方言说"多下"。⑤从这里可以看出"多"就是疑问词。从语源来看，其来自南方的苗瑶语、侗台语或南亚语。

2.4.2 软腭音系列疑问词（GV）

印欧语中，疑问词有两个基本形式：*kw-o- 和 *kw-i。在印欧语中，疑问词的具体形式为：吠陀梵文 kás（谁，哪一个），古教会斯拉夫语 kъ-to（谁），立陶宛语 kàs（谁），哥特语 kas（谁），梵文 kád（什么，哪一个），拉丁语 quod（哪一个），古普鲁士语 ka（什么），哥特语 kas（什么），立陶宛语 kada（什么时候），

---

① 汪维辉：《〈说苑〉与西汉口语》，载《著名中年语言学家自选集：汪维辉卷》，上海教育出版社，2011 年，第 203—244 页。

② 白于蓝：《简帛古书通假字大系》，福建人民出版社，2017 年，第 72 页。

③ 江蓝生、曹广顺：《唐五代语言词典》，上海教育出版社，1997 年，第 91 页；蔡镜浩：《魏晋南北朝词语例释》，江苏古籍出版社，1990 年，第 71 页。

④ 汉语大字典编辑委员会：《汉语大字典》（缩印本），湖北辞书出版社，1996 年，第 942 页；王力：《王力古汉语大字典》，中华书局，2015 年，第 274 页。

⑤ 云南省地方志编纂委员会：《云南省志·汉语方言志》，云南人民出版社，1989 年，第 233 页。

拉脱维亚语 kad（什么时候）。[①]从中可以看出印欧语中的疑问词都是以软腭音为声母的音节。

阿尔泰语中，疑问词基本都是 GVD 结构，如与"哪里"对应的是：维吾尔语 qajdɑ，哈萨克语 qajdɑ，塔塔尔语 qajdɑ，图佤语 kajdɑ，撒拉语 ɢɑdɑ，西部裕固语 ɢɑjdɑ。[②]蒙古语族中，与"哪里"对应的是：正蓝旗方言 xədʐəː，巴林右旗方言 xədʐəː，陈巴尔虎方言 xədʐəː，布里亚特语 xəzə，阿拉善语 kedeː，都兰语 kedʐeː，东部裕固语 kədʐeːː。[③]

上古汉语中软腭音声母的疑问词主要有："何"（*gal）、"曷"（*gat）、"胡"（*ga）、"奚"（*gi）、"岂"（*khil）。值得注意的是，贝罗贝、吴福祥指出，甲骨文和西周金文中并没有出现典型的疑问词。[④]管燮初指出，疑问词"何"并不见于西周金文。[⑤]"曷"（*gat）从金文实际看，也就出现一次，西周晚期的毛公鼎铭文有"邦将害（读为'曷'）吉"，其中的"曷"（*gat）是疑问词，表示"邦国之事如何能好转？"[⑥]在春秋晚期的燕国的杕氏壶铭文里，"杕氏福及，岁贤鲜于（虞），可（何）是金契"，这里的"可"（"何"）是疑问词，但是在春秋金文中非常少见。这是非常值得注意的一个现象，说明从西周晚期到春秋时期，"何"（*gal）、"曷"（*gat）、"胡"（*ga）等软腭音系列疑问词开始进入汉语。

从上文的讨论可以看出，软腭音声母疑问词主要与印欧语、阿尔泰语有关，就上古中国而言，印欧语和阿尔泰语都处在上古中国的北方和西方，从这里可以看出上古汉语与印欧语和阿尔泰语存在语言接触和互动。同时，西周时期开始出现第三人称代词"厥""彼"与阿尔泰语 gol、bul 对应，这两者是平行的。

2.4.3 齿龈鼻音系列疑问词（VN、VNV、NV）

上古汉语中，齿龈鼻音系列疑问词主要有："安"（*an）、"焉"（*an）、"乌"（*al>*a）。这些词语的共同特征是由 a 与 n 组合而成，由于 l 和 n 经常相

---

① Kapović, M. *The Indo-European Languages*. London: Routledge, 2016, p.88；Derksen, R. *Etymological Dictionary of the Slavic Inherited Lexicon*. Leidon: Brill, 2015, p.216.

② 陈宗振、努尔别克、赵相如：《中国突厥语族语言词汇集》，民族出版社，1990 年，第 428—429 页。

③ 孙竹：《蒙古语族语言词典》，青海人民出版社，1990 年，第 151 页。

④ 贝罗贝、吴福祥：《上古汉语疑问代词的发展与演变》，《中国语文》2000 年第 4 期。

⑤ 管燮初：《西周金文语法研究》，商务印书馆，1981 年，第 175 页。

⑥ 王辉：《商周金文》，文物出版社，2006 年，第 264 页。

互演变，因此，"乌"（*al>*a）是"安"（*an）、"焉"（*an）的变体。

在先秦时期，"安"和"焉"是浑然无别的，如北大简《老子》："故大道废，安有仁义。"传世本中"安"作"焉"。① 因此蒲立本指出，"安"和"焉"在句法和意义上是相同的。②

张玉金指出，"安"和"焉"作为疑问词在西周晚期的《诗经·小雅》中各出现 3 次，但是不见于其他文献，这就显得比较可疑。因为一直到东周时期，金文当中并没有出现作疑问词的"安""焉"。③

战国时期，疑问词"安""焉"肯定已经出现。

李明晓指出，在楚简中，"安"主要作为处所疑问词和方式疑问词。如：

《上博四·曹沫之阵》："明慎以戒，安（焉）将弗克？毋冒以陷，必过前攻。"

《上博五·姑成家父》："吾毋有它，正公事，虽死，安（焉）逃之？"

《上博五·弟子问》："汝安能也？"④

在秦简中，"安"也是用来表示处所的疑问词。如：

《法律答问》："今得，问安置其子？"

《岳麓秦简三》："讯魏：魏亡，安取钱以补袍及买鞋刀？"⑤

在闪含语中，除了 MV 系列疑问词之外还有一个疑问词 'ay（或 'aynā）。如：埃塞俄比亚语 'ay（哪个），叙利亚语 'aynā（哪个），阿卡德语 ayyu（哪个），阿拉伯语 'ayyun（哪个）。⑥⑦

在与闪含语密切相关的达罗毗荼语中，疑问词总体是 an、en、ani、ar、al、

---

① 白于蓝：《简帛古书通假字大系》，福建人民出版社，2017 年，第 1259 页。

② 蒲立本：《古汉语语法纲要》，语文出版社，2006 年，第 108 页。

③ 于沛芝：《东周金文代词研究》，华东师范大学硕士论文，2016 年，第 201 页。

④ 李明晓：《战国楚简语法研究》，武汉大学出版社，2010 年，第 52 页。

⑤ 魏德胜：《〈睡虎地秦墓竹简〉语法研究》，首都师范大学出版社，2000 年，第 147 页；伊强：《秦简虚词及句式考察》，武汉大学出版社，2017 年，第 311 页。

⑥ Moscati, S. *An Introduction to the Comparative Grammar of the Semitic Languages, Phonology and Morphology.* Cambridge: Cambridge University Press, 1980, p.115.

⑦ 值得注意的是，满通古斯语中的疑问词 ai（什么）与闪含语疑问词 'ay、'aynā、'ayyun 非常形似。如满语 ai（什么），锡伯语 ai（什么），赫哲语 haj（什么），鄂温克语 johoŋ（什么）、ohoŋ（什么），鄂伦春语 jokun（什么）、ikun（什么）。（朝克：《满通古斯语族语言词汇比较》，中国社会科学出版社，2014 年，第 342—343 页。）可以看出，鄂温克语的 johoŋ、ohoŋ，鄂伦春语的 jokun、ikun 与上古汉语中的疑问词"庸"在语音上非常相似。《左传》："庸何伤。"裴学海指出，"庸"就是"何"。（裴学海：《古书虚字集释》，中华书局，1954 年，第 87 页。）"庸"是以母东部字，以母有部分字与见系字在谐声通假上有很大关联。因此，"庸"可能和满通古斯语 johoŋ（什么）以及闪含语 'ayyun（哪个）对应。

ne 等语音形式，是元音和鼻音 n 组合，有时鼻音 n 后边还会增加一个元音，根据语音，可以概括为 VN、VNV、NV 模式。如：古泰米尔语 en（什么，为什么，怎么样）、enru（什么时候），奎语 an（什么），库瓦语 ena（什么），朋沟语 inen（谁）、ina（什么），曼达语 inan（谁）、ina（什么），楠其语 en（谁），马拉雅拉姆语 ennu（哪里），托达语 in（什么，为什么）、el（哪里）、et（多少），卡纳达语 ari（谁）、elli（哪里），寇塔语 ental（多少），科达古语 arï（谁），格鲁克语 ne（谁）、endr（什么），马尔多语 indru（哪个），布拉辉语 der（谁）、de（谁）、ant（什么）、ara（哪个）。①

可以看出，达罗毗荼语中，疑问词基本是 an、in、ina、en、ena、ali、ari，由于 n、r、l 可以互变，因此这些词是同源的。

考虑到战国时代"安"（*an）、"焉"（*an）等 VN、VNV、NV 结构疑问词出现，而 VN、VNV、NV 结构疑问词是闪含语和达罗毗荼语的重要特征，匈奴语言与闪含语、达罗毗荼语密切相关，随着匈奴在战国时代进入中国北部，VN、VNV、NV 结构疑问词开始传入中国。②

值得注意的是，"那"（*na）在魏晋时期作为疑问词开始出现，主要表示"怎么""哪里"。

《三国志·魏书》："那可尔。"

《幽明录》："卿那诳我？"这里的"那"表示"怎么"。

《贤愚经》："今欲那去？"江蓝生指出，"那"是用来询问处所。③

通过对达罗毗荼语疑问词的分析，en 还有一个变体 ne，可以断定 na 是 an、ena 的变体，因此魏晋时期新出现的疑问词"那"，来自达罗毗荼语。从东汉末年开始，佛教开始进入中国，僧侣中有许多来自南印度的达罗毗荼人，因此达罗毗荼语随着佛教传播开始进入中国。"那"可能就是这些达罗毗荼语词语之一。④

① Krishnamurti, B. *The Dravidian Languages*. Cambridge: Cambridge University Press, 2003, pp.257-258.
② 叶晓锋：《匈奴语言及族源新探》，《中山大学学报（社会科学版）》2018 年第 5 期。
③ 吕叔湘、江蓝生：《近代汉语指代词》，学林出版社，1985 年，第 276 页；江蓝生：《魏晋南北朝小说词语汇释》，语文出版社，1988 年，第 147 页。
④ 陈永霖、叶晓锋：《中古梵僧入唐与复数标记"们"的产生》，《民族语文》2020 年第 2 期。

2.4.4　双唇鼻音系列疑问词（MV）

由表 2-16 可知，闪含语中，疑问词基本上是以双唇鼻音 m 为声母的音节，基本形式为 ma、man、mana、mənt。这可以解释晚期上古汉语和中古汉语中新出现的一系列双唇音鼻音疑问词。

表 2-16　闪含语中的疑问词 [①]

语言	"谁"	"什么"	"哪一个"
阿卡德语	mannu	minu	ayyu
乌加里特语	my	mh	mn
希伯来语	mi	ma	e-ze
腓尼基语	my	m	——
圣经阿拉姆语	man	mā	——
叙利亚语	man	ma、man、mana	'aynā
阿拉伯语	man	——	'ayyun
埃塞俄比亚语	mannu	mənt	'ay
阿姆哈拉语	ma	mən	——

上古汉语中，"无"有时可以表示"什么"。如：

《管子》："是特名罗于为君耳，无壤之有。"

《吕氏春秋》："民无道知天，民以四时寒暑日月星辰之行知天。"

《晏子春秋》："祀之无益。"

裴学海指出这些句子里的"无"都相当于"何"。[②]

一般认为，这几本典籍成书年代可能为战国晚期到秦汉时期，表示"什么"的"无"（*ma）和闪含语的疑问词 ma 对应，这和上面 VNV 结构的疑问词标记相似。从中可以看出：战国晚期至秦汉，有近东闪含民族来到中国，并与华夏民族产生语言接触和互动。

此后在敦煌变文中，经常出现疑问词"没"或"阿没"（表示"什么"）。《敦煌变文集·燕子赋》："于身有阿没好处。"这里的"阿没"就表示"什么"。"阿没"

---

① 参见：Moscati, S. *An Introduction to the Comparative Grammar of the Semitic Languages, Phonology and Morpholo*. Cambridge: Cambridge University Press, 1980, p.115；Leslau, W. *Hebrew Cognates in Amharic*. Wiesbaden: Otto Harrassowitz, 1969, pp.52-54.

② 裴学海：《古书虚字集释》，中华书局，1954 年，第 902—903 页。

又作"阿莽",如"阿莽次第"中,"阿莽"表示"怎么样"。[1]"没"(*muət)与闪含语中埃塞俄比亚语的 mənt 非常相似。"莽"中古音有三个:"莫补切"(*mu)、"莫厚切"(*məu)、"模朗切"(*maŋ)。这也和闪含语的疑问词是相似的。

在汉语中,普通话中的"吗"(表示"什么"),南方方言中,广东话 mat(什么,写作"乜")、客家话 mak¹ke⁵³(什么),[2]这些疑问词都是 MV 结构,可能都和闪含语有关。

2.4.5 小结

从上文的讨论可以看出,上古汉语中的疑问代词总体上分为四个系列:齿音系列(DV)、软腭音系列(GV)、齿龈鼻音系列(VN、VNV、NV)、双唇鼻音系列(MV)。根据与丝绸之路沿线语言比较的结果(见表2-17),我们总结如下:

第一,齿音系列疑问词"谁"(*dul)、"孰"(*duk)、"畴"(*du)可能和亚洲南方的南亚语、苗瑶语、侗台语等语系中的 tei 或 daj(什么、那个)有关,主要分布于南方海上丝绸之路。

第二,软腭音系列疑问词"何"(*gal)、"曷"(*gat)、"胡"(*ga)等则和印欧语 kád(哪一个)、突厥语 qɑjdɑ(哪里)、蒙古语 kede:(哪里)等有关,主要分布于欧亚大陆北方的丝绸之路。

第三,齿龈鼻音系列疑问词"安"(*an)、"焉"(*an)则和闪含语 'aynā(哪个)以及达罗毗荼语中的 an 或 ina(什么)等有关。闪含语的 'aynā(哪个)还有一个变体是 'ayyun(哪个),与鄂温克语的 johoŋ 或 ihoŋ(什么)对应,这些词在语音上与上古汉语中的疑问词"庸"(*doŋ>*joŋ)对应。

第四,双唇鼻音系列疑问词"无"(*ma)、"没"(*muət)、"阿没"(*amuət)在语音和意义上与闪含语的疑问词 ma 或 mənt(什么,哪个)等对应。MV 类型的疑问词是闪含语的重要特征词,从这一疑问词可以看出,汉语和闪含语的接触从上古到近代从不间断。

---

① 董志翘、蔡镜浩:《中古虚词语法例释》,吉林教育出版社,1994年,第6—7页。
② 袁家骅:《汉语方言概要》,语文出版社,2001年,第210页;侯精一:《现代汉语方言概论》,上海教育出版社,2002年,第168页。

表 2-17　丝绸之路沿线语言中的疑问词

DV		GV		VN~VNV~NV		MV	
上古汉语	*dul 谁	上古汉语	*gal 何	上古汉语	*an 安	上古汉语	*ma 无
上古汉语	*duk 孰	上古汉语	*gat 曷	上古汉语	*an 焉	上古汉语	*muət 没
上古汉语	*du 畴	上古汉语	*ga 胡	上古汉语	*al>*a 乌	上古汉语	*amuət 阿没
南亚语	daj	突厥语	qajda	达罗毗荼语	an	闪含语	mənt
苗瑶语	tei	蒙古语	kede	闪含语	'aynā		
侗台语	day	印欧语	kád				

2.5　否定词

　　"无"（*ma）——《尔雅》："靡无也。"邢昺："无，不有也。"《广韵》："无，有无也。"

　　"勿"（*mət）——《尔雅》："勿念，勿忘也。"郝懿行："勿者，与无同。"

　　"亡"（*maŋ）——《易经》："朋亡。"孔颖达："亡，无也。"《诗经》："予美亡此。"郑玄："亡，无也。"

　　"莫"（*mak）——《易经》："莫之胜说。"李鼎祚："莫，无也。"《诗经》："宁莫我听。"郑玄："靡、莫，皆无也。"

　　"未"（*mət）——《庄子》："未应矣。"成玄英："未，无也。"

　　"微"（*məl）——《老子》十四章："搏之不得名曰微。"河上公："无形曰微。"《诗经》："微我无酒。"王先谦："微，非也。"

　　"靡"（*mal）——《诗经》："靡室劳矣。"朱熹："靡，不。"《说文》段玉裁："靡又与亡字、无字皆双声，故谓无曰靡。"

　　"蔑"（*mat）——《易经》："蔑贞，凶。"李鼎祚："蔑，无。"

　　"末"（*muɑt）——《论语》："虽欲从之，末由也已。"皇侃："末，无也。"

　　"不"（*pə）——《尚书》："天命不易。"王力："不，表示否定。"

　　"弗"（*pət）——《广雅》："弗，不也。"

　　"非"（*pəl）——《礼记》："非刀匕是共。"孔颖达："非，不也。"

　　"乌"（*al>*a）——《孟子》："乌是何言也。"周广业："乌，否也。"

根据语音特点，上古汉语中的否定词主要分为三个系列：

第一，双唇鼻音系列（MV）。如："无"（*ma）、"勿"（*mət）、"亡"（*maŋ）、"莫"（*mak）、"未"（*mət）、"微"（*məl）、"靡"（*mal）、"蔑"（*mat）、"末"（*muɑt）。

第二，双唇塞音系列（BV）。如："不"（*pə）、"弗"（*pət）、"非"（*pəl）。[1]

第三，零声母系列（VL~V）。如："乌"（*al>*a）。

2.5.1 双唇鼻音系列否定词（MV）

藏缅语中的否定词大部分都是 MV 结构。[2] 藏缅语中的"不、没有"，如：藏语 ma¹³，门巴语 mʌ¹³，羌语 ma，普米语 ma³⁵，嘉绒语 ma，尔龚语 mi，扎巴语 ma³⁵，贵琼语 me³⁵，尔苏语 ma³³，纳木义语 me³³，史兴语 mu⁵⁵，傈僳语 mɑ³¹，纳西语 mə³³，哈尼语 mɔ³¹，拉祜语 mʌ⁵³，基诺语 mɔ³³，白语 mu³³，缅文 mɑ¹，缅语 mɑ⁵³，阿昌语 ma³¹，浪速语 mə³¹，怒语 m̩³¹，独龙语 mɯ³¹，僜语 mɑi⁵³，珞巴语 mi⁵⁵。

侗台语中的"不"，如：壮语 mi³，布依语 mi²，水语 me²。[3]

苗瑶语中的"不"，如：布努语 ma²，勉瑶语 mai³，标敏瑶语 m⁵。[4]

在印欧语中，否定词主要分为两个系列：MV 和 NV。如：原始印欧语 mē 表示禁止性否定，ne 表示陈述性否定。印度伊朗语 ma 表示禁止性否定，na 表示陈述性否定。希腊语 mē 表示禁止性否定，ou 表示陈述性否定。拉丁语 nē 表示禁止性否定，non 表示陈述性否定。[5]

古代突厥语中，与动词连用的否定词一般是 ma。如：ya-ma-yin（我不吃），yori-ma（不要走）。[6] 如：维吾尔语 ɛmɛs（不是）、西部裕固语 ma（不、没有）、

① 蒲立本：《古汉语语法纲要》，语文出版社，2006 年，第 116—125 页。
② 《藏缅语语音和词汇》编写组：《藏缅语语音和词汇》，中国社会科学出版社，1991 年，第 1378 页。
③ 中央民族学院少数民族语言研究所第五研究室：《壮侗语族语言词汇集》，中央民族学院出版社，1985 年，第 297 页。
④ 中央民族学院苗瑶语研究室：《苗瑶语方言词汇集》，中央民族学院出版社，1987 年，第 4—5 页。
⑤ Clackson, J. *Indo-European Linguistics: An Introduction.* Cambridge: Cambridge University Press, 2007, p.163.
⑥ 冯·加班：《古代突厥语法》，耿世民译，内蒙古教育出版社，2004 年，第 99—100 页。

柯尔克孜 emes（不是）。①

可以看到，汉语的"无""毋""勿""亡""莫""罔""未""微""靡""蔑""末"等以双唇鼻音 m 为声母的否定词和藏缅语、侗台语、苗瑶语、印欧语、突厥语比较相似。

2.5.2　双唇塞音系列否定词（BV）

根据语音，蒙古语中表示"否定"的词语基本是 BVS 类型。② 如：正蓝旗方言 biʃ/bus，巴林右旗方言 biʃ/bos，陈巴尔虎方言 biʃ/bus，布利亚特方言 biʃ/bus，达尔罕方言 biʃ/bos，喀喇沁方言 biʃ，东苏尼特方言 biʃ/bus，鄂托克方言 biʃe:/busu，阿拉善方言 biʃi/bus，都兰方言 biʃe/bos，和静方言 biʃ/bus，东部裕固语 puʃi，土族语 puxi:~puxɑ/puɛi:，东乡语 puʂw/pusədʐw。

上古汉语中的"不"（*pə）、"弗"（*pət）和蒙古语族的 BVS 结构否定词比较相似。如：正蓝旗方言 biʃ/bus。

南方的亚洲语言也有零星的 BV 结构否定词。侗台语中的"不、没有"如：壮语 bou³，③ 西双版纳傣语 bǎu⁵。南亚语中的"不、没有"如：甘塘语 pu³³，曼买语 pɤ，南谦语 ba。④ 但是相对于侗台语和南亚语整体而言，BV 结构否定词出现非常零散，所以可能是借词。

2.5.3　零声母系列否定词（V 或 VL）

闪含语中的"不、没有、无"如：原始闪米特语 ala，阿卡德语 ul、la，叙利亚语 la，阿拉伯语 al、la，希伯来语 lo。⑤

达罗毗荼语中的"不、没有"如：古泰米尔语 al，马拉雅拉姆语 illa，科达

①　赵相如、朱志宁：《维吾尔语简志》，民族出版社，1985 年，第 50 页；陈宗振、雷选春：《西部裕固语简志》，民族出版社，1985 年，第 92 页；胡振华：《柯尔克孜语简志》，民族出版社，1986 年，第 85 页。需要注意的是，emes，e 表示"是"，mes 表示"不"。

②　孙竹：《蒙古语族语言词典》，青海人民出版社，1990 年，第 151 页。

③　中央民族学院少数民族语言研究所第五研究室：《壮侗语族语言词汇集》，中央民族学院出版社，1985 年，第 297 页。

④　王均等：《壮侗语族语言简志》，民族出版社，1984 年，第 872—873 页；颜其香、周植志：《中国孟高棉语族语言与南亚语系》，社会科学文献出版社，2012 年，第 622 页。

⑤　Gray, L. H. *Introduction to Semitic Comparative Linguistics.* New York: Columbia University Press, 1934, p.73.

古语 ǐle，寇塔语 ila，卡纳达语 illa。①

梵文中 a 表示否定，并不见于其他印欧语，应该是从闪含语或达罗毗荼语中借来的，但是脱落了 -l。

蒙古语族中的"不、没有"如：正蓝旗方言 ʉl，巴林右旗方言 ʉl，陈巴尔虎方言 ʉl，布利亚特方言 ʉl，达尔罕方言 ʉl，喀喇沁方言 ʉl，东苏尼特方言 ʉl，鄂托克方言 yl，都兰方言 yl，和静方言 yl，达斡尔语 ul，东乡语 uliə。② 这和闪含语的否定词相似。

上古汉语中，"乌"（*al>*a）作为否定词是在汉代突然出现的。《史记·司马相如列传》："相如以'子虚'，虚言也，为楚称；'乌有先生'者，乌有此事也，为齐难；'无是公'者，无是人也，明天子之义。"从《史记》可以看到，"乌"（*al>*a）是"无"的意思，这显然是受到了闪含语、达罗毗荼语或者梵文的影响。这并不难理解，笔者已经专门从亲属名词角度论证，匈奴语言其实和闪含语、达罗毗荼语关系密切。③

2.5.4 小结

在上古汉语中，根据发音部位的不同，否定词主要分为三个系列：双唇鼻音系列、双唇塞音系列以及零声母系列。根据与丝绸之路沿线语言的比较（表2-18）结果，我们总结如下：

第一，上古汉语中的双唇鼻音系列否定词"无"（*ma）、"未"（*mət）等与藏缅语、印欧语、突厥语的否定词比较相似，如：藏语 ma¹³（不），原始印欧语 mē（不），突厥语 ma（不）。

第二，上古汉语中的双唇塞音系列否定词"不"（*pə）、"弗"（*pət）则和阿尔泰语中的蒙古语族的否定词 bus 比较接近。桥本万太郎曾经敏锐地注意到，汉语方言中，广州、汕头、梅县、厦门等华南地区方言的否定词是以双唇鼻音 m 为声母的音节（或 MV 结构），而北方方言中的否定词声母全部是双唇塞音（如济南 pie、西安 pau、北京 pie、沈阳 pei）。桥本万太郎认为北方方言中的否

---

① Krishnamurti, B. *The Dravidian Languages*. Cambridge: Cambridge University Press, 2003, pp.354-356.

② 孙竹：《蒙古语族语言词典》，青海人民出版社，1990 年，第 151 页。

③ 叶晓锋：《匈奴语言及族源新探》，《中山大学学报（社会科学版）》2018 年第 5 期。

定词来自蒙古语的 gui（不）和满语的 aku（不），后来发生软腭音和双唇音交替现象，即 gui>bui 和 aku>apu 音变，被汉语吸收，变成汉语中的双唇塞音否定词。[1] 桥本万太郎的发现对我们很有启发，不过北方汉语方言中的双唇塞音否定词和蒙古语 gui（不）以及满语的 aku（不）并没有关系，我们认为"不"（*pə）、"弗"（*pət）和蒙古语的 biʃ 或 bus（不是）有关。

第三，汉代出现的零声母否定词"乌"（*al>*a）则和闪含语 *al（不）、达罗毗荼语 *al（不）以及梵文中的 *a（不）比较相似，这可能和匈奴对汉朝的影响有关。

表 2-18　丝绸之路沿线语言中的否定词

MV		BV		VL>V	
上古汉语	*ma 无	上古汉语	*pə 不	上古汉语	*al>*a 乌
上古汉语	*mət 未	上古汉语	*pət 弗	闪含语	*al
突厥语	ma	蒙古语	biʃ/bus	达罗毗荼语	*al
藏缅语	ma			印欧语	*a
印欧语	*mē				

---

[1]　桥本万太郎：《语言地理类型学》，余志鸿译，世界图书出版公司，2008 年，第 57—62 页。

3

基本名词：人类和家庭 ①

▼

3.1 女人

3.1.1 上古汉语中表示"女人"的词语

"母"（*mə）——《说文》："母，牧也。"段玉裁："引申之，凡能生之以启后者皆曰母。"

"女"（*na）——《说文》："女，妇人也。"《仪礼》："其他如取女礼。"郑玄："女，谓妇也。"

"妹"（*muəl）——《易经》："归妹。"王弼："妹者，少女之称也。"《后汉书》："易称归妹。"李贤："妹，为少女之称。"

"姝"（*to）——《文选》："此郊之姝。"李周翰："姝，美女也。"

"妇"（*bə）——《礼记》："妇之丧。"郑玄："妇，谓凡适妇庶妇也。"

"媛"（*wan）——《诗经》："邦之媛也。"毛传："美女为媛。"

"嫔"（*bin）——《尚书》："嫔于虞。"孔安国："嫔，妇也。"《周礼》："七

---

① 斯瓦迪什基本词汇表中，与人相关的词语主要有："人、人类""男人""女人""妻子""丈夫""孩子""父亲""母亲"。从语义和文化类型学角度来看，"男人""女人""孩子"是最基本的词。在许多语言中，"男人"和"丈夫"是同源词，"女人"和"妻子"也是同源词，两者存在大量的交叉，因此我们将"丈夫""妻子"词条直接归并到"男人""女人"中讨论。Goddard, C. & Wierzbicka, A. *Words and Meanings: Lexical Semantics across Domains, Languages, and Cultures*. Oxford: Oxford University Press, 2014, p.22.

曰嫔妇。"郑玄:"嫔，妇人之美称也。"

"牝"（*bin）——《说文》:"牝，畜母也。"

"子"（*tə/*sə）——《左传》:"小戎子生夷吾。"杜预:"子，女也。"

"雌"（*tʰil/*sil）——《诗经》:"尚求其雌。"王力:"雌，母。"

"妻"（*tʰil/*sil）——《战国策》:"妻不以我为夫。"王力:"妻，妻子。"

根据语音，可以将上面表示"女人"的词语分为六个类型:

第一，NV 类型。如:"女"（*na）。

第二，MV 类型。如:"妹"（*muəl）、"母"（*mə）。

第三，DV 类型。如:"妹"（*to）。

第四，BV 类型。如:"妇"（*bə）。

第五，BVN 类型。如:"嫔"（*bin）、"媛"（*wan）、"牝"（*bin）。

第六，TV~TVL类型。如:子(*tə/*sə)、"雌"（*thil/*sil）、"妻"（*thil/*sil）。

3.1.2　丝绸之路沿线语言中的"女人"

3.1.2.1　侗台语中的"女人"

侗台语中表示"女人"的词语根据语音分为两类:

第一，BVG 类型。如:壮语 luɯk⁸buɯk⁷，布依语 luɯk⁸buɯk⁷。

第二，BV 类型。如:仫佬语 ti²pwa²，毛难语 ti⁶po²。[①]

壮侗语表示"女人"的 BV 和 BVG 类型其实可以归并为一类，核心词根都是 BV。从上文可以看出，"妇"（*bə）为 BV 类型，和侗台语中的 BV 类型有相似之处，如:仫佬语 ti²pwa²（女人），毛难语 ti⁶po²（女人）。

3.1.2.2　苗瑶语中的"女人"

根据语音特点，苗瑶语中表示"女人"的词语基本上是 BV 类型。[②] 如:川黔滇苗语 po²，滇东北苗语 ɑ⁵po²。

从上文可以看出，"妇"（*bə）为 BV 类型，和苗瑶语中的 BV 类型非常接

---

①　仫佬语和毛难语中的 -ti² 和 -ti⁶ 是前缀，词根分别是 pwa² 和 po²。壮语 luɯk⁸buɯk⁷，布依语 luɯk⁸buɯk⁷，这里的 luɯk⁸ 是词缀，buɯk⁷ 是词根。中央民族学院少数民族语言研究所第五研究室:《壮侗语族语言词汇集》，中央民族学院出版社，1985 年，第 16 页。

②　中央民族学院苗瑶语研究室:《苗瑶语方言词汇集》，中央民族学院出版社，1987 年，第 4—5 页。

近，如：川黔滇苗语 po² （女人），滇东北苗语 a⁵po² （女人）。

3.1.2.3　藏缅语中的"女人"

藏缅语中表示"女人"的词语根据语音可分为三类：

第一，DVMV 类型。如：嘉绒语 təmi，藏语 ce⁵³mɛ̄⁵⁵，羌语 tsəm。[①]

第二，MVMV 类型。如：史兴语 a³³mi⁵⁵ə⁵⁵mi⁵⁵，缅语 mē⁵⁵ma⁵³。

第三，MVSV 类型。如：彝语 a²¹m(ŋ)³³zɯ³³，傈僳语 za⁴¹mɯ⁴¹za⁴¹，怒语 tɕha³¹ma⁵⁵za⁵⁵，僜语 kɯ³¹mai³⁵sɑ⁵³。[②]

如果仔细分析这三类，可以看到，这三类有一个共同的特点，核心词根都是 MV 类型。

白保罗指出，原始藏缅语中表示"女人"的词语是 *mow，从上文可以看出，藏缅语中的核心词根是 MV 类型，和白保罗的结论是一致的，这和上古汉语的"母"（*mə）是对应的。[③]

3.1.2.4　南亚语中的"女人"

南亚语中表示"女人"的词语根据语音基本上是 BVN 类型，[④] 如：马散语 ʔapon，岩帅语 bun，硝厂沟语 ʔibʌn，茶叶箐语 ʔi⁵¹bǎn⁵¹。

由于岩帅语中的"女人"是 bun，没有任何前缀，由此可见，南亚语中的这些表示"女人"的词语，核心词根都是 BVN 类型。"嫔"（*bin）和"牝"（*bin）显然与南亚语中的 bun（女人）对应。孟沃语中 phipun（女人）其实是声母重叠产生的，核心词根是 pun。这种构词在南岛语中很常见，详见下文。

3.1.2.5　南岛语中的"女人"

南岛语中表示"女人"的词语根据语音可分为：

第一，BVN 类型。如：罗因吉语 pain，格迪奇语 pain，蒂科皮亚语 fine。

第二，BVBVN 类型。如：排湾语 vavaian，卑南语 babajan，布戈图语

---

①　羌语的 tsəm 是嘉绒语 təmi 的变体，ts 是后起的，因此将两者归为一类。

②　《藏缅语语音和词汇》编写组：《藏缅语语音和词汇》，中国社会科学出版社，1991 年，第 291 页。

③　Benedict, P. K. & Matisoff, J. A. *Sino-Tibetan: A Conspectus*. Cambridge: Cambridge University Press, 1972, p.149；Matisoff, J. A. *Handbook of Proto-Tibeto-Burman: System and Philosophy of Sino-Tibetan Reconstruction*. Berkeley: University of California Press, 2003, p.223.

④　颜其香、周植志：《中国孟高棉语族语言与南亚语系》，社会科学文献出版社，2012 年，第 544 页。

vavine。① 原始南岛语的"女人"是 *pine，这种形式还有一个变体是 papine，② 这和卑南语 babajan、布戈图语 vavine 对应，主要通过声母重叠产生，核心词根是后半部分。因此，上古汉语中的"嫔"（*bin）和"牝"（*bin）与南岛语中的 *pine（女人）等是对应的。

3.1.2.6　突厥语中的"女人"

突厥语中表示"女人"的词语根据语音可分为：

第一，VL 类型。如：维吾尔语 ajɑl，哈萨克语 æjel，柯尔克孜语 ajɑl，乌兹别克语 ɛjɑl。

第二，GVDVN GVS 类型。如：塔塔尔语 χatən-qəz，撒拉语 ɢadinkiʃ。

从上文材料中可以看出，上古汉语中找不到与突厥语 ajɑl（女人）直接对应的语词。

3.1.2.7　蒙古语中的"女人"

蒙古语中表示"女人"的词语根据语音基本上是 MVGDV 类型。③ 如：正蓝旗方言 ə:məgte:，巴林右旗方言 ə:məgtɛ:，陈巴尔虎方言 əməgti:，布利亚特方言 əməgtəi，达尔罕方言 ɯməgtɛ:，喀喇沁方言 ə:məgte:，东苏尼特方言 əməgtəi，鄂托克方言 emegte:，阿拉善方言 emegte:，都兰方言 emegtæ:。从中可以看出，其核心词根是 mə，与上古汉语"母"（*mə）对应。

3.1.2.8　满通古斯语中的"女人"

满通古斯语中表示"女人"的词语根据语音基本上分为两类：

第一，GVG 类型。如：满语 həhə，女真语 həhə，锡伯语 həhənan。

第二，VSV 类型。如：鄂温克语 aʃe，赫哲语 asənno，鄂伦春语 aʃibəjə。④

通过与鄂温克语 aʃe（女人）比较，可以看出，赫哲语 asənno（女人）核心词根是 asə。鄂伦春语 aʃibəjə（女人）核心词根是 aʃi。这两种语言中的词根 asə、aʃi 和鄂温克语 aʃe（女人）是同源词。上古汉语的"雌"（*tʰil/*sil）、"妻"

---

①　陈康：《台湾高山族语言》，中央民族学院出版社，1992 年，第 308 页；Ross, M., Pawley, A. & Osmond, M. *The Lexicon of Proto Oceanic: The Culture and Environment of Ancestral Oceanic Society.* Canberra: The Australian National University, 2016, p.54.

②　Ross, M., Pawley, A. & Osmond, M. *The Lexicon of Proto Oceanic: The Culture and Environment of Ancestral Oceanic Society.* Canberra: The Australian National University, 2016, p.54.

③　孙竹：《蒙古语族语言词典》，青海人民出版社，1990 年，第 260 页。

④　朝克：《满通古斯语族语言词汇比较》，中国社会科学出版社，2014 年，第 126—127 页。

（*tʰil/*sil）与满通古斯语 aʃe（女人）对应。

3.1.2.9　印欧语中的"女人"

印欧语中表示"女人"的词语根据语音分为四类：

第一，BVN 类型。如：爱尔兰语 ben，威尔士语 benyu。

第二，GVN 类型。如：哥特语 qinō，古冰岛语 kona，中古英语 quene，古高地德语 quena。

第三，BVB 类型。如：古英语 wif，中古英语 uife，古高地德语 wib，中古高地德语 wip，新高地德语 weib。

第四，SVN 类型。如：古教会斯拉夫语 žena，塞尔维亚 - 克罗地亚语 žena，波西米亚语 žena。[①]

从上文可以看出，"嫔"（*bin）和"牝"（*bin）为 BVN 类型，和印欧语中的 BVN 类型对应。如：爱尔兰语 ben（女人）。由于软腭音和双唇音经常互变，因此中古英语 quene、古冰岛语 kona 可能分别从 bene、bona 演变而来。这一形式，可能可以在蒙古语族中找到相应的词语，如：达斡尔语 ugin（少女），东部裕固语 hgon（少女）。[②] 汉代突然出现女子名字含有"君"（*kun）这一现象，如王昭君、卓文君等。女子名字中的"君"（*kun）可能从"嫔"（*bin）演化而来，也可能借自蒙古语 hgon（少女）或印欧语 kona（女人）。由于软腭音塞音演变为 ž 或 s 是常见音变，因此斯拉夫语中的 žena（女人）来自 gwena 或 quene，这和中古英语等语言中的 quene（女人）对应。

3.1.2.10　闪含语中的"女人"

闪含语中表示"女人"的词语根据语音基本上分为三类：[③]

第一类，VR~VRV 类型。如：东部乍得语 'yar，莫基尔科语 'ere。

第二类，SVD~SVR 类型。如：柏柏尔语 sut，卡比乐语 sur，闪米特语 sitt，阿拉伯语 sitt。

---

①　Buck, C. D. *A Dictionary of Selected Synonyms in the Principal Indo-European Languages*. Chicago: The University of Chicago, 1949, p.82.

②　德力格尔玛、波·索德：《蒙古语族语言概论》，中央民族大学出版社，2006 年，第 94 页。

③　Orel, V. E. & Stolbova, O. V. *Hamito-Semitic Etymological Dictionary: Materials for a Reconstruction*. Leidon: Brill, 1995, pp.21,484; Bennett, P. R. *Comparative Semitic Linguistics: A Manual*. Indiana: Eisenbrauns, 1998, p.142.

第三类，MRV 类型。如：伊拉克语 mara，摩洛哥语 mra。

从上文可以看出，上古汉语的"母"（*mə）与闪含语的 MRV 类型对应。上古汉语中的"子"（*tə/*sə）、"雌"（*tʰil/*sil）、"妻"（*tʰil/*sil）和闪含语的 SVD~SVR 类型对应，如：闪米特语 sitt（女人），卡比乐语 sur（女人）。

3.1.3　小结

将丝绸之路沿线语言中表示"女人"的词语进行对比分析，得到表 3-1，可知：

第一，上古汉语"妇"（*bə）和侗台语、苗瑶语中的 BV 类型对应，如：仫佬语 ti²pwa²（女人），毛难语 ti⁶po²（女人），川黔滇苗语 po²（女人），滇东北苗语 a⁵po²（女人）。

第二，上古汉语"子"（*tə/*sə）、"雌"（*tʰil/*sil）、"妻"（*tʰil/*sil）和闪含语的 SVD~SVR 类型对应，如：闪米特语 sitt（女人），卡比乐语 sur（女人）。

第三，上古汉语"母"（*mə）的音节结构为 MV 类型，这和藏缅语 mow（女人）、蒙古语 ə:məgtɛ（女人）以及闪含语的 mara（女人）在词根上是一样的。

第四，上古汉语"嫔"（*bin）和"牝"（*bin）的音节结构为 BVN 类型，这与南岛语中的 BVN 类型、南亚语中的 BVN 类型、印欧语中的 BVN 类型对应，如：罗因吉语 pain（女人），岩帅语 bun（女人），爱尔兰语 ben（女人）。

表 3-1　丝绸之路沿线语言中的"女人"

BV		MV		DVL~SVL		BVN	
上古汉语	*bə 妇	上古汉语	*mə 母	上古汉语	*tə/*sə 子	上古汉语	*bin 嫔
侗台语	po	藏缅语	mow	上古汉语	*tʰil/*sil 雌	上古汉语	*bin 牝
苗瑶语	po	蒙古语	ə:məgtɛ	上古汉语	*tʰil/*sil 妻	南岛语	pine
		闪含语	mara	闪含语	sitt	南亚语	bun
						印欧语	ben

3.2 男人

3.2.1 上古汉语中表示"男人"的词语

"男"（*nəm）——《汉书》："谢君男诈为神人。"颜师古："男者，儿也。不记其名，直言男耳。"

"君"（*kun）——《诗经》："既见君子。"朱熹："君子，指所期之男子也。"

"公"（*koŋ）——《战国策》："其子陈应止其公之行。"鲍彪："公、翁同。"《广雅》："公，父也。"

"子"（*tə/*sə）——《诗经》："青青子衿。"朱熹："子，男子也。"《庄子》："阳子居见老聃。"陆德明："子，男子通称。"

"夫"（*pa）——《礼记》："夫子凶。"孔颖达："夫子，男子也。"

"郎"（*laŋ）——《三国志》："吴中皆呼为'周郎'。"王力："郎，古代对男子的美称。"

"士"（*də）——《左传》："士刲羊。"杜预："男称士。"

"牡"（*mu）——《说文》："牡，畜父也。"

"儿"（*ni）——《史记》："发沛中儿，得百二十人。"《汉语大字典》指出这里的"儿"是指男青年。①

根据语音，可以将上面表示"男人"的词语分为八个类型：

第一，NVM 类型。如："男"（*nəm）。

第二，GVN 类型。如："君"（*kun）。

第三，GVNG 类型。如："公"（*koŋ）。

第四，BV 类型。如："夫"（*pa）。

第五，LVNG 类型。如："郎"（*laŋ）。

第六，MV 类型。如："牡"（*mu）。

第七，NV 类型。如："儿"（*ni）。

第八，DV~SV 类型。如："子"（*tə/*sə）、"士"（*də）。

---

① 汉语大字典编辑委员会：《汉语大字典》（缩印本），湖北辞书出版社，1996 年，第 297 页。

3.2.2　丝绸之路沿线语言中的"男人"

3.2.2.1　侗台语中的"男人"

侗台语中表示"男人"的词语根据语音分为三类：

第一，DV GVNG 类型。如：临高语 da³xiaŋ⁴，仫佬语 ti⁶kɔŋ¹。

第二，SV~TSV 类型。如：布依语 pu⁴sa:i¹，德宏傣语 pu¹tsa:i²，西双版纳傣语 kun²tsai²，壮语 vun²sa:i¹。

第三，BVN 类型。如：水语 ba:n¹，侗语 la:k¹⁰pa:n¹。 ①

在 SV~TSV 类型中，pu- 是布依语、德宏傣语中表示"人"的前缀，西双版纳傣语、壮语中的 kun-、vun- 也是表示"人"的前缀，擦音和塞擦音相互演变是常见语音现象，因此，sa:i¹ 和 tsai² 显然是同源词。

从上文可以看出，"子"（*tə/*sə）、"士"（*də）和侗台语中的 TSV 类型对应。如：西双版纳傣语 kun²tsai²，德宏傣语 pu¹tsa:i²。

上古汉语的"公"（*koŋ）与侗台语中的 DV GVNG 类型对应，如临高语 da³xiaŋ¹（男人），仫佬语 ti⁶kɔŋ¹（男人），其中 da³-、ti⁶- 是前缀。

3.2.2.2　苗瑶语中的"男人"

苗瑶语中表示"男人"的词语根据语音可分为：

第一，SV~DV 类型。如：川黔滇苗语 zeu⁶，滇东北苗语 a¹zoey⁶，黔东苗语 tiɑ⁴。

第二，DVNG 类型。如：布努瑶语（pu¹）cɤŋ⁶②。 ③

从上文可以看出，"子"（*tə/*sə）、"士"（*də）和苗瑶语中的 DV 类型比较接近。如：川黔滇苗语 zeu⁶"男人"。

3.2.2.3　藏缅语中的"男人"

藏缅语中表示"男人"的词语根据语音可分为七类：

第一，DV TSV 类型。如：嘉绒语 tə tsa，木雅语 thɯ⁵⁵tshe⁵³。

第二，BV TSV 类型。如：普米语 pu³⁵tshɛ³⁵，纳木义语 phɛ³³tʂʔ⁵⁵。

---

① 中央民族学院少数民族语言研究所第五研究室：《壮侗语族语言词汇集》，中央民族学院出版社，1985 年，第 16 页。

② pu¹ 为词缀，cɤŋ⁶ 为词根。

③ 中央民族学院苗瑶语研究室：《苗瑶语方言词汇集》，中央民族学院出版社，1987 年，第 52—53 页。

第三，TSV NV 类型。如：贵琼语 tsi^{55}na^{33}，白语 tsi^{44}ni^{21}。

第四，SV 类型。如：扎巴语 zi^{35}，傈僳语 za^{31}，僜语 a^{31}wai^{53}sa^{55}。

第五，TSV 类型。如：阿昌语 i^{31}tɕi^{55}，缅语 jau^{44}tɕa^{35}。

第六，GV 类型。如：缅文 jɔk kja^3，浪速语 jauk^{31}kai^{31}。

第七，BV 类型。如：门巴语 pu^{13}，唐塔语 wa，哈卡语 va。[①]

但是如果从词根来看，DV TSV、BV TSV、TSV NV、TSV、SV 可以归结为一类，核心词根都是 TSV 或 SV，SV 是 TSV 的变体。因此严格来说，藏缅语总体上可以分为两类，一类是 BV 类型，另外一类是 TSV~SV 类型。

从上文可以看出，上古汉语的"夫"（*pa）与藏缅语的 BV 类型对应，如：门巴语 pu^{13}（男人）。"子"（*tə/*sə）、"士"（*də）为 DV 类型，和藏缅语中的 TSV 类型相似，如：嘉绒语 tə tsa（男人）。

3.2.2.4　南亚语中的"男人"

南亚语中表示"男人"的词语根据语音基本上分为三类[②]：

第一，MV 类型。如：马散语 ʔa mɛiʔ，岩帅语 si meʔ，硝厂沟语 ʔi mai，南虎语 zi mai，茶叶箐语 ʔi^{55}mǎi^{51}，曼俄语 ka^{31}me^{231}。

第二，BV 类型。如：孟语 bɛʔ，巴哈那语 baʔ，捷哈语 ba:ʔ。

第三，GVN 类型。如：南虎 a kɔŋ。

从上文可以看出，上古汉语的"牡"（*mu）与南亚语 MV 类型对应，如马散语 ʔa mɛiʔ（男人）。上古汉语的"夫"（*pa）则与南亚语的 BV 类型对应，如巴哈那语 baʔ（男人），不过这是来自藏缅语的借词。因此，马散语 ʔa mɛiʔ（男人）等 MV 类型是南亚语表示"男人"的固有词语。

3.2.2.5　南岛语中的"男人"

南岛语中表示"男人"的词语比较复杂，根据语音有以下类型：[③]

第一，MV 类型。如：泰耶尔语 məlikuj，卑南语 maʔinajan，耶眉语

---

① 《藏缅语语音和词汇》编写组：《藏缅语语音和词汇》，中国社会科学出版社，1991 年，第 290 页；Benedict, P. K. & Matisoff, J. A. *Sino-Tibetan: A Conspectus*. Cambridge: Cambridge University Press, 1972, p.35.

② 颜其香、周植志：《中国孟高棉语族语言与南亚语系》，社会科学文献出版社，2012 年，第 544 页；Shorto, H. L. *A Mon-Khmer Comparative Dictionary*. Canberra: Australian National University, 2006, p.67.

③ 陈康：《台湾高山族语言》，中央民族学院出版社，1992 年，第 341 页。

mehakaj。

第二，RVM~DVM 类型。如：塔米语 tamu，马波斯布昂语 alam，姆宋语 arom。①

泰耶尔语的 məlikuj 等词语的词根是 mə、ma、me，因此我们将之归纳为 MV 类型。

从上文可以看出，南岛语 MV 类型和上古汉语的"牡"（*mu）相关。而 RVM~DVM 类型和上古汉语的"男"（*nəm）对应。

3.2.2.6　突厥语中的"男人"

突厥语中表示"男人"的词语根据语音归纳为 VR 类型，如：维吾尔语 ɛr，哈萨克语 er，柯尔克孜语 er，乌兹别克语 er，图佤语 er。②

从上文可以看出，上古汉语的"儿"一般都是表示"孩子"，但是从汉代开始出现表示"男人"的意思，这可能是来自北方民族语言的借词。阿尔泰语 ərə （男人）到了汉语中变成 rə 或 re，由于 r 和 n 经常相混，所以汉人就用"儿"来转写阿尔泰语中的 ərə，北方许多汉语方言中表示雄性动物的前缀为"儿"，如"儿马""儿狗"，其实这是来自阿尔泰语的借词。③

3.2.2.7　蒙古语中的"男人"

蒙古语中表示"男人"的词语根据语音可以归纳为 VR~VRV 类型。④ 如：正蓝旗方言 ər，巴林右旗方言 ər，陈巴尔虎方言 ər，布利亚特方言 ər，达尔罕方言 ər，东苏尼特方言 ər，鄂托克方言 er，阿拉善方言 er，都兰方言 er，和静方言 er，东乡语 ərə，保安语 ɛrə。

从上文可以看出，蒙古语的 er 和突厥语中的 er（男人）是一样的，后来被借入汉语，于是汉语中出现了表示"男人"或"雄性"的"儿"。

3.2.2.8　满通古斯语中的"男人"

满通古斯语中表示"男人"的词语根据语音基本上分为两类：⑤

---

① Ross, M., Pawley, A. & Osmond, M. *The Lexicon of Proto Oceanic: The Culture and Environment of Ancestral Oceanic Society.* Canberra: The Australian National University, 2016, p.53.

② 陈宗振、努尔别克、赵相如：《中国突厥语族语言词汇集》，民族出版社，1990 年，第 438—439 页。

③ 陈章太、李行健：《普通话基础方言基本词汇集》（中），语文出版社，1996 年，第 3640、3664 页。

④ 孙竹：《蒙古语族语言词典》，青海人民出版社，1990 年，第 264、266 页。

⑤ 朝克：《满通古斯语族语言词汇比较》，中国社会科学出版社，2014 年，第 126—127 页。

第一，GVGV~GVGVNV 类型。如：满语 haha，女真语 haha，赫哲语 haha no，锡伯语 hahə nan。

第二，NVR 类型。如：鄂温克语 nerog，鄂伦春语 nira。

从上文可以看出，鄂温克语 nerog、鄂伦春语 nira 与上古汉语的"人"（*nir~*nin）对应。

3.2.2.9　印欧语中的"男人"

印欧语中表示"男人"的词语根据语音分为四类：①

第一，VMV 类型。如：意大利语 uomo，法语 homme。②

第二，BVR 类型。如：拉丁语 vir，爱尔兰语 fer，梵文 vira，阿维斯塔语 vira，西班牙语 hombre。

第三，MVN 类型。如：瑞典语 man，中古英语 man，古高地德语 man/gomman，中古高地德语 man。

第四，NVR 类型。如：梵文 nar，阿维斯塔语 nar。

上古汉语的"牡"（*mu）和印欧语中的 VMV 类型对应。如：意大利语 uomo（男人）。

上古汉语的"民"（*min）和印欧语中的 MVN 类型对应。如：古英语 man（男人）。

上古汉语的"人"（*nin~*nir）和印欧语中的 NVR 类型对应。如：梵文 nar（人）。

3.2.2.10　闪含语中的"男人"

闪含语中表示"男人"的词语根据语音分为两类：③

第一，VNVS~NVS~VS 类型。如：闪米特语 'inaš、'iš，希伯来语 'nōš、'īš，阿拉姆语 naš、'yš，阿拉伯语 'ins，中部乍得语 'us。

第二，GVBR 类型。如：闪米特语 gabr，阿拉姆语 gabra，博乐瓦语 gwor-

---

①　Buck, C. D. *A Dictionary of Selected Synonyms in the Principal Indo-European Languages*. Chicago: The University of Chicago, 1949, p.81.

②　如果元音前面没有辅音的话，增生 h 是常见的音变现象，因此法语 homme 和意大利语是同源词，而西班牙语 hombre、古高地德语 gomman 本质都是复合词，词根 hom、gom 都是表示人类，另外的词根 bre、man 也是表示"人、男人"。

③　Orel, V. E. & Stolbova, O. V. *Hamito-Semitic Etymological Dictionary: Materials for a Reconstruction*. Leidon: Brill, 1995, pp.28,36,46,194.

zo，恩伽摩语 gwor-zo。①

闪含语中的 NVS 类型和突厥语中的 VNSVN 对应，如：维吾尔语 insɑn（人），哈萨克语 ənsɑn（人）。闪含语中的 NVS 类型的原始形态为 'niš，后来演变为 'iš，n>j 或 i 是常见音变。而 r>s 也是常见音变，所以 'niš 更早阶段为 nir，这就和梵文 nara、阿维斯塔语 nar 对应。梵文 nara、阿维斯塔语 nar 并不见于其他印欧语，有可能是借自其他语言，而汉语"人" nin 还有变体为 nir，因此闪含语 naš、突厥语 insan、梵文 nara 以及阿维斯塔语的 nar 可能借自上古汉语的"人"（*nin~*nir）。

3.2.3　小结

将丝绸之路沿线语言中表示"男人"的词语进行对比分析，得到表 3-2、表 3-3，可知：

第一，上古汉语"子"（*tə/*sə）、"士"（*də）和侗台语、苗瑶语、藏缅语的 TSV 类型相似，如：西双版纳傣语 kun²tsai²（男人），德宏傣语 pu¹tsa:i²（男人），阿昌语 i³¹tɕi⁵⁵（男人）。

第二，上古汉语"男"（*nəm）和南岛语的 VLVM 类型对应，如：马波斯布昂语 alam（男人），姆宋语 arom（男人）。需要指出的是，"男"一般都是指"男孩"，后来引申为"男人"。

第三，上古汉语"公"（*koŋ）与侗台语、南亚语的 GVNG 类型对应，如：仫佬语 ti⁶koŋ¹（男人），南虎语 a koŋ（男人）。

第四，上古汉语"夫"（*pa）与藏缅语的 BV 类型、南亚语的 BV 类型、闪含语的 BAR 类型对应，如：门巴语 pu¹³（男人），巴哈那语 baʔ（男人），乍得语 bar（人）。

第五，上古汉语"牡"（*mu）与南亚语的 MV 类型、南岛语的 MV 类型、印欧语的 VMV 类型对应，如：马散语 ʔa mɛiʔ（男人），塔米语 tamu（男人）②，意大利语 uomo（男人）。"牡"（*mu）、"牝"（*bin）的概念应该来自南亚语、

---

① 博乐瓦语的 gwor（男人）中的 w 其实来自 b，b>w 是常见的音变。
② 南岛语的 ta- 为名词前缀，词根是 mu。

南岛语。商朝甲骨文中，"牡""牝"经常一起出现，如：牝牛、牡牛。[①] 这反映了殷商和南亚语、南岛语民族在语言文化上关系密切。

第六，根据出土文献，上古汉语的"雌""雄"最早出现于春秋战国时代，如《郭店简·语丛四》："一雄四雌。"[②]"雌"（*tʰil/*sil）、"妻"（*tʰil/*sil）和闪含语的 SVD~SVR 类型对应，如：闪米特语 sitt（女人），卡比乐语 sur（女人）。"雄"（*gwəŋ）可能就是侗台语、南亚语的 kɔŋ（男人）。

第七，现代汉语方言的"儿"表示"雄性""男性"时（如：儿马），与蒙古语和突厥语的 er"男性"对应。满通古斯语中"男人"除了 haha 之外，还有一个形式：鄂伦春语 nira、鄂温克语 nerog。由于 n>j/i 是常见音变，如"土地"，原始阿尔泰语 *nar，满语 na，维吾尔语 yar。[③] 因此 nera 可以变成 era，这和突厥语、蒙古语的 er（男人）十分相似。可以看出，原始阿尔泰语的"男人"可能是 *ner。因此，上古汉语的"人"（*nin~*nir）和原始阿尔泰语 *ner、印欧语 nar、闪含语 'inaš 对应，这些词可能借自上古汉语。

第八，上古汉语"民"（*min）和印欧语中的 MVN 类型比较接近，如：英语 man（人）。

表 3-2　丝绸之路沿线语言中的"男人"（1）

DV~SV		NVM~LVM		GVNG	
上古汉语	*tə/*sə 子	上古汉语	*nəm 男	上古汉语	*kɔŋ 公
上古汉语	*də 士	南岛语	arom	上古汉语	*gwəŋ 雄
侗台语	tsai			侗台语	kɔŋ
				南亚语	kɔŋ

表 3-3　丝绸之路沿线语言中的"男人"（2）

BV		MV		NV		MVN	
上古汉语	*pa 夫	上古汉语	*mu 牡	上古汉语	*nin~*nir 人	上古汉语	*min 民
藏缅语	pu	南亚语	mai	阿尔泰语	*ner	印欧语	man
南亚语	baʔ	南岛语	me	印欧语	nar		
闪含语	bar	印欧语	uomo	闪含语	'inaš		

---

① 于省吾：《甲骨文字诂林》，中华书局，1996 年，第 1525 页。
② 荆门市博物馆：《郭店楚墓竹简》，文物出版社，1998 年，第 218 页。
③ 力提甫·托乎提：《阿尔泰语言学导论》，山西教育出版社，2004 年，第 342 页。

3.3　人、人类

3.3.1　上古汉语中表示"人、人类"的词语

"人"（*nin）——《说文》："人，天地之性最贵者也。"《论衡》："人之在天地之间也，万物之贵者耳。"

"民"（*min）——《诗经》："厥初生民。"朱熹："民，人也。"《论语》："务民之善。"朱熹："民，亦人也。"

"氓"（*maŋ）——《诗经》："氓之蚩蚩。"毛传："氓，民也。"

"子"（*tə/*sə）——《论语》："夫子至于是邦也。"刘宝楠："子者，孳也，人之别称也。"《汉书》："此子大夫之所睹闻也。"颜师古："子者，人之嘉称。"

根据语音，可以将上面表示"人、人类"的词语分为三个类型：

第一，NVN 类型。如："人"（*nin）。

第二，MVN~MVNG 类型。如："民"（*min）、"氓"（*maŋ）。

第三，TV~SV 类型。如："子"（*tə/*sə）。

3.3.2　丝绸之路沿线语言中的"人、人类"

3.3.2.1　侗台语中的"人、人类"

侗台语中表示"人、人类"的词语根据语音分为两类：

第一，GVN 类型。如：西双版纳傣语 kun²，德宏傣语 kon²。

第二，SVN 类型。如：水语 zən¹，毛难语 zən¹。①

SVN 类型是借词，来自汉语"人"，从上文可以看出，GVN 类型不见于上古汉语。侗台语中的 kon²（人）可能和"倌"有关。《说文》："倌，小臣也。"

3.3.2.2　苗瑶语中的"人、人类"

苗瑶语中表示"人、人类"的词语根据语音分为两类：

第一，NV 类型。如：黔东苗语 ne²，湘西苗语 ne²，布努瑶语 nu²。

---

① 中央民族学院少数民族语言研究所第五研究室《壮侗语族语言词汇集》，中央民族学院出版社，1985 年，第 15 页。

第二，MVN 类型。如：勉瑶语 mien²，标敏瑶语 min²。[①]

从上文可以看出，"民"（*min）为 MVN 类型，和苗瑶语中的 MVN 类型非常接近，如：勉瑶语 mien²，标敏瑶语 min²。

3.3.2.3 藏缅语中的"人、人类"

藏缅语中表示"人、人类"的词语根据语音可分为四类：[②]

第一，MV 类型。如：藏语 mi¹⁴，门巴语 mi⁴⁵，普米语 mi⁴⁵，扎巴语 ɱɯ⁵³，贵琼语 mū³⁵，珞巴语 ʔi⁵⁵me³⁵。

第二，SV~TSV 类型。如：尔苏语 su⁵⁶，纳西语 ɕi³，怒语 su¹³，纳木义语 tsho³³，彝语 tshɑ¹³，哈尼语 tshy⁵⁴ɔ³¹，拉祜语 tɕhɔ¹³，怒语 tshɔ³³，阿昌语 tʂoʳ⁵。

第三，BV 类型。如：载瓦语 pju⁵¹，浪速语 pju⁵⁵。

第四，LV 类型。如：缅文 lu²，缅语 lu²²。

从上文可以看出，"民"（*min）与藏语的 mi（人）等 MV 类型相似。"子"（*tə/*sə）和尔苏语 su⁵⁶（人）等 SV~TSV 类型相似。

3.3.2.4 南亚语中的"人、人类"

南亚语中表示"人、人类"的词语根据语音分为两类：

第一，BV 类型。如：马散语 phui，岩帅语 pui，孟汞语 phi，曼俄语 pɤi³¹。

第二，DV 类型。如：南虎语 toʔi，茶叶箐语 du⁵¹ʔi⁵¹。[③]

从上文可以看出，"子"（*tə/*sə）和南亚语中的 DV 类型非常接近，如：南虎语 toʔi，茶叶箐语 du⁵¹ʔi⁵¹，硝厂沟语 du。

3.3.2.5 南岛语中的"人、人类"

南岛语中表示"人、人类"的词语根据语音归纳为一类，即 DV~TSV 类型。如：卑南语 ḷau，耶眉语 tau，邹语 tsou，卡那卡那布语 tsau，沙阿鲁阿语 tsuʦuʔu，排湾语 tsautsau。[④]

从上文可以看出，"子"（*tə/*sə）和南岛语中的 tau（人）等接近。

---

① 中央民族学院苗瑶语研究室：《苗瑶语方言词汇集》，中央民族学院出版社，1987 年，第 84—85 页。

② 《藏缅语语音和词汇》编写组：《藏缅语语音和词汇》，中国社会科学出版社，1991 年，第 58 页。

③ 颜其香、周植志：《中国孟高棉语族语言与南亚语系》，社会科学文献出版社，2012 年，第 544 页。

④ 陈康：《台湾高山族语言》，中央民族学院出版社，1992 年，第 307 页。

3.3.2.6　突厥语中的"人、人类"

突厥语中表示"人、人类"的词语根据语音可分为：

第一，VNSVN 类型。如：维吾尔语 insan，哈萨克语 ənsan，柯尔克孜语 ənsan，乌兹别克语 insan，塔塔尔语 insan。①

第二，VDVM 类型。如：维吾尔语 adɛm，哈萨克语 adam，柯尔克孜语 adam。

第三，GVSV 类型。如：维吾尔语 kiʃi，哈萨克语 kisi，柯尔克孜语 kiʃi，乌兹别克语 kiʃi，塔塔尔语 kiʃi，图佤语 giʃi。②

因为相同部位的鼻音和塞音相互演变是常见的音变，如在敦煌吐蕃汉藏对音中，"难"对应藏文 ɦdan，"能"对应藏文 ɦdiŋ，③ 因此，上古汉语中的"男"（*nəm）和突厥语中的 VDVM 类型非常相似，如哈萨克语 adam（人、人类）。此外《圣经》记载，人类始祖正是亚当（Adam），这非常值得注意。突厥语中的 insan（人）和闪含语的 'inaš（男人）是一样的，由于 r、1 经常演变为 š，这两者又和满通古斯语 nira（男人）、印欧语 nar（男人）存在关联。简言之，突厥语中的 insan（人）、闪含语的 'inaš（男人）、鄂伦春语的 nira（男人）、印欧语的 nar（男人）以及上古汉语的"人"（*nin~*nir）音义都是对应的。

3.3.2.7　蒙古语中的"人、人类"

蒙古语中表示"人、人类"的词语根据语音归为一类，即 GVN~GVNG 类型。④ 如：正蓝旗方言 xuŋ，陈巴尔虎方言 xuŋ，布利亚特方言 xuŋ，东苏尼特方言 xuŋ，保安语 kuŋ，巴林右旗方言 xuŋ，达尔罕方言 xuŋ，喀喇沁方言 xuŋ，鄂托克方言 xuŋ，阿拉善方言 kyn，东部裕固语 ku:n，土族语 kun。

蒙古语中的以上类型 kuŋ 或 kun（人）等可能和"倌"有关。《说文》："倌，小臣也。"北方汉语方言中经常出现的"猪倌"、"老倌"（即"老人"）的"倌"，与蒙古语 kun（人）是对应的。

---

① 突厥语中的 insan 和闪含语中的"男人"NVS 类型非常相似，如：闪米特语 'in(a)š-、希伯来语 'nōš、阿拉伯语 'ins。（详见上文。）

② 陈宗振、努尔别克、赵相如：《中国突厥语族语言词汇集》，民族出版社，1990 年，第 26—27、90—91、110—111 页。

③ 周季文、谢后芳：《敦煌吐蕃汉藏对音字汇》，中央民族大学出版社，2006 年，第 39 页。

④ 孙竹：《蒙古语族语言概论》，青海人民出版社，1990 年，第 398 页。

3.3.2.8　满通古斯语中的"人、人类"

满通古斯语中表示"人、人类"的词语根据语音可分为：

第一，NVN 类型。如：锡伯语 nan，鄂温克语 nan，鄂伦春语 nan，赫哲语 nan。

第二，NVDM 类型。如：满语 nijalma，女真语 nijalma。[①]

从上文可以看出，"人"（*nin）为 NVN 类型，和满通古斯语中的 NVN 类型比较接近。如：锡伯语 nian/nan，鄂温克语 nan，鄂伦春语 nan，赫哲语 nan。

3.3.2.9　印欧语中的"人、人类"

印欧语中表示"人、人类"的词语根据语音分为四类：

第一，DVN 类型。如：爱尔兰语 duine，威尔士语 dyn，布列塔尼语 den。

第二，MVN 类型。如：古英语 man，中古英语 man，古高地德语 man，梵文 manu，中古高地德语 mensch，新高地德语 mensch。

第三，GVM 类型。如：拉丁语 homo，古冰岛语 gumi，古英语 guma，古高地德语 gomo。

第四，DVBVG 类型。如：古教会斯拉夫语 člověků，塞尔维亚 - 克罗地亚语 čovjek，波西米亚语 člověk，俄语 čelovek。[②]

从上文可以看出，"民"（*min）为 MVN 类型，和英语 man（人）等 MVN 类型相似。由于 n 和 d 经常互变，"人"（*nin）则和威尔士语 dyn（人）等 DVN 类型相似。

3.3.2.10　闪含语中的"人、人类"

闪含语中表示"人、人类"的词语比较复杂，同一语言中经常有多个表示"人、人类"的词语，如闪米特语中，gaw、'umm、'amm 都表示"人、人类"。根据语音，闪含语中表示"人、人类"的词语分为两类：[③]

第一，BVR 类型。如：西部乍得语 bar，中部乍得语 bwar，东部乍得语 bar。

---

① 朝克：《满通古斯语族语言词汇比较》，中国社会科学出版社，2014 年，第 112—113 页。

② Orel, V. E. & Stolbova, O. V. *Hamito-Semitic Etymological Dictionary: Materials for a Reconstruction.* Leidon: Brill, 1995, p.79.

③ Orel, V. E. & Stolbova, O. V. *Hamito-Semitic Etymological Dictionary: Materials for a Reconstruction.* Leidon: Brill, 1995, p.54.

第二，GV 类型。如：西部乍得语 gaw，闪米特语 gaw。

上古汉语的"夫"（*pa）可以表示"人"，如"射夫"，即"射箭的人"。这个词语和闪含语 bar（人）对应。

3.3.3 小结

将丝绸之路沿线语言中表示"人、人类"的词语进行对比分析，得到表3-4，可知：

第一，上古汉语"民"（*min）和苗瑶语中的 MVN 类型、印欧语中的 MVN 类型对应，如：勉瑶语 mien²（人），标敏瑶语 min²（人），梵文 manu（人），古英语 man（人，男人）。

第二，上古汉语"子"（*tə/*sə）和藏缅语中的 TSV 类型、南亚语中的 DV 类型、南岛语中的 TSV 类型对应，如：纳木义语 tsho³³（人），茶叶箐语 du⁵¹ʔi⁵¹（人），邹语 tsou（人）。

第三，上古汉语"男"（*nəm）和突厥语中的 VDVM 类型对应，如：哈萨克语 adam（人）。

第四，上古汉语"人"（*nin）和满通古斯语的 NVN 类型、印欧语的 DVN 类型对应，如：锡伯语 nan（人），鄂温克语 nan（人），威尔士语 dyn（人），布列塔尼语 den（人）。另外，-l、-r 和 -n 可以互变，上古汉语"人"（*nin）和印欧语 nar（人）、闪含语 'inaš（人）、突厥语 insan（人）对应。印欧语 nar（人）可能是来自上古中国的借词，因为这种形式在印欧语中并不常见。

表 3-4　丝绸之路沿线语言中的"人、人类"

MVN		NVM		DV~SV		NVN~DVN	
上古汉语	*min 民	上古汉语	*nəm 男	上古汉语	*tə/*sə 子	上古汉语	*nin 人
苗瑶语	mien	突厥语	adam	藏缅语	tsho	满通古斯语	nan
印欧语	manu			南亚语	du	突厥语	insan
				南岛语	tsau	印欧语	den
						闪含语	'inaš

3.4　母亲、妈妈

3.4.1　上古汉语中表示"母亲、妈妈"的词语

"母"（*mə）——《说文》："母，牧也。"段玉裁："引申之，凡能生之以启后者皆曰母。"《广雅》："媪，母也。"王念孙："妇女长老之称，亦谓之母。"

"媪"（*u）——《史记》："母曰刘媪。"裴骃："媪，母别名也。"《广雅》："媪，母也。"

"牝"（*bin）——《说文》："牝，畜母也。"

"媞"（*di）——《说文》："江淮之间谓母曰媞。"《广韵》："媞，江淮呼母也。"

"媓"（*waŋ）——《方言》："南楚瀑洭之间母谓之媓。"

"妣"（*pil）——《左传》："邑姜，晋之妣也。"孔颖达："生曰母，死曰妣。"《说文》："妣，殁母也。"

"姐"（*ta）——《说文》："姐，蜀谓母曰姐，淮南谓之社。"《广雅》："姐，母也。"《广韵》："姐，羌人呼母。"

"社"（*da）——《说文》："姐，蜀谓母曰姐，淮南谓之社。"《淮南子》："社何爱速死。"高诱："江淮谓母为社。"

"娘"（*na/*naŋ）——《玉篇》："娘，母也。"

"孥"（*na）——《国语》："以其孥适西山。"韦昭注："孥，妻子也。"

根据语音，可以将上面表示"母亲、妈妈"的词语分为六个类型：
第一，MV 类型。如："母"（*mə）。
第二，DV 类型。如："媞"（*di）、"姐"（*ta）、"社"（*da）。
第三，BVNG 类型。如："媓"（*waŋ）。
第四，BVR~BVN 类型。如："妣"（*pil）、"牝"（*bin）。
第五，V 类型。如："媪"（*u）。
第六，NV 类型。如："娘"（*na/*naŋ）、"孥"（*na）。

3.4.2　丝绸之路沿线语言中的"母亲、妈妈"

3.4.2.1　侗台语中的"母亲、妈妈"

侗台语中表示"母亲、妈妈"的词语根据语音分为两类：

第一类，MV 类型。如：壮语 me^6，布依语 me^6，西双版纳傣语 $m\varepsilon^6$。

第二类，NV 类型。如：侗语 $n\partial i^4$，仫佬语 ni^4，水语 ni^4。[①]

从上文可以看出，"母"（*mə）为 MV 类型，和壮语 me^6（妈妈）等侗台语中的 MV 类型非常接近。

3.4.2.2　苗瑶语中的"母亲、妈妈"

苗瑶语中表示"母亲、妈妈"的词语根据语音分为两类：

第一类，MV 类型。如：黔东苗语 $m\varepsilon^6$，布努瑶语 mi^8，勉瑶语 ma^6。

第二类，NV 类型。如：川黔滇苗语 na^8，滇东北苗语 nie^8，标敏瑶语 na^2。[②]

从上文可以看出，"母"（*mə）和黔东苗语 $m\varepsilon^6$（妈妈）等 MV 类型非常接近。

3.4.2.3　藏缅语中的"母亲、妈妈"

藏缅语中表示"母亲、妈妈"的词语根据语音分为两类：

第一类，MV 类型。如：藏语 ama，羌语 a ma，木雅语 $\varepsilon^{55} ma^{53}$。

第二类，NV 类型。如：土家语 $a^{21} nie^{53}$，纳木义语 $\varepsilon^{55} n\varepsilon^{55}$，载瓦语 $a^{55} nu^{21}$。[③]

从上文可以看出，"母"（*mə）和藏语 ama（妈妈）等 MV 类型非常接近。

3.4.2.4　南亚语中的"母亲、妈妈"

南亚语中表示"母亲、妈妈"的词语根据语音分为两类：

第一类，MV 类型。如：马散语 $ma^?$，岩帅语 $m\varepsilon^?$，孟汞语 $ma^?$，硝厂沟语 ma，南虎语 me，茶叶箐语 ma^{55}，曼俄语 ma^{33}，越南语 mẹ，斯汀语 me:i，斯瑞语 me:。

---

①　中央民族学院少数民族语言研究所第五研究室：《壮侗语族语言词汇集》，中央民族学院出版社，1985 年，第 24 页。

②　中央民族学院苗瑶语研究室：《苗瑶语方言词汇集》，中央民族学院出版社，1987 年，第 22—23 页。

③　《藏缅语语音和词汇》编写组：《藏缅语语音和词汇》，中国社会科学出版社，1991 年，第 690 页。

第二类，NV 类型。如：胖品语 nai³¹，甘塘语 nai³³。①

从上文可以看出，"母"（*mə）为 MV 类型，和马散语 maʔ 等 MV 类型相似。

3.4.2.5 南岛语中的"母亲、妈妈"

南岛语中表示"母亲、妈妈"的词语根据语音可分为两类：

第一类，VNV 类型。如：邹语 ino，沙阿鲁阿语 inaʔa，排湾语 ʔina。

第二类，DVNV 类型。如：卡那卡那布语 ʦiina，布农语 tina，鲁凯语 tina。②

需要说明的是，tina、ʦiina 等语音形式中，ti-、ʦii- 是人称前缀，因此词根是 na，和第一类是一样的。

从上文可以看出，中古汉语"娘"（*na/*naŋ）则和南岛语的 ʔina（母亲）、tina（母亲）是对应的。

3.4.2.6 突厥语中的"母亲、妈妈"

突厥语中表示"母亲、妈妈"的词语根据语音可分为两类：

第一类，VNV 类型。如：维吾尔语 ana，哈萨克语 ɑnɑ，柯尔克孜语 ene，乌兹别克语 anɛ，塔塔尔语 ɑnɑ、ɛnij，西部裕固语 ɑnɑ。

第二类，VBV 类型。如：维吾尔语 apa，哈萨克语 ɑpɑ，柯尔克孜语 ɑpɑ。③

中古汉语的"娘"（"孃"的简体字）表示"妈妈"，语源就是突厥语 ana，在佛教梵汉对音中，"孃"对应 jna，④并没有鼻音韵尾，这也证明"孃"对应突厥语 ana 是正确的。

突厥语中个别表示"妈妈"的词语除了 na 读音之外，还有 apa（妈妈），如维吾尔语 apa（妈妈）。但是在相对古老的西部裕固语中，并没有 apa（妈妈），因此 apa（妈妈）极有可能是个借词，可能和斯拉夫语中 baba（护士、奶妈、祖母、继母）有关。⑤

---

① 颜其香、周植志：《中国孟高棉语族语言与南亚语系》，社会科学文献出版社，2012 年，第 586 页。Shorto, H. L. *A Mon-Khmer Comparative Dictionary.* Canberra: Australian National University, 2006, p.100.

② 陈康：《台湾高山族语言》，中央民族学院出版社，1992 年，第 313 页。

③ 陈宗振、努尔别克、赵相如：《中国突厥语族语言词汇集》，民族出版社，1990 年，第 32—33 页。

④ Akira, H. *Buddhist Chinese-Sanskrit Dictionary.* Tokyo: The Reiyukai, 1997, p.368.

⑤ Derksen, R. *Etymological Dictionary of the Slavic Inherited Lexicon.* Leiden: Brill, 2015, p.32.

3.4.2.7 蒙古语中的"母亲、妈妈"

蒙古语中表示"母亲、妈妈"的词语根据语音分为两类：

第一类，VG 类型。如：正蓝旗方言、巴林右旗方言、陈巴尔虎方言、布利亚特方言、达尔罕方言、喀喇沁方言都是 əx，鄂托克方言 ex，都兰方言 eke，和静方言 ek，达斡尔语 əg。

第二类，VMV 类型。如：土族语 a:ma，保安语 amə。[①]

从上文可以看出，"母"（*mə）为 MV 类型，和蒙古语中的 VMV 类型有相似之处，如：土族语 a:ma（妈妈），保安语 amə（妈妈）。

3.4.2.8 满通古斯语中的"母亲、妈妈"

满通古斯语中表示"母亲、妈妈"的词语根据语音分为两类：

第一类，VNV~VNVN 类型。如：满语 ənijə，锡伯语 əniə、əni，赫哲语 əniə，鄂伦春语 ənin，女真语 ənin。

第二类，VMV 类型。如：满语 əmə，赫哲语 əmə。[②]

从上文可以看出，"母"（*mə）为 MV 类型，和满通古斯语中的 VMV 类型有相似之处，如：满语 əmə（妈妈），赫哲语 əmə（妈妈）。满通古斯语的 VNV~VNVN 类型和突厥语的 VNV 类型、南岛语的 VNV 类型对应，这说明这些语言关系密切。

3.4.2.9 印欧语中的"母亲、妈妈"

印欧语中表示"母亲、妈妈"的词语根据语音分为四类：

第一类，MVD 类型。如：列托语 măte，古教会斯拉夫语 mati，塞尔维亚 - 克罗地亚语 mati，俄语 mat。

第二类，MVDRV 类型。如：意大利语 madre，西班牙语 madre。

第三类，MVDVR 类型。如：丹麦语 moder，瑞典语 moder，古英语 mŏdor，中古英语 moder，古高地德语 muotar，中古高地德语 muoter，梵文 mātar-，阿维斯塔语 mātar-。

第四类，MVM 类型。如：威尔士语 mam，布列塔尼语 mam。[③]

---

① 孙竹：《蒙古语族语言词典》，青海人民出版社，1990 年，第 274 页。

② 朝克：《满通古斯语族语言词汇比较》，中国社会科学出版社，2014 年，第 114—115 页。

③ Buck, C. D. *A Dictionary of Selected Synonyms in the Principal Indo-European Languages.* Chicago: The University of Chicago, 1949, p.103.

如果将印欧语的"父亲"和"母亲"放在一起比较，比如，意大利语 padre（父亲），madre（母亲），可以看出，意大利语"父亲""母亲"的核心词根分别是 pa 和 ma，-dre 是人称后缀。pa 和 ma 分别是印欧语"父亲""母亲"的基本词根。

3.4.2.10 闪含语中的"母亲、妈妈"

闪含语中表示"母亲、妈妈"的词语根据语音基本上是 VM 或 VMV 类型，[①] 如：阿卡德语 ummu，乌加里特语 um，希伯来语 em，腓尼基语 'm，叙利亚语 imma，阿拉伯语 'umm，埃及语 'umm，摩洛哥语 'omm，伊拉克语 'umm，吉兹语 'əmm。

从上面可以看出，闪含语"母亲、妈妈"核心辅音是 m，有的语言变成了 VMV 结构，有的语言变成了 VM 结构，有的语言仅存辅音 m。因此，闪含语中的 VM 或 VMV 等类型与上古汉语的"母"（*mə）是对应的。

3.4.3 小结

将丝绸之路沿线语言中表示"母亲、妈妈"的词语进行对比分析，得到表 3-5，可知：

第一，上古汉语"母"（*mə）为 MV 类型，和侗台语、苗瑶语、藏缅语、南亚语、蒙古语、满通古斯语、闪含语中的 MV 类型非常接近，如：壮语 me[6]（母亲），藏语 ama（母亲），马散语 ma[ʔ]（母亲），保安语 amə（母亲），满语 əmə（母亲），阿卡德语 ummu（母亲）。此外，印欧语"母亲"的核心词根是 MV 类型，这和上古汉语的"母"是对应的。由于印欧语添加 dre 等词缀，而汉藏语基本没有，所以可以看出汉藏语代表了更早的形态，但是两者是同源词还是关系词，有待进一步探索。

第二，上古汉语"孥"（*na）可以表示"妻子"，[②] 与南岛语 ʔina（母亲）、突厥语 ɑna（母亲）、壮侗语 nəi[4]（母亲）、苗瑶语 na[8]（母亲）、汉藏语 anə（母亲）、南亚语 nai[31]（母亲）、满通古斯语 ənijə（母亲）对应。

---

① Orel, V. E. & Stolbova, O. V. *Hamito-Semitic Etymological Dictionary: Materials for a Reconstruction.* Leidon: Brill, 1995, p.141.

② 古代汉语中的"妻子"是指"妻子儿女"。

　　第三，《说文·女部》："姐，蜀谓母曰姐，淮南谓之社。"《淮南子·说山》："社何爱速死。"高诱注："江淮谓母为社。""姐"显然是上古汉语"社"（*da）的一个变体，金理新将精母的上古音构拟为 ȶ，[1] 我们将上古精母直接构拟为 *t，因此，"姐"上古音为 *ta 或 *ța，和"社"*da 非常接近，显然和闪含语 da"母亲"对应。"姐"（*ta）、"社"（*da）这组词语和闪含语的 da（奶妈、妈妈、姐姐）对应，如：闪米特语 dad（奶妈），阿拉伯语 dada（奶妈），西部乍得语 dad（妈妈、姐姐），中部乍得语 dad（妈妈），吉斯伽语 dada（妈妈），这些词语的核心词根是 da。[2] 从闪米特语内部来看，这一词语，并不仅仅表示"妈妈"，还可以是"奶妈""姐姐"，看起来更像是借词。由于 n 和 d 发音部位相同，语音比较相似，经常可以互变，闪含语中的 da（奶妈、妈妈、姐姐）很有可能是借自南岛语的 ʔina（母亲）、tina（母亲）或突厥语的 ɑnɑ（母亲）。后来这一词语又借入汉语，在上古汉语中表现为"姐""社"，在现代汉语中表现为妇女的尊称"太太"。

表 3-5　丝绸之路沿线语言中的"母亲、妈妈"

MV		NV		DV	
上古汉语	*mə 母	上古汉语	*na 孥	上古汉语	*ta 姐
侗台语	me	汉藏语	anə	上古汉语	*da 社
藏缅语	ama	满通古斯语	ənijə	闪含语	dad
南亚语	maʔ/mγʔ	突厥语	ɑnɑ		
蒙古语	ɑmə	南岛语	ʔina		
满通古斯语	əmə	壮侗语	nəi		
闪含语	ummu	苗瑶语	na		
印欧语	ma	南亚语	nai		

　　第四，中古汉语"爹"（*ta）、"娘"（*na/*naŋ）可能来自中古北方民族语言，和现在突厥语的 ɑta（父亲）、ɑnɑ（母亲）对应。

　　第五，丝绸之路沿线语言常出现同一语系中并存两个表示"妈妈"的词语的语言现象。这些词语根据声母的特点大多可以归纳为 m 系列和 n 系列，如藏缅语中，藏语为 ama（妈妈），土家语为 a²¹ nie⁵³（妈妈），差别非常大，一个主要

---

　　①　详见金理新：《上古音略》，黄山书社，2013 年，第 584 页。
　　②　闪含语中的 dad 其实是从 dada 压缩而来的，人称名词中，词根重复是常见的现象，因此 dada 的核心词根就是 da。

声母是 m，另一个主要声母为 n。如果我们将丝绸之路语言的表示"妈妈"的词语的声母做成表格，会有比较有趣的发现。从"妈妈"这个词语的声母来看，印欧语、闪含语都是 m，蒙古语为 m 和 k，侗台语、苗瑶语、汉藏语、南亚语、满通古斯语都是 m、n 并存，突厥语和南岛语等语系内部高度一致，都是 n（见表 3-6）。从中至少可以看出，印欧语和闪含语接近，突厥语和南岛语接近，其他语言基本上属于中间状态。

表 3-6　丝绸之路语言中"妈妈"的声母分布

声母	印欧语	闪含语	蒙古语	侗台语	苗瑶语	汉藏语	南亚语	满通古斯语	突厥语	南岛语
m	+	+	+	+	+	+	+	+	—	—
n	—	—	—	+	+	+	+	+	+	+

3.5　父亲、爸爸

3.5.1　上古汉语中表示"父亲、爸爸"的词语

"父"（*pa）——《仪礼》："父，至尊也。"胡培翚："父者，身所由生，家之至尊。"

"公"（*koŋ）——《广雅》："公，父也。"

"翁"（*oŋ）——《广雅》："翁，父也。"《汉书》："吾翁即汝翁。"颜师古："翁，谓父也。"

"君"（*kun）——《孝经》："君亲临之。"唐玄宗："谓父为君。"

"考"（*kʰu）——《楚辞》："朕皇考曰伯庸。"蒋骥："考，父也。"《尚书》："若兄考乃有友伐厥子。"孙星衍："考者，父也。"

"皇"（*guaŋ）——《楚辞》："皇览揆余于初度兮。"蒋骥："皇，父。"

"祢"（*nil）——《左传》："同族于祢庙。"杜预："祢，父庙也。"《公羊传》："惠公者何，隐之考也。"何休："生称父，死称考，入庙称祢。"

"祖"（*ta①）——《仪礼》："卿受于祖庙。"郑玄："祖，王父也。"

---

① 上古精母金理新的构拟为 t（详见金理新：《上古音略》，黄山书社，2013 年，第 584 页），鉴于精母和端母经常通假谐声，塞擦音本身是后起的，因此，精母我们构拟为 t，"祖"构拟为 *ta。

"爹"（中古音：*ta）——《广雅》："爹，父也。"

"牡"（*mu）——《说文》："牡，畜父也。"

根据语音，可以将上面表示"父亲、爸爸"的词语分为八个类型：

第一，BV 类型。如："父"（*pa）。

第二，GVNG 类型。如："公"（*koŋ）、"皇"（*guaŋ）。

第三，VNG 类型。如："翁"（*oŋ）。

第四，GVN 类型。如："君"（*kun）。

第五，GV 类型。如："考"（*kʰu）。

第六，NVL 类型。如："祢"（*nil）。

第七，DV 类型。如："爹"（*ta）、"祖"（*ta）。

第八，MV 类型。如："牡"（*mu）。

3.5.2　丝绸之路沿线语言中的"父亲、爸爸"

3.5.2.1　侗台语中的"父亲、爸爸"

根据语音特点，侗台语中表示"父亲、爸爸"的词语分为两类：

第一类，BV 类型。如：壮语 po⁶，布依语 po⁶，侗语 pu⁴，仫佬语 pu⁴。

第二类，DV 类型。如：德宏傣语 te⁶，毛难语 tɛ²。①

从上文可以看出，"父"（*pa）为 BV 类型，和侗台语中的 BV 类型非常接近，如：壮语 po⁶、布依语 po⁶。"爹"（中古音 *ta）和突厥语 ɑta（父亲）为 DV 类型，和侗台语中的 DV 类型相似，如：德宏傣语 te⁶（父亲），毛难语 tɛ²（父亲）。

3.5.2.2　苗瑶语中的"父亲、爸爸"

根据语音特点，苗瑶语中表示"父亲、爸爸"的词语分为两类：

第一类，BV 类型。如：黔东苗语 pɑ³，湘西苗语 pɑ²，滇东北苗语 vai⁸，布努瑶语 pu³⁶。

---

① 中央民族学院少数民族语言研究所第五研究室：《壮侗语族语言词汇集》，中央民族学院出版社，1985 年，第 24 页。

第二类，DV 类型。如：勉瑶语 tie⁵，标敏瑶语 tia¹。①

从上文可以看出，"父"（*pa）为 BV 类型，和苗瑶语中的 BV 类型非常接近，如：黔东苗语 pɑ³，湘西苗语 pɑ²，滇东北苗语 vai⁸，布努瑶语 pu³⁶（pa⁷）。"爹"（中古音 *ta）和突厥语 ɑta（父亲）为 DV 类型，和苗瑶语中的 DV 类型非常接近，如：勉瑶语 tie⁵，标敏瑶语 tia¹。

3.5.2.3　藏缅语中的"父亲、爸爸"

根据语音特点，藏缅语中表示"父亲、爸爸"的词语分为两类：

第一类，BV 类型。如：门巴语 apa，羌语 pi，藏语 pa pa。

第二类，DV 类型。如：贵琼语 a ta，纳木义语 ε dε，史兴语 a da。②

从上文可以看出，上古汉语"父"（*pa）和门巴语 apa（父亲）等藏缅语对应。汉语"爹"（*ta）、突厥语 ɑta（父亲）和贵琼语 a ta（父亲）等藏缅语对应。

3.5.2.4　南亚语中的"父亲、爸爸"

根据语音特点，南亚语中表示"父亲、爸爸"的词语分为三类：

第一类，GVN~GVNG 类型。如：马散语 krin，岩帅语 kɯin，孟柔语 krin，硝厂沟语 guin，曼俄语 kɯin³⁵，南虎语 kon，茶叶箐语 kun⁵⁵。

第二类，BV 类型。如：孟语 bὲʔ，巴哈那语 ɓaʔ，哈朗语 baʔ。③

第三类，DV 类型。如：甘塘语 ta⁵¹。

从上文可以看出，"公"（*kon）、"皇"（*guan）为 GVNG 类型，和南亚语中的 GVNG 类型非常相似，如：马散语 krin（父亲）。南亚语中的 GVNG 类型还有一个变体：GVN 类型。如：南虎语 kon（父亲）。从南亚语内部可以看出，GVNG 类型和 GVN 类型是同源的，上古汉语中"公"（*kon）和"君"（*kun）也是同源的，这两组刚好可以构成对应关系。南亚语 kun⁵⁵（父亲）又是从 kun（男人、男性、男性亲属）演变而来的，如：斯瑞语 kon（舅舅），卡姆元语 kú:ɲ（姑丈）。④

---

①　中央民族学院苗瑶语研究室：《苗瑶语方言词汇集》，中央民族学院出版社，1987 年，第 10—11 页。

②　《藏缅语语音和词汇》编写组：《藏缅语语音和词汇》，中国社会科学出版社，1991 年，第 689 页。

③　颜其香、周植志：《中国孟高棉语族语言与南亚语系》，社会科学文献出版社，2012 年，第 545 页；Shorto, H. L. *A Mon-Khmer Comparative Dictionary.* Canberra: Australian National University, 2006, p.95.

④　Shorto, H. L. *A Mon-Khmer Comparative Dictionary.* Canberra: Australian National University, 2006, p.263.

南亚语中还有一类表示"父亲"的词是 BV 音节类型。如巴哈那语 ɓaʔ（父亲），这是南亚语的固有词语，和上古汉语的"父"（*pa）是对应的。

3.5.2.5　南岛语中的"父亲、爸爸"

根据语音特点，南岛语中表示"父亲、爸爸"的词语可分为两类：

第一类，VMV 类型。如：邹语 amo，沙阿鲁阿语 amaʔa，排湾语 ʔama。

第二类，DVMV 类型。如：赛德语 tama，布农语 tama，卡那卡那布语 tsuuma。①

赛德语 tama 等语言中的 ta- 是人称前缀，核心词根是 ma。排湾语 ʔama 的词根是 ma，ʔa- 是前缀。可见南岛语中"父亲、爸爸"的核心词根是 ma，这和上古汉语的"牡"（*mu）是对应的。

3.5.2.6　突厥语中的"父亲、爸爸"

根据语音特点，突厥语中表示"父亲、爸爸"的词语可分为两类：

第一类，VDV~DVDV 类型。如：维吾尔语 ɑtɑ、dɑdɑ，哈萨克语 ɑtɑ，柯尔克孜语 ata，乌兹别克语 ɑtɛ、dɛdɛ，西部裕固语 adzɑ。

第二类，VBV 类型。如：撒拉语 ɑbɑ，西部裕固语 ɑvɑ。②

突厥语中的 DV 类型和"爹"（*ta）对应，如：维吾尔语 ɑtɑ，哈萨克语 ɑtɑ，柯尔克孜语 ata，乌兹别克语 ɑtɛ，西部裕固语 adzɑ。这是突厥语的固有词语。突厥语中的 VBV 类型（如：撒拉语 ɑbɑ，西部裕固语 ɑvɑ）和汉藏语 apa（父亲）对应，是来自汉藏语的借词。

3.5.2.7　蒙古语中的"父亲、爸爸"

根据语音特点，蒙古语中表示"父亲、爸爸"的词语基本上是 VB~VBV 类型。③ 如：陈巴尔虎方言、布利亚特方言、喀喇沁方言、东苏尼特方言、鄂托克方言、阿拉善方言、和静方言都是 ɑːb，都兰方言 ɑːbu，土族语 ɑːbɑ，保安语 ɑbo。

从上文可以看出，"父"（*pa）为 BV 类型，和蒙古语中的 VB~VBV 类型对应，如：和静方言 ɑːb，都兰方言 ɑːbu。

---

① 陈康：《台湾高山族语言》，中央民族学院出版社，1992 年，第 312 页。

② 陈宗振、努尔别克、赵相如：《中国突厥语族语言词汇集》，民族出版社，1990 年，第 38—39 页，第 62—63 页。

③ 孙竹：《蒙古语族语言词典》，青海人民出版社，1990 年，第 90 页。

3.5.2.8 满通古斯语中的"父亲、爸爸"

根据语音特点，满通古斯语中表示"父亲、爸爸"的词语分为两类：

第一类，VMV 类型。如：满语 ama，锡伯语 amə，赫哲语 ama。

第二类，VMVN 类型。如：鄂伦春语 amin，女真语 amin。[①]

从上文可以看出，这和上古汉语的"牡"（*mu）是对应的。

3.5.2.9 印欧语中的"父亲、爸爸"

根据语音特点，印欧语中表示"父亲、爸爸"的词语分为两类：

第一类，BVDRV 类型。如：意大利语 padre，西班牙语 padre，拉丁语 pater，丹麦语 fader，瑞典语 fader，古英语 fæder，中古英语 fader，古高地德语 fater，中古高地德语 vater，新高地德语 vater，梵文 pitar，阿维斯塔语 pitar。

第二类，DVD 类型。如：威尔士语 tad，布列塔尼语 tad。[②]

从上文可以看出，印欧语中的 BVDRV 类型的核心词根是 BV，这和上古汉语的"父"（*pa）是对应。印欧语中的 DVD 结构是借自突厥语 ɑtɑ（父亲）、dɑdɑ（父亲）。

3.5.2.10 闪含语中的"父亲、爸爸"

闪含语中表示"父亲、爸爸"的词语根据语音归为一类：VB~BVB 类型。[③] 如：闪米特语 'ab、bāb，柏柏尔语 'ab、ba'、bab，中部乍得语 'ab、ba'，撒侯阿发语 'ab，古实语 'ab，西部乍得语 bab，东部乍得语 bab。

从上文可以看出，闪含语的"父亲"核心词根是 VB 或 BV。上古汉语"父"（*pa）为 BV 类型，和闪含语中的 VB 或 BV 类型有相似之处，如：柏柏尔语 'ab（父亲）、ba'（父亲）。

3.5.3 小结

将丝绸之路沿线语言中表示"父亲、爸爸"的词语进行对比分析，得到表 3-7，可知：

---

① 朝克：《满通古斯语族语言词汇比较》，中国社会科学出版社，2014 年，第 114—115 页。

② Buck, C. D. *A Dictionary of Selected Synonyms in the Principal Indo-European Languages*. Chicago: The University of Chicago, 1949, p.103.

③ Orel, V. E. & Stolbova, O. V. *Hamito-Semitic Etymological Dictionary: Materials for a Reconstruction*. Leidon: Brill, 1995, pp.1,38,42.

第一，上古汉语"父"（*pa）为 BV 类型，和侗台语、苗瑶语、藏缅语、蒙古语、闪含语中的 BV 类型以及印欧语中的 BVDRV 类型对应，如：壮语 po⁶（父亲），黔东苗语 pa³（父亲），门巴语 apa（父亲），和静方言 ɑːb（父亲），柏柏尔语 'ab（父亲）、ba'（父亲）。其中，印欧语的 BVDRV 类型的核心词根是 BV，如：拉丁语 padre（父亲）的词根是 pa，这和"父"（*pa）也是对应的。

第二，上古汉语"公"（*koŋ）、"皇"（*guaŋ）和南亚语中的 GVNG 类型非常相似，如：马散语 kɤiŋ（父亲），岩帅语 kɯiŋ（父亲）。

第三，上古汉语"君"（*kun）和南亚语中的 GVN 类型非常相似，如：南虎语 kon（父亲）、茶叶箐语 kun⁵⁵（父亲）。从南亚语可以看出，GVNG 类型和 GVN 类型是同源的，由此可见，上古汉语中"公"（*koŋ）和"君"（*kun）也是同源的。

第四，上古汉语"爹"（*ta）借自突厥语 ata（父亲）或 dada（父亲），ata（父亲）和 dada（父亲）是突厥语的特征词。侗台语、苗瑶语、藏缅语、南亚语中的 DV 类型表示"父亲"的词语，如：德宏傣语 te⁶（父亲），标敏瑶语 tia¹（父亲），史兴语 ada（父亲），甘塘语 ta⁵¹（父亲），这些词语可能借自汉语"爹"（*ta）。

第五，在赛德语等语言中，tama（父亲）这个词语中的 ta- 是人称前缀，核心词根是 ma。排湾语中的 ʔama（父亲）这个词语，ʔa- 是前缀，词根是 ma。因此南岛语"父亲、爸爸"的核心词根是 ma。排湾语中的 ʔama（父亲）和满语 ama（父亲）、锡伯语 amə（父亲）、赫哲语 ama（父亲）相同，这些词语和上古汉语的"牡"（*mu）是对应的。

表 3-7 丝绸之路沿线语言中的"父亲、爸爸"

BV		GVN~GVNG		DV		MV	
上古汉语	*pa 父	上古汉语	*koŋ 公	上古汉语	*ta 爹	上古汉语	*mu 牡
侗台语	po	上古汉语	*guaŋ 皇	突厥语	ata/dada	南岛语	ama
苗瑶语	pɑ	上古汉语	*kun 君	侗台语	te	满通古斯语	ama
藏缅语	apa	南亚语	kon	苗瑶语	tia		
蒙古语	ɑb			藏缅语	a da		
闪含语	'ab/ba'			南亚语	ta		
印欧语	padre						

3.6 孩子、小孩

3.6.1 上古汉语中表示"孩子、小孩"的词语

"孩"（*gə）——《汉书》："故乃孩提有识。"颜师古："孩，小儿也。"《广韵》："孩，始生小儿。"

"叔"（*tuk）——《释名》："叔，少也，幼者称也。叔，亦俶也，见嫂俶然郄退也。"《礼记》："天子同姓谓之叔父。"孔颖达："叔，小也。"

"季"（*kʷit）——《诗经》："有齐季女。"毛传："季，少也。"《楚辞》："恒秉季德。"蒋骥："季，幼也。"

"幼"（*u）——《说文》："幼，少也。"《楚辞》："嗟尔幼志。"王逸："幼，小也。"

"稚"（*dil）——《孟子》："使老稚转乎沟壑。"朱熹："稚，幼子也。"

"侄"（*dit）——《左传》："其侄鬷声姬生光。"杜预："兄子曰侄。"

"少"（*sau）——《大戴礼记》："其少。"王聘珍："少，幼也。"

"子"（*tə/*sə）——《玉篇》："子，儿也。"

"婴"（*iŋ）——《老子》："如婴儿之未孩。"王力："婴，婴儿。"

"孺"（*nu）——《说文》："孺，乳子也。"

"儿"（*ni）——《说文》："儿，孺子也。"

"童"（*doŋ）——《易经》："匪我求童蒙。"郑玄："人幼稚曰童，未冠之称。"

"孥"（*na）——《尚书》："子则孥戮汝。"孔安国："孥，子也。"《后汉书》："忧念妻孥。"李贤："孥，子也。"

"胞"（*pru）——《太玄》："天地神胞法易。"范望："胞，谓胞胎也。"

根据语音，可以将上面表示"小孩"的词语分为十个类型：

第一，GV 类型。如："孩"（*gə）、"季"（*kʷit）。

第二，DVG~DVNG 类型。如："叔"（*tuk）、"童"（*doŋ）。

第三，DVL 类型。如："稚"（*dil）。

第四，SV 类型。如："少"（*sau）。

第五，VNG 类型。如："婴"（*iŋ）。

第六，NV 类型。如："孺"（*nu）、"儿"（*ni）、"孥"（*na）。

第七，DVD 类型。如："侄"（*dit）。

第八，BRV 类型。如："胞"（*pru）。

第九，TV~SV 类型。如："子"（*tə/*sə）。

第十，V 类型。如："幼"（*u）。

3.6.2　丝绸之路沿线语言中的"孩子、小孩"

3.6.2.1　侗台语中的"孩子、小孩"

侗台语中表示"孩子、小孩"的词语根据语音主要是 LVG~DVG 类型。[1]
如：巴克瓦语 dek⁸，泰语 luuk，仫佬语 la:k⁸te⁵，水语 la:k⁸ti³，毛难语 la:k⁸ce³，
黎语 ɬɯ:k⁷laɯ²。

从上文可以看出，"子"（*tə/*sə）为 DV 类型，和侗台语中的 DVG 类型
有相似之处，如：巴克瓦语 dek⁸、泰语 luuk、黎语 ɬɯ:k⁷laɯ²。值得一提的是，
甲骨文中，表示"生育吉利"的字经常写作"力"（*lək）或"妫"（*lək），从语
境看，一般解释为"嘉"，[2] 其实很有可能就是指"儿子"（*lək），这和侗台语的
la:k 是一样的。

3.6.2.2　苗瑶语中的"孩子、小孩"

苗瑶语中表示"孩子、小孩"的词语根据语音基本上是 DV 类型。[3] 如：黔
东苗语 tɕi¹tɛ¹，湘西苗语 te¹te¹，勉瑶语 fu²tɕuei³。

从上文可以看出，"稚"（*dil）和"子"（*tə/*sə）与苗瑶语中的 DV 类型
有相似之处，如：黔东苗语 tɕi¹tɛ¹，湘西苗语 te¹te¹。

---

[1]　中央民族学院少数民族语言研究所第五研究室：《壮侗语族语言词汇集》，中央民族学院出
版社，1985 年，第 15 页；Hudak, T. J. *William J. Gedney's Comparative Tai Source Book*. Hawaii: University
of Hawaii Press, 2008, p.116.

[2]　黄德宽：《古文字谱系疏证》，商务印书馆，2007，第 201—202 页。

[3]　中央民族学院苗瑶语研究室：《苗瑶语方言词汇集》，中央民族学院出版社，1987 年，第
106—107 页。

3.6.2.3 藏缅语中的"孩子、小孩"

藏缅语中表示"孩子、小孩"的词语根据语音可分为两类：

第一类，LV 类型。如：扎巴语 $a^{55}lo^{55}$，贵琼语 $e^{55}le^{55}tsi^{33}$，缅文 ka^1le^3，缅语 $ka^{53}le^{55}$。

第二类，SV 类型。如：木雅语 za^{35}，僜语 sa^{53}，彝语 $a^{44}zi^{44}$，门巴语 $pu^{13}sA^{53}$，纳西语 $zy^{55}zy^{13}$，拉祜语 $zA^{53}zE^{53}$。[1]

由于 t、s、l、j 经常相互演变，上面这两类又可以归纳为一类，即 TV~SV~LV 类型。因此"子"（*tə/*sə）和藏缅语中的 LV、SV 类型有相似之处，如：木雅语 za^{35}（孩子），僜语 sa^{53}（孩子）。[2] 马提索夫指出，汉语"子"和原始藏缅语 sa（儿子）、za（儿子）、tsa（儿子）对应，这是正确的。[3] 不过其实藏缅语表示"儿子"的词的原始形式可能是 *la 或 *le，扎巴语 $a^{55}lo^{55}$ 可能保留了较为古老的语音形式。因为 l 变 s、ts、tsh 是常见音变。从更大的视野看，"子"（*tə/*sə）和"孥"（*na）是同源词，可能和原始藏缅语 *la（孩子）、侗台语 la:k（孩子）、原始南岛语 *lak~*nak（孩子）对应。

3.6.2.4 南亚语中的"孩子、小孩"

南亚语中表示"孩子、小孩"的词语根据语音基本上是 GVN 类型。[4] 如：马散语 kuan，孟秞语 kɔn，南虎语 kan，茶叶箐语 $kɔn^{51}$，曼俄语 kon^{35}，胖品语 $khuan^{51}$。

《国语·楚语》："启有五观。"韦昭注："五观，启子，大康昆弟也，观，洛汭之地。""五观"到底指代什么，一直存在很大争议。不过根据其他文献，如《汉书·古今人表》中"大康，启子，昆弟五人，号五观"，《逸周书·尝麦解》中"其在启之五子，忘伯禹之命"，《楚辞·离骚》中"启《九辩》与《九歌》兮，夏康娱以自纵。不顾难以图后兮，五子用失乎家巷"，可以看出上古楚语的"观"其实

---

[1] 《藏缅语语音和词汇》编写组：《藏缅语语音和词汇》，中国社会科学出版社，1991 年，第 295 页。

[2] 缅语 $ka^{53}le^{55}$ 和南岛语 Sursurunga 语 ka-lik 非常相似，南岛语的词根是 lik。（南岛语详见 Ross, M., Pawley, A. & Osmond, M. *The Lexicon of Proto Oceanic: The Culture and Environment of Ancestral Oceanic Society*. Canberra: The Australian National University, 2016, p.64.）

[3] Matisoff, J. A. Three TB/ST Word Families: Set (of the Sun); Pheasant/Peacock; Scatter/Pour, In *Papers from the Tenth Annual Meeting of the Southeast Asian Linguistics Society*, Arizona State University, Program for Southeast Asian Studies, 2002, p.31.

[4] 颜其香、周植志：《中国孟高棉语族语言与南亚语系》，社会科学文献出版社，2012 年，第 546 页。

就是"子"，^①这和南亚语的"孩子"（如马散语 kuan）是对应的。

3.6.2.5　南岛语中的"孩子、小孩"

南岛语中表示"孩子、小孩"的词语根据语音基本上是 DVG 类型。^②如：原始南岛语 *lak~*nak，马来语 anak，马拉瑙语 laki，马达加斯加语 ana，坎贝拉语 ana，索洛里语 naa，泰耶尔语 laqiʔ，赛德语 laqi。

金理新指出，南岛语中的 *lak~*nak（孩子）和上古汉语的"孥"（*na）对应。^③这无疑是正确的。上文已经讨论了甲骨文"力"（表示"儿子"）和侗台语的 la:k（孩子）对应，从南岛语可以看出，n 和 l 互变，因此，侗台语 la:k、南岛语 *lak~*nak、上古汉语的"孥"（*na）以及"力"（*lək）是对应的。

3.6.2.6　突厥语中的"孩子、小孩"

根据语音，突厥语中表示"孩子、小孩"的词语基本上是 BVLV 类型。^④如：维吾尔语、哈萨克语、柯尔克孜语、塔塔尔语、撒拉语等都是 bɑlɑ，乌兹别克语 bɑlɛ。

上古汉语中找不到与突厥语"孩子、小孩"直接对应的语词。

3.6.2.7　蒙古语中的"孩子、小孩"

根据语音，蒙古语中表示"孩子、小孩"的词语基本上是 GVGVD 类型。^⑤如：正蓝旗方言、陈巴尔虎方言、布利亚特方言、达尔罕方言、喀喇沁方言、东苏尼特方言、鄂托克方言等都是 xʉ:xed，都兰方言 ky:ked，和静方言 køky:d。

从上文可以看出，蒙古语族表示"孩子"的词的核心词根是 GVD，这和上古汉语的"季"（*kʷit）是对应的。

3.6.2.8　满通古斯语中的"孩子、小孩"

满通古斯语中表示"孩子、小孩"的词语根据语音基本上是 TSV 类型。^⑥如：满语 dʐui，锡伯语 dʑi，女真语 dʒui。

①　叶晓锋：《上古楚语中的南亚语成分》，《民族语文》2014 年第 3 期。

②　陈康：《台湾高山族语言》，中央民族学院出版社，1992 年，第 309 页；Blust, R. A. *The Austronesian Languages*. Canberra: The Australian National University, 2013, pp.75,353.

③　金理新：《上古音略》，黄山书社，2013 年，第 530 页。

④　陈宗振、努尔别克、赵相如：《中国突厥语族语言词汇集》，民族出版社，1990 年，第 44—45 页。

⑤　孙竹：《蒙古语族语言词典》，青海人民出版社，1990 年，第 395 页。

⑥　朝克：《满通古斯语族语言词汇比较》，中国社会科学出版社，2014 年，第 126—127 页。

从上文可以看出，"子"（*tə/*sə）和满通古斯语中的 TSV 类型非常接近，如：满语 dzui（孩子），锡伯语 dzi（孩子）。

3.6.2.9 印欧语中的"孩子、小孩"

印欧语中表示"孩子、小孩"的词语根据语音分为三类：[1]

第一类，BVRN 类型。如：哥特语 barn，古冰岛语 barn，丹麦语 barn，瑞典语 barn，古高地德语 barn，古英语 bearn。

第二类，GVND 类型。如：古高地德语 kind，中古高地德语 kind，新高地德语 kind。

第三类，DVDV 类型。如：古教会斯拉夫语 děti，塞尔维亚 - 克罗地亚语 dijete，波西米亚语 dítě。

从上文可以看出，哥特语 barn 等 BVRN 音节结构和上古汉语的"胞"（*pru）是对应的。中古高地德语 kind 等 GVND 音节结构则和上古汉语的"季"（*kʷit）对应。[2] 古教会斯拉夫语 děti 等 DVDV 结构和上古汉语的"稚"（*dil）、"侄"（*dit）是对应的。

3.6.2.10 闪含语中的"孩子、小孩"

闪含语中表示"孩子、小孩"的词语根据语音分为三类：[3]

第一类，DV 类型。如：东部古实语 da'，西部乍得语 da'，豪萨语 da。

第二类，GVS 类型。如：安加斯语 keus，恩基兹姆语 kusai，中部乍得语 huʒ-，阿拉瓜语 ha'ay，东部乍得语 ki'。

第三类，MVS 类型。如：科普特语 mes，阿克米勉语 mes，博哈利语 mas，赛迪语 mas。

从上文可以看出，"稚"（*dil）为 DV 类型，和闪含语中的 DV 类型有相似之处，如：古实语 da'，西部乍得语 da'，豪萨语 da。

"孩"（*gə）、"季"（*kʷit）为 GV 类型，和闪含语中的 GV 类型有相似之处，如：阿拉瓜语 ha'ay，安加斯语 keus。

---

[1] Buck, C. D. *A Dictionary of Selected Synonyms in the Principal Indo-European Languages*. Chicago: The University of Chicago, 1949, p.87

[2] 英语的 kid "孩子"也和"季"（*kʷit）对应。

[3] Orel, V. E. & Stolbova, O. V. *Hamito-Semitic Etymological Dictionary: Materials for a Reconstruction*. Leidon: Brill, 1995, pp.20,26,42,53,136,263,266,270,317,383.

3.6.3　小结

将丝绸之路沿线语言中表示"孩子、小孩"的词语进行对比分析，得到表3-8，可知：

第一，上古汉语"子"（*tə/*sə）和侗台语、苗瑶语、藏缅语、满通古斯语、闪含语、印欧语中的 DV 类型和 TSV 类型是对应的，如：仫佬语 la:k⁸te⁵（儿子），黔东苗语 tɕi¹te¹（儿子），扎巴语 a⁵⁵lo⁵⁵（儿子），满语 dʐui（儿子），西部乍得语 da'（儿子），豪萨语 da（儿子），古教会斯拉夫语 děti（儿子）。马提索夫指出，汉语"子"和原始藏缅语 sa（儿子）、za（儿子）、tsa（儿子）对应，这是正确的。其实藏缅语表示"儿子"的最初形式可能是 la 或 le，后来才变成了 sa、za、tsa 等语音形式，扎巴语 a⁵⁵lo⁵⁵（儿子）可能保留了较为古老的语音形式，因为 l 变 s、ts、tsh 是常见音变。

第二，上古汉语"孥"（*na）、"孺"（*nu）、"儿"（*ni）等 NV 类型和侗台语 la:k（儿子）、南岛语 lak~nak（儿子）、原始藏缅语 *la（儿子）是对应的。上文已经讨论了甲骨文中，表示"生育吉利"的词经常写作"力"或"妫"，一般解释为"嘉"，其实很有可能就是"儿子"。"力"（*lək）和侗台语 la:k（孩子）、南岛语 lak~nak（儿子）等对应。

第三，由于 n、d、l、s 等齿龈音关系密切，所以 DV 类型和 NV 类型在源头上是相关的。以齿音和元音组合是丝绸之路语言"儿子"这一词最常见的语音形式。

第四，《国语·楚语》："启有五观。""五观"即"五子"，上古楚语的"观"（*kuan）和南亚语的"孩子"［如马散语 kuan（儿子）］以及印欧语系的"孩子"［如古高地德语 kind（儿子）］等对应。

第五，上古汉语"胞"（*pru）和突厥语 bɑlɑ（孩子）、印欧语 barn（孩子）对应。这里形式可以归纳为 BRV~BLV 形式，基本分布于欧亚大陆北方的丝绸之路。

第六，上古汉语"季"（*kʷit）、"孩"（*gə）和闪含语 keus（孩子）、印欧语 kind（孩子）、蒙古语 ky:ked（孩子）对应。

表 3-8 丝绸之路沿线语言中的"孩子、小孩"

DV~SV		NV~LV		BRV~BLV		GV~ GVD~ GVN	
上古汉语	*tə/*sə 子	上古汉语	*na 孥	上古汉语	*pru 胞	上古汉语	*kʷit 季
侗台语	te	上古汉语	*nu 孺	突厥语	bɑlɑ	上古汉语	*gə 孩
苗瑶语	te	上古汉语	*ni 儿	印欧语	barn	上古汉语	*kuan 观
藏缅语	sa	上古汉语	*lək 力			南亚语	kuan
满通古斯语	dzi	藏缅语	*la			蒙古语	ky:ked
侗台语	da	侗台语	la:k			闪含语	keus
印欧语	dětǐ	南岛语	*lak~*nak			印欧语	kind

4

基本名词：天文地理

▼

4.1 天、天空

4.1.1 上古汉语表示"天"的词语

"天"（*tʰin）——《说文》："天，颠也。"

"干"（*kan）——《左传》："干，天也。"《易经》："同人于野，亨。"郑
玄："干为天。"

"元"（*ŋwan）——《淮南子》："弊其元光。"高诱："元，天也。"

"帝"（*tik）——《庄子》："古者谓是帝之县解。"成玄英："帝者，天也。"
《诗经》："皇皇后帝。"郑玄："皇皇后帝，谓天也。"

"神"（*din）——《论语》："祷尔于上下神祇。"朱熹："天曰神。"

"上"（*daŋ）——《尚书》："格于上下。"蔡沈："上，天也。"

"旻"（*min）——《诗经》："旻天疾威。"王力："旻，天空。"

"玉"（*ŋok）——《山海经》："玉山，西王母之所居也。"

"伯"（*pak）——《楚辞》："伯强何处。"蒋骥注："伯强，天神也。"

根据语音，可以将上面表示"天"的词语分为七个类型：

第一，DVN 类型。如："天"（*tʰin）、"神"（*din）。

第二，GVN~NGVN 类型。如："干"（*kan）、"元"（*ŋwan）。

第三，DVG 类型。如："帝"（*tik）。

第四，DVNG 类型。如："上"（*daŋ）。

第五，MVN 类型。如："旻"（*min）。

第六，NGVG 类型。如："玉"（*ŋok）。

第七，BVG 类型。如："伯"（*pak）。

4.1.2 丝绸之路沿线语言中的"天"

4.1.2.1 侗台语中的"天"

侗台语中表示"天"的词语根据语音分为三类：

第一，BVN 类型。如：壮语 buɯn¹，布依语 buɯn¹，水语 ʔbən¹，毛难语 bən²。

第二，BV 类型。如：临高语 fa³，西双版纳傣语 fa⁴，德宏傣语 fa⁴，黎语 fa³。

第三，MVN 类型。如：侗语 mən¹，仫佬语 mən¹。[①]

上古汉语中的"旻"（*min）表示"日"，"天""日"经常是同源词，如门巴语 plaŋ（太阳）其实是来自南亚语 plɛŋ"天"。"旻"为 MVN 类型，与侗台语中的 MVN 类型在音节结构上是对应的，如：侗语 mən¹，仫佬语 mən¹。因此"旻天"的组合可能与侗台语是有关联的。

4.1.2.2 苗瑶语中的"天"

苗瑶语中表示"天"的词语比较杂乱，比如：黔东苗语 qa¹tu⁵faŋ¹vɛ²，湘西苗语 pa¹ɳhe¹，川黔滇苗语 be⁴nto²，勉瑶语 da m²luŋ²，标敏瑶语 ka⁴luə²，滇东北苗语 qao⁸ntu²。上古汉语中找不到与之相关的同源词。[②]

4.1.2.3 藏缅语中的"天"

藏缅语中表示"天"的词语总体来说可根据语音分为两类：

第一，NVM 类型。如：藏语 nam³³，门巴语 nam⁵³。

---

① 中央民族学院少数民族语言研究所第五研究室：《壮侗语族语言词汇集》，中央民族学院出版社，1985 年，第 1 页。

② 中央民族学院苗瑶语研究室：《苗瑶语方言词汇集》，中央民族学院出版社，1987 年，第 162—163 页。

第二，MV 类型。如：普米语 my⁵⁵，扎巴语 mɯ⁵⁵。①

藏缅语中的 MV 类型的原始形式可以构拟为 *mə。上古汉语的"旻"（*min）与藏缅语 mə（天）的词语存在关联。

4.1.2.4 南亚语中的"天"

南亚语中表示"天"的词语根据语音分为两类：

第一，BLVNG 类型。如：硝厂沟语 bleiŋ，南虎语 plɛŋ，南谦语 plɛŋ。②

第二，BLVG 类型。如：胖品语 phlik⁵⁵，甘塘语 phliak⁵⁵。

南亚语 phliak⁵⁵（天）和满通古斯语 buga（天）非常相似。

4.1.2.5 南岛语中的"天"

南岛语中表示"天"的词语根据语音主要是 laŋ 或 laŋit。如：原始南岛语 langit，马歇尔语 laŋ，汤加语 laŋi，沙阿鲁阿语 laŋitsa。③

由于 l 和 d 经常互变，上古汉语的"上"（*daŋ）与南岛语的 laŋ（天）对应。

4.1.2.6 突厥语中的"天"

突厥语中表示"天"的词语根据语音分为两类：

第一，GVG 类型。如：维吾尔语、哈萨克语、柯尔克孜语、塔塔尔语都是 køk。

第二，VSMVN 类型。如：乌兹别克语、撒拉语都是 ɑsmɑn。④

上古汉语中，"玉"（*ŋok）经常可以表示"天""神"的意思，如"玉女"。⑤与西域语言对音中，疑母 ŋ 经常对应西域语言的 g，比如在于阗文书中，"玉门"写作 gaka maṃna。⑥ "玉"可以对应 gok。因此，"玉"与突厥语 køk（天）对应，"玉女"最早见于汉代，可能是源于匈奴帝国对汉帝国的影响。

乌兹别克语 pɛlɛk（天）和南亚语 phlik（天）几乎一样，两者之间的关系

---

① 《藏缅语语音和词汇》编写组：《藏缅语语音和词汇》，中国社会科学出版社，1991 年，第 371 页；黄布凡：《藏缅语族语言词汇》，中央民族大学出版社，1992 年，第 1 页。

② 颜其香、周植志：《中国孟高棉语族语言与南亚语系》，社会科学文献出版社，2012 年，第 492 页。

③ 陈康：《台湾高山族语言》，中央民族学院出版社，1992 年，第 255 页；Tryon, D. T. *Comparative Austronesian Dictionary: An Introduction to Austronesian Studies.* Berlin: Walter de Gruyter，1995, pp.67-68.

④ 陈宗振、努尔别克、赵相如：《中国突厥语族语言词汇集》，民族出版社，1990 年，第 114—115 页。

⑤ 田天：《秦汉国家祭祀史稿》，生活·读书·新知三联书店，2015 年，第 214 页。

⑥ 高田时雄：《敦煌·民族·语言》，钟翀等译，中华书局，2005 年，第 219 页。

值得进一步研究。

4.1.2.7 蒙古语中的"天"

蒙古语中表示"天"的词语同时存在两种类型，根据语音分为两类：

第一，VGDVRGV 类型。如：正蓝旗方言 ogtorguε，巴林右旗方言 ogtorge:，陈巴尔虎方言 ogtorgi:，布利亚特方言 ogtorgoi，达尔罕方言 ogtərgε:，喀喇沁方言 ogtorgγ:,·东苏尼特方言 oxtorgui，鄂托克方言 ogtorxoi，阿拉善方言 ugturgui，都兰方言 ogtorgo:，和静方言 ogtorgu。

第二，DVNGGVR 类型。如：正蓝旗方言 təŋgər，巴林右旗方言 təŋgər，陈巴尔虎方言 təŋgər，布利亚特方言 təŋgir，达尔罕方言 təŋər，喀喇沁方言 təŋgər，东苏尼特方言 təŋgər，鄂托克方言 teŋger，阿拉善方言 teŋger，都兰方言 teŋger，和静方言 teŋger，达斡尔语 təŋgər，东部裕固语 teŋger，土族语 təŋger。①

上古汉语中的"上"（*daŋ）与蒙古语中的 təŋgər（天）等词语对应。

4.1.2.8 满通古斯语中的"天"

满通古斯语中表示"天"的词语根据语音分为两类：②

第一，VBG 类型。如：满语 abka，鄂温克语 abka，锡伯语 avka/avk，赫哲语 abka，女真语 abka。

第二，BVG 类型。如：鄂温克语 bog，鄂伦春语 buga，赫哲语 buga。

由于"天"和"神"往往是同源词，波斯语中 bag（神）这个词语很可能来自满通古斯语 abka（天）。由于"天"是古代宗教的核心概念之一，满通古斯语的 abka（天）传入波斯语，可见，远东文化对波斯文化在宗教信仰方面产生了深远的影响。

4.1.2.9 印欧语中的"天"

印欧语中表示"天"的词语根据语音分为四类：

第一，GVL 类型。如：拉丁语 caelum，意大利语 cielo，法语 ciel，西班牙语 cielo。

第二，GVMV 类型。如：哥特语 himins，古冰岛语 himinn，丹麦语

---

① 孙竹：《蒙古语族语言词典》，青海人民出版社，1990 年，第 524、632 页。
② 朝克：《满通古斯语族语言词汇比较》，中国社会科学出版社，2014 年，第 6—7 页。

himmel，瑞典语 himmel，古高地德语 himil，新高地德语 himmel。

第三，SGV 类型。如：瑞典语 sky，中古英语 sky。

第四，NVBV 类型。如：古教会斯拉夫语 nebo，塞尔维亚 - 克罗地亚语 nebo，波希米亚语 nebe，波兰语 niebo，俄语 nebo，梵文 nabhas。[①]

印欧语中的 himinn（天）、himil（天）是同源词，因为 l 和 n 互变是语言演变里的常态。如果从词根来看，himinn（天）和侗台语 mən¹（天）对应，都和上古汉语的"旻"（*min）有关。印欧语的 himinn（天）可能是来自上古汉语"旻"（*min），"天"是古代世界信仰的核心概念，由此可以看出，上古中国在宗教信仰方面对古代印欧文明有较大影响。

4.1.2.10　闪含语中的"天"

闪含语中表示"天"的词语根据语音分为三类：

第一，BVLVNG 类型。如：格鲁语 balabala，图马克语 bəlan，恩达姆语 bəlān，唐格拉语 buŋ，捷古语 boŋ，比迪亚语 buŋ，木比语 bun。

第二，RV 类型。如：卡瑞卡瑞语 rəwi，布隆格语 raw。

第三，SVMV 类型。如：阿卡德语 šamû，希伯来语 šāmayim，阿拉姆语 šemayyō，阿拉伯语 samāᴐ，吉兹语 samāy，哈尔苏斯语 semē，姆其瑞语 semē，豪萨语 sama。[②]

闪含语"天"的变体有 bəlan、bun、buŋ，这些词语的声母都是 b 或 b-l，韵尾 n 和 ŋ 存在交替关系，这些词语和侗台语 bən²（天）、南亚语 blɛiŋ（天）其实是同源的。在近东闪含语中，同时有三个不同语音类型的表示"天"的词语。而侗台语与南亚语内部高度一致，因此，闪含语中的 bəlan、bun、buŋ 是借自侗台语和南亚语的。

4.1.3　小结

将丝绸之路沿线语言中表示"天"的词语进行对比分析，得到表 4-1，可知：

---

① Buck, C. D. *A Dictionary of Selected Synonyms in the Principal Indo-European Languages*. Chicago: The University of Chicago, 1949, p.52.

② Orel, V. E. & Stolbova, O. V. *Hamito-Semitic Etymological Dictionary: Materials for a Reconstruction*. Leidon: Brill, 1995, pp.52,77,80,275,446,461.

第一，上古汉语"旻"（*min）与侗台语 mən¹（天）、印欧语 himinn（天）对应。

第二，闪含语 bəlan、bun、buŋ（天）是从侗台语 bən²（天）和南亚语 blɛiŋ（天）借来的。这一问题的讨论，对于解开秦始皇的谜案非常有帮助。秦始皇统一六国之后，东游时，在"博浪沙"这个地方遭受了张良的狙击。张良能在这里精心准备，布局刺杀秦始皇，就说明"博浪沙"是秦始皇的必经之地，而秦始皇统一六国之后最喜欢祭拜名山大川等神圣空间。从这一角度看，"博浪沙"肯定是一个神圣空间。"沙"就是"厦"或"所"，表示地点或场所，"博浪"的上古音为 *paklaŋ。由于 -k 经常会变成喉塞音韵尾 -ʔ，进而演变为零声母，所以"博浪"的上古音也可以是 *paʔlaŋ 或 *palaŋ。这里的"博浪"（*paʔlaŋ、*palaŋ）可能就是南亚语 *plɛŋ（天），"博浪沙"是"天堂"之意。

第三，由于 b、p、m 都是双唇音，经常互变，因此，可以将表示"天"的词语中的 MVN 类型和 BVN、BLVN 等合并为一类，可以看出，这一类基本上分布于海上丝绸之路。

第四，上古汉语"伯"（*pak）经常可以表示"天神"，如"河伯""风伯"，这个词语直接和波斯语的 bag（神）对应。而波斯语的 bag（神）可能又是从满通古斯语中的 abka（天）、bog（天）借来的。BVG 类型的表示"天、神"的语词主要出现于欧亚大陆北部的丝绸之路。

第五，上古汉语"上"（*daŋ）与阿尔泰语 təŋgər（天）、南岛语 laŋ（天）对应。

第六，上古汉语"玉女"表示"神女""仙女"，"玉"应该就是来自突厥语的 køk（天）。汉代时，突厥语民族还是隶属于匈奴的一个部落，因此，"玉女"的出现，体现了汉和匈奴在文化上的交流和互动。

表 4-1　丝绸之路沿线语言中的"天"

MVN ~BVN~BLVN		DVNG		BVG		GVG~NGVG	
上古汉语 侗台语 印欧语 闪含语 南亚语	*min 旻 mən~bən himinn bəlan/bun/buŋ blɛiŋ	上古汉语 阿尔泰语 南岛语	*daŋ 上 təŋgər laŋ	上古汉语 满通古斯语 印欧语	*pak 伯 abka/bog bag	上古汉语 突厥语	*ŋok 玉 køk

4.2　太阳

4.2.1　上古汉语表示"太阳"的词语

"日"（*mit>*nit）——《说文》："日，实也。太阳之精不亏。"①

"阳"（*daŋ）——《诗经》："匪阳不晞。"毛传："阳，日也。"《吕氏春秋》："上得阳。"高诱："阳，日也。"

"昼"（*to）——《说文》："昼，日之出入，与夜为界。"

"君"（*kun）——《礼记》："王宫祭日也。"郑玄注："日称君。"

"离"（*lal）——《易》："小利有攸往。"郑玄注："离为日。"

根据语音，可以将上面表示"太阳"的词语分为五个类型：

第一，MVD 类型。如："日"（*mit>*nit）。

第二，DVNG 类型。如："阳"（*daŋ）。

第三，DV 类型。如："昼"（*to）。

第四，GVN 类型。如："君"（*kun）。

第五，LVR 类型。如："离"（*lal）。

4.2.2　丝绸之路沿线语言中的"太阳"

4.2.2.1　侗台语中的"太阳"

侗台语中表示"太阳"的词语根据语音分为两类：

第一，DVBVN 类型。如：侗语 ta⁵man¹，临高语 da¹vən²，西双版纳傣语 ta¹van²，仫佬语 thəu⁵fan¹，毛难语 la:k⁸van¹，水语 da¹wan¹。

第二，DVNGNGVN 类型。如：壮语 taŋ¹ŋon²，布依语 taŋ¹ŋon²。②

从上文可以看出，侗台语中 ta-、da- 是名词前缀，核心词根是 man、van。

---

① 关于"日"的古音构拟，由于成果众多，限于篇幅，不再详列。我们认为"日"上古音经历了 *mit >*nit 的音变，相关综述可以参考：叶晓锋：《汉语方言语音的类型学研究》，复旦大学博士学位论文，2011 年，第 100—104 页。

② 中央民族学院少数民族语言研究所第五研究室：《壮侗语族语言词汇集》，中央民族学院出版社，1985 年，第 1 页。

由于 m>v 是常见音变，因此原始侗台语中的"太阳"是 man。侗台语中"太阳"的词根 ŋon、ŋɔn 是从 man 演变而来的。师訇簋铭文："今日天疾畏。"这里的"日天疾畏"和西周晚期毛公鼎的"敃天疾畏"，[1] 即《诗经》中常见的成语"旻天疾威"。这个例子也说明"旻"（*min）等同于"日"，"旻"（*min）为"太阳"之意，[2] 这与侗台语的 man 对应。

4.2.2.2　苗瑶语中的"太阳"

苗瑶语中表示"太阳"的词语根据语音可以归纳为 NV 类型。[3] 如：黔东苗语 ŋhe¹，湘西苗语 ŋhe¹，川黔滇苗语 ŋo¹，勉瑶语 pu²ŋɔːi¹，标敏瑶语 ŋi⁴tau²。

上古汉语的"日"（*nit）为 NVD 音节类型，与黔东苗语 ŋhe¹ 等 NV 类型对应。

4.2.2.3　藏缅语中的"太阳"

藏缅语中表示"太阳"的词语根据语音分为两类：[4]

第一，NV~NVMV 类型。如：基诺语 nɔ，缅文 ne，藏语 nimə，扎巴语 nimɯ，尔苏语 noma，纳木义语 nimi，史兴语 nɛmi，纳西语 nimi，哈尼语 nɔma，阿昌语 nimɔ。

第二，MVNV 类型。如羌语 mun，拉祜语 mu⁵³ni³³，彝语 mɯ²¹ni³³，僜语 min³⁵。

从上文可以看出，NV 和 NVMV 类型其实是一类，核心词根都是 NV，"日"（*mit>*nit）为 NVD 类型，和缅文 ne 等 NV 类型非常接近。根据藏缅语中的 NV 结构，可以判断藏缅语中表示"太阳"的语词的演变速度比汉语更快，韵尾 -t 已经脱落。

上古汉语中的"旻"（*min）除了和侗台语的 man（太阳）对应之外，还和藏缅语中的 mun（太阳）等对应。

---

① 师訇簋和毛公鼎铭文图版分别见马承源：《商周青铜器铭文选》（三），文物出版社，1988 年，第 316 页。
② 叶晓锋：《汉语方言语音的类型学研究》，复旦大学博士学位论文，2011 年，第 113—114 页。
③ 中央民族学院苗瑶语研究室：《苗瑶语方言词汇集》，中央民族学院出版社，1987 年，第 90—91 页。
④ 《藏缅语语音和词汇》编写组：《藏缅语语音和词汇》，中国社会科学出版社，1991 年，第 372 页；黄布凡：《藏缅语族语言词汇》，中央民族大学出版社，1992 年，第 1 页。

4.2.2.4　南亚语中的"太阳"

南亚语中表示"太阳"的词语根据语音分为两类：

第一，SVNGV 类型。如：马散语 siŋɛiʔ，岩帅语 siŋaiʔ，硝厂沟语 siŋǎi，南虎语 siŋǎi，茶叶箐语 siŋǎi⁵¹。

第二，NGVNGV 类型。如：曼俄语 ŋai³⁵ŋi⁷³³，甘塘语 ŋai³³ŋi⁵¹。①

无论是第一类还是第二类，核心词根都是从 ni 演变而来的，即 ni>ŋi>ŋai，显然是从藏缅语借来的，由于藏缅语 ne 和上古汉语的"日"对应，也可以认为"日"（*mit>*nit）与南亚语的 ŋǎi（太阳）对应。

4.2.2.5　南岛语中的"太阳"

南岛语中表示"太阳"的词语根据语音分为两类：

第一，GV 类型。如：泰耶尔语 ʔuwagiʔ，邹语 hie。

第二，GVDV 类型。如：赛德语 hido，卑南语 kadaw。②

南岛语中的"太阳"并未见于上古汉语。

4.2.2.6　突厥语中的"太阳"

突厥语中表示"太阳"的词语根据语音分为两类：

第一，GVN 类型。如：维吾尔语 kyn，哈萨克语 kyn，柯尔克孜语 kyn，乌兹别克语 kyn，塔塔尔语 kyn，图佤语 kyn，撒拉语 gun，西部裕固语 kun。

第二，GVS 类型。如：维吾尔语 qujaʃ，乌兹别克语 qujaʃ，塔塔尔语 qujaʃ。③

突厥语中的"太阳"并未见于上古汉语。

4.2.2.7　蒙古语中的"太阳"

蒙古语中表示"太阳"的词语根据语音可以归纳为 NVR 类型，④ 语音形式都是 nar。⑤

由于 -t 和 -r 经常互变，蒙古语中的 nar（太阳）和上古汉语中的"日"

---

① 颜其香、周植志：《中国孟高棉语族语言与南亚语系》，社会科学文献出版社，2012 年，第 492 页。

② 陈康：《台湾高山族语言》，中央民族学院出版社，1992 年，第 255 页。

③ 陈宗振、努尔别克、赵相如：《中国突厥语族语言词汇集》，民族出版社，1990 年，第 120—121 页。

④ 孙竹：《蒙古语族语言词典》，青海人民出版社，1990 年，第 500 页。

⑤ 正蓝旗方言、巴林右旗方言、陈巴尔虎方言、达尔罕方言、鄂托克方言、都兰方言、达斡尔语、喀喇沁方言等的"太阳"都是 nar。

（*mit>*nit）对应。

4.2.2.8 满通古斯语中的"太阳"

满通古斯语中表示"太阳"的词语根据语音可以归纳为 SVN 类型，[①] 如：满语 şun，锡伯语 sun，鄂伦春语 ʃiwɯn，女真语 ʃun。

满通古斯语中的"太阳"并未见于上古汉语。

4.2.2.9 印欧语中的"太阳"

印欧语中表示"太阳"的词语根据语音可以归纳为 SVD~SVNNV 类型，[②] 如：拉丁语 sōl，意大利语 sole，西班牙语 sol，哥特语 sauil、sunnō，古冰岛语 sōl、sunna，丹麦语 sol，瑞典语 sol，古英语 sunne，中古英语 sonne，古高地德语 sunna，中古高地德语 sunne，新高地德语 sonne。

印欧语中的"太阳"并未见于上古汉语。

4.2.2.10 闪含语中的"太阳"

闪含语中表示"太阳"的词语根据语音分为三类：

第一，BV 类型。如：博克斯语 bwe，卜土拉语 bwe。

第二，VD~VDV 类型。如：奥罗莫语 ɑduu。

第三，SVM~SVMS 类型。如：阿卡德语 šamšu，阿拉姆语 šemš，阿拉伯语 šams，底格里语 šämš，吉巴里语 sum。[③]

闪含语中的 ɑduu（太阳）可能和上古汉语的"昼"（*du）对应。闪含语 šams（太阳）的语源很值得探究，这里的 ša- 是名词前缀，ms 是词根。ms（太阳）和吉兹语 amir（太阳）、闪米特语 mr（光）对应。[④] 由于 -r、-s、-t 经常交替，因此，闪含语中的 ms（太阳）、amir（太阳）与藏缅语中的桃坪羌语 ma ʂʅ（太阳）、上古汉语的"日"（*mit）对应，是来自上古中国的借词。

---

① 朝克：《满通古斯语族语言词汇比较》，中国社会科学出版社，2014 年，第 6—7 页。

② Buck, C. D. *A Dictionary of Selected Synonyms in the Principal Indo-European Languages.* Chicago: The University of Chicago, 1949, p. 54.

③ Orel, V. E. & Stolbova, O. V. *Hamito-Semitic Etymological Dictionary: Materials for a Reconstruction.* Leidon: Brill, 1995, pp.28,67,75,244,313,490.

④ Leslau, W. Analysis of the Ge'ez Vocabulary: Ge'ez and Cushitic, *Rassegna di Studi Etiopici,* 1988(32), pp.59-109.

4.2.3　小结

将丝绸之路沿线语言中表示"太阳"的词语进行对比分析，得到表4-2，可知：

第一，上古汉语"日"（*mit）是汉藏语的原始形态，后来 *mit 演变为 *nit，与这些语言对应：黔东苗语 ŋhɛ¹（太阳），岩帅语（si）ni>（si）ŋaiʔ（太阳），藏缅语 nimə（太阳），阿拉伯语（ša）ms（太阳）。

第二，上古汉语"旻"（*min）就是"太阳"的意思，这和侗台语的 man（太阳）以及羌语 mun（太阳）对应。

表 4-2　丝绸之路沿线语言中的"太阳"

	MV~NV		MVN
上古汉语	*mit >*nit 日	上古汉语	*min 旻
苗瑶语	ŋhɛ	侗台语	man
南亚语	(si) ni>(si)ŋaiʔ	藏缅语	mun
藏缅语	nimə		
闪含语	(ša)ms		

4.3　月亮

4.3.1　上古汉语表示"月亮"的词语

"月"（*ŋwat）——《说文》："月，阙也，太阴之精，象形。"

"阴"（*im）——《素问》："月为阴。"

"魄"（*pʰak）——《尚书》："一月壬辰旁死魄。"孔颖达："魄者，形也，谓月之轮郭无光之处名魄也。"

"朔"（*srak）——《说文》："朔，月一日始苏也。"

"望"（*maŋ）——《释名》："望，月满之名也。"

"夕"（*lak）——《读书杂志》："以至于仲春二月之夕。"郑玄注："夕，谓月之下旬也。"

"霸"（*pak）——《说文》："霸，月始生霸然也。"

根据语音，可以将上面表示"月亮"的词语分为六个类型：

第一，NGVD 类型。如："月"（*ŋwat）。

第二，VM 类型。如："阴"（*im）。

第三，BVG 类型。如："魄"（*phak）、"霸"（*pak）。

第四，MVNG 类型。如："望"（*maŋ）。

第五，LVN 类型。如："夕"（*lak）。

第六，SRVG 类型。如："朔"（*srak）

4.3.2 丝绸之路沿线语言中的"月亮"

4.3.2.1 侗台语中的"月亮"

侗台语中表示"月亮"的词语根据语音主要为 LVN~DVN 类型，[1] 如：壮语 dɯ:n¹，西双版纳傣语 dɤn¹，德宏傣语 lən⁶。由于 l 和 d 经常互变，所以德宏傣语 lən⁶ 与西双版纳傣语的 dɤn¹ 以及壮语 dɯ:n¹ 是同源词。

中古汉语中，"轮"（*lun），庾信《舟中望月》："灰飞重晕阙，萤落独轮斜。"《汉语大字典》注释："似轮的物体。多指日、月。"[2]"轮"（*lun）与侗台语中的 lən⁶（月亮）对应。

4.3.2.2 苗瑶语中的"月亮"

根据语音，苗瑶语中表示"月亮"的词语可以归纳为 LV 类型。[3] 如：黔东苗语 l̥hv⁵，湘西苗语 l̥hɑ⁵，川黔滇苗语 ɬi⁵，勉瑶语 ɬa⁵，标敏瑶语 la⁷guaŋ¹。[4] 苗瑶语"月亮"的词根是 la。

古文字中，"夕""月"同形，"夕"（*lak）与苗瑶语的 *la（月亮）对应。

4.3.2.3 藏缅语中的"月亮"

藏缅语中表示"月亮"的词语根据语音分为两类：

第一，LV 类型。如：普米语 ɬi⁵⁵，缅文 la¹，缅语 la⁵³，浪速语 lɔ⁵⁵，僜语

---

① 中央民族学院少数民族语言研究所第五研究室：《壮侗语族语言词汇集》，中央民族学院出版社，1985 年，第 1 页。

② 汉语大字典编辑委员会：《汉语大字典》（缩印本），湖北辞书出版社，1996 年，第 3775 页。

③ 中央民族学院苗瑶语研究室：《苗瑶语方言词汇集》，中央民族学院出版社，1987 年，第 106—107 页。

④ 标敏瑶语 la⁷guaŋ¹ 的词根 la 和其他苗瑶语同源，因此原始苗瑶语中的"月亮"是 la。

lɑi³⁵，珞巴语 e³⁵lɑ³⁵，尔龚语 ɬuva，尔苏语 ɬa⁵⁵phɛ⁵⁵，藏语 ta¹⁵wa⁵³，木雅语 lɛ³⁵nɯ³⁵，扎巴语 ɫo⁵⁵nu⁵³，贵琼语 li³⁵mo³³，纳木义语 ɫi⁵⁵mi⁵⁵，史兴语 ɫi³³mi⁵⁵，载瓦语 lŏ⁵⁵mo⁵⁵，怒语 sɹ̩³¹lɑ⁵⁵，独龙语 sɯ³¹lɑ⁵⁵，景颇语 ʃa³³ta³³，哈尼语 po³³lɔ³³，基诺语 pu³³la⁴⁴，阿昌语 phǎ³¹lɔʔ³¹。①

第二，GVBV 类型。如：彝语 xo²¹bo²¹，傈僳语 hɑ³³bɑ³³，拉祜语 xA³³pA³³。②

从上文可以看出，藏缅语中的"月亮"基本上是声母为 l 的音节，如：缅文 la¹（月亮）。独龙语等又增加了 sɯ³¹-、sɹ̩³¹- 等名词前缀，词根则仍然是 la。"夕"（*lak）与藏缅语的 *la（月亮）对应。

4.3.2.4　南亚语中的"月亮"

南亚语中表示"月亮"的词语根据语音分为两类：

第一，GV 类型。如：马散语 khɛʔ，岩帅语 khiʔ。

第二，GVNVGV 类型。如：曼俄语 khaŋ³¹khiʔ³⁵，胖品语 kiŋ⁵⁵kiau³¹。③

上古汉语中的"光"（*kwaŋ）为 GVNG 类型，和南亚语中的 GVNVGV 类型非常相似。

4.3.2.5　南岛语中的"月亮"

根据语音，南岛语中表示"月亮"的词语可以归纳为 BVDVD 类型，④ 如：沙阿鲁阿语 vulaɫu，阿眉斯语 fulaɫ，卑南语 buḷan。

可以看出，南岛语中"月亮"的原始辅音形式为 b-l 结构，并不见于上古汉语。

4.3.2.6　突厥语中的"月亮"

突厥语中表示"月亮"的词语根据语音归纳为 aj 类型，⑤ 维吾尔语、哈萨克语、柯尔克孜语、乌兹别克语、塔塔尔语、图佤语、撒拉语、西部裕固语都是 aj。

突厥语中的"月亮"并未见于上古汉语。

---

① 藏缅语中大部分是第一类 LV 类型，即 l 和元音组合。第二类是在第一类基础上添加前缀 sV- 或 ʃV- 的结果。所以词根本质是 LV。

② 《藏缅语语音和词汇》编写组：《藏缅语语音和词汇》，中国社会科学出版社，1991年，第373页；黄布凡：《藏缅语族语言词汇》，中央民族大学出版社，1992年，第2页。

③ 颜其香、周植志：《中国孟高棉语族语言与南亚语系》，社会科学文献出版社，2012年，第492页。

④ 陈康：《台湾高山族语言》，中央民族学院出版社，1992年，第255页。

⑤ 陈宗振、努尔别克、赵相如：《中国突厥语族语言词汇集》，民族出版社，1990年，第40—41页。

4.3.2.7 蒙古语中的"月亮"

蒙古语中表示"月亮"的词语根据语音可以归纳为 SVR~SVRV 类型。[1]如：正蓝旗方言、巴林右旗方言、达尔罕方言、喀喇沁方言、东苏尼特方言、鄂托克方言、阿拉善方言、都兰方言、和静方言这些都是 sar，东部裕固语、土族语、东乡语都是 sara，保安语 sarə。[2]

上古汉语的"朔"（*srak）与蒙古语的 sar、sara（月亮）对应。

4.3.2.8 满通古斯语中的"月亮"

满通古斯语中表示"月亮"的词语根据语音主要为 BV 类型。[3]如：满语 bija，锡伯语 bia，赫哲语 bia，女真语 bia。

上古汉语中的"魄"（*pʰak）与鄂温克语 beega（月亮）在音节结构上是对应的。"魄"一般仅用于天文术语中，并非上古汉语常用词，因此，可能是来自满通古斯语的借词。

4.3.2.9 印欧语中的"月亮"

印欧语中表示"月亮"的词语根据语音分为两类：

第一，LVNV 类型。如：拉丁语 lūna，意大利语 luna，法语 lune，西班牙语 luna，古教会斯拉夫语 luna，俄语 luna。

第二，MVNV 类型。如：哥特语 mēna，古冰岛语 māni，丹麦语 maane，瑞典语 máne，古英语 mōna，中古英语 mone，古高地德语 māno，中古高地德语 māne，立陶宛语 mènuo。

中古汉语"轮"（*lun）与印欧语中的 LVNV 类型是对应的，如：拉丁语 lūna（月亮），意大利语 luna（月亮）。[4]

上古汉语中的"望"（*maŋ）的音节结构是 MVNG 类型，由于鼻音 n 和 ŋ 经常互变，因此"望"与印欧语中的 MVNV 类型是对应的，如：哥特语 mēna（月亮），古冰岛语 māni（月亮）。

---

① 孙竹：《蒙古语族语言词典》，青海人民出版社，1990 年，第 593 页。

② 蒙古语 sara（月亮）和藏缅语中的部分语言非常相似，如怒语 sɿ³¹la⁵⁵，可能是来自藏缅语的借词。

③ 朝克：《满通古斯语族语言词汇比较》，中国社会科学出版社，2014 年，第 6—7 页。

④ Buck, C. D. *A Dictionary of Selected Synonyms in the Principal Indo-European Languages*. Chicago: The University of Chicago, 1949, p.54.

4.3.2.10　闪含语中的"月亮"

闪含语中表示"月亮"的词语根据语音分为三类：

第一，SVGVR 类型。如：索科特里语 šeher，吉巴里语 šɛhər。

第二，GVLVL 类型。如：阿拉伯语 hilāl，吉兹语 helāl。

第三，GV 类型。如：吉斯伽语 kiyɑ，巴尔达语 kiyɑ，玛塔康语 kiyɑ，唐格拉语 kɔyɛ，米伽玛语 koyo，比迪亚语 koyɑ。[1]

从上文可以看出，"朔"（*srak）为 SRVG 类型，与闪含语中 SVGVR 类型非常相似，如：索科特里语 šeher（月亮），吉巴里语 šɛhər（月亮）。因此，"朔"与闪含语可能相关。

4.3.3　小结

将丝绸之路沿线语言中表示"月亮"的词语进行对比分析，得到表 4-3，可知：

第一，上古汉语"魄"（*pʰak）、"霸"（*pak）与满通古斯语 beega（月亮）对应。

第二，上古汉语"望"（*maŋ）与印欧语中的 MVNV 类型是对应的，如：古英语 mōna（月亮）、古高地德语 māno（月亮）。

第三，上古汉语"朔"（*srak）与蒙古语 sar（月亮）、闪含语 šeher（月亮）对应。

第四，中古汉语"轮"（*lun）与侗台语 lən⁶（月亮）、印欧语 luna（月亮）是对应的。

表 4-3　丝绸之路沿线语言中的"月亮"

BVG		MVNG		SVG~SRVG		LVN	
上古汉语	*pʰak 魄	上古汉语	*maŋ 望	上古汉语	*srak 朔	中古汉语	*lun 轮
上古汉语	*pak 霸	印欧语	mōna	蒙古语	sɑr	侗台语	lən
满通古斯语	beega			闪含语	šeher	印欧语	luna

① Orel, V. E. & Stolbova, O. V. *Hamito-Semitic Etymological Dictionary: Materials for a Reconstruction*. Leidon: Brill, 1995, pp.124,262,341,342.

4.4 星星

4.4.1 上古汉语表示"星星"的词语

"星"（*siŋ）——《说文》："星，万物之精，上为列星。"《吕氏春秋》："舍行七星。"高诱："星，宿也。"

"宿"（*suk）——《释名》："宿也，星各止宿其处也。"《吴越春秋》："集察纬宿。"徐天祜："宿，列星也。"

"辰"（*din）——《周礼》："以实柴祀日月星辰。"贾公彦："辰为星宗。"《大戴礼记》："辰也者，谓星也。"

根据语音，可以将上面表示"星星"的词语分为三个类型：

第一，SVNG 类型。如："星"（*siŋ）。

第二，SVG 类型。如："宿"（*suk）。

第三，DVN 类型。如："辰"（*din）。

4.4.2 丝绸之路沿线语言中的"星星"

4.4.2.1 侗台语中的"星星"

侗台语中表示"星星"的词语根据语音分为两类：

第一，DVDV 类型。如：壮语 da:u^{1}dai^5，布依语 da:u^{1}di^5，西双版纳傣语 dau^1，德宏傣语 la:u^4。

第二，SVD 类型。如：侗语 ɕəu^7，水语 zət^7，毛难语 zət^7。[①]

侗台语中的"星星"并未见于上古汉语。

4.4.2.2 苗瑶语中的"星星"

苗瑶语中表示"星星"的词语根据语音可以归纳为 GV 类型。[②] 如：川黔东苗语 tsɛ^{1}qɛ^1，湘西苗语 te^{1}qe^{1}ɬ̥ɦ^5，黔滇苗语 ŋo^{1}qo^1，滇东北苗语 ŋu^{1}qu^1。

[①] 中央民族学院少数民族语言研究所第五研究室：《壮侗语族语言词汇集》，中央民族学院出版社，1985 年，第 1 页。

[②] 中央民族学院苗瑶语研究室：《苗瑶语方言词汇集》，中央民族学院出版社，1987 年，第 36—37 页。

苗瑶语中的"星星"并未见于上古汉语。

4.4.2.3 藏缅语中的"星星"

藏缅语中表示"星星"的词语根据语音分为两类：

第一，TSV 类型。如：普米语 dz̩^{35}，木雅语 dzi^{55}vu^{33}，扎巴语 dzɿ^{53}，贵琼语 ɣi^{35}tsɿ^{33}，尔苏语 tsɿ^{55}，纳木义语 tsɿ^{35}，史兴语 tɕɛ^{55}，彝语 tɕɔ^{33}，缅语 tɕɛ^{22}。

第二，GV 类型。如：纳西语 kɯ^{21}，载瓦语 kji^{51}，浪速语 kji^{31}，怒语 kɹe^{31}io^{35}。[①]

藏缅语中的"星星"并未见于上古汉语。

4.4.2.4 南亚语中的"星星"

南亚语中表示"星星"的词语根据语音归为 SVMVN~SVMVNG 类型。[②] 如：马散语 semˀuiŋ，岩帅语 simˀuiŋ，南虎语 simǎn，茶叶箐语 simǎn^{51}。

南亚语中，"太阳"，马散语 siŋei^{ˀ}，岩帅语 siŋai^{ˀ}。通过比较可以发现，si- 是名词前缀，因此，simǎn、simˀuiŋ 等表示"月亮"的词语中，si- 是名词前缀，核心词根是 mǎn、mˀuiŋ。由于星星和月亮经常是同源词，这些词语和上古汉语的"望"（*maŋ）是对应的。

4.4.2.5 南岛语中的"星星"

南岛语中表示"星星"的词语比较散乱，具体见表 4-4。在南岛语中没有找到内部同源词，无法与上古汉语比较。[③]

表 4-4 南岛语中的"星星"

泰耶尔语	赛德语	邹语	卑南语	卡那卡那布语	排湾语
biŋah	puŋerah	tsoŋeoha	tiˀur	tamətasai	vitɕuqan

阿眉斯语	布农语	鲁凯语	萨斯特语	沙阿鲁阿语	邵语
fuˀiʃ	baintuχan	tariau	bintœˀæn	atsaŋalała	kiłpuð

4.4.2.6 突厥语中的"星星"

突厥语中表示"星星"的词语根据语音归纳为 TSVLDVS 类型，[④] 如：维吾

---

① 《藏缅语语音和词汇》编写组：《藏缅语语音和词汇》，中国社会科学出版社，1991 年，第 374 页；黄布凡：《藏缅语族语言词汇》，中央民族大学出版社，1992 年，第 2 页。

② 颜其香、周植志：《中国孟高棉语族语言与南亚语系》，社会科学文献出版社，2012 年，第 493 页。

③ 陈康：《台湾高山族语言》，中央民族学院出版社，1992 年，第 255 页。

④ 陈宗振、努尔别克、赵相如：《中国突厥语族语言词汇集》，民族出版社，1990 年，第 346—347 页。

尔语 jultuz，乌兹别克语 julduz，塔塔尔语 juldəz，撒拉语 juldus，西部裕固语 jəldəs~juldu，哈萨克语 dʒuldəz，柯尔克孜语 dʒəldəz。j 和 dʒ 是相互演变关系，因此这些词语是同源词。

突厥语中的"星星"并未见于上古汉语。

4.4.2.7　满通古斯语中的"星星"

满通古斯语中表示"星星"的词语根据语音可以归纳为 VSVGV 类型。[1] 如：满语 usiha，锡伯语 uʂiha，赫哲语 uʃiha，女真语 oʃiha、uʃiha。

上古汉语中"宿"（*suk）为 SVG 音节结构，和满通古斯语中的 VSVGV 类型非常相似，如：满语 usiha，女真语 oʃiha。因此上古汉语的"宿"可能和满通古斯语是相关的。

4.4.2.8　印欧语中的"星星"

印欧语中表示"星星"的词语根据语音分为两类：

第一，SDVD~SDVR 类型。如：拉丁语 stilla，意大利语 stella，哥特语 stairnō，古冰岛语 stjarna，丹麦语 stjerne，瑞典语 stjarna，古高地德语 sterno，中古高地德语 sterne，古英语 steorra，中古英语 sterre。

第二，GVSDV~SVSDV 类型。如：波希米亚语 hvězda，波兰语 guiazda，古教会斯拉夫语 zvězda，塞尔维亚 - 克罗地亚语 zvijesda，俄语 zvezda。这里发生的音变为 g>z，原始形式是 *guiazda。[2]

上古汉语的"辰"（*din）和印欧语 stern-（星星）对应，s- 是名词前缀，tern 是词根。

4.4.2.9　闪含语中的"星星"

闪含语中表示"星星"的词语根据语音分为两类：

第一，SVR 类型。如：博斯语 ŝaar，格伦通语 saar。

第二，GRV 类型。如：埃及语 hry。[3]

"星"的读音很值得探讨，"星"一般认为是心母耕部字，上古音为 *siŋ。但

---

[1]　朝克：《满通古斯语族语言词汇比较》，中国社会科学出版社，2014 年，第 6—7 页。

[2]　Buck, C. D. *A Dictionary of Selected Synonyms in the Principal Indo-European Languages.* Chicago: The University of Chicago, 1949, p.55.

[3]　Orel, V. E. & Stolbova, O. V. *Hamito-Semitic Etymological Dictionary: Materials for a Reconstruction.* Leidon: Brill, 1995, pp.124,279.

是"星"可能还有元部的读音。"星"从"生"得声,"产"和"生"在古文中经常相混,因此,"星"的读音和"产"类似,即"星"韵母除了 iŋ,还有 an 的读音。此外,根据汉代的声训材料,《释名》:"星,散也,列位布散也。"《释名》:"霰,星也,水雪相抟如星而散也。"由此可见,"星"和"散"(*san)、"霰"(*san)语音相似,所以,"星"的上古音为 *san。由于 r 和 n 经常相混,"星"(*san)和近东闪含语的 sar(星星)相似。

4.4.3　小结

将丝绸之路沿线语言中表示"星星"的词语进行对比分析,得到表 4-5,可知:

第一,上古汉语"宿"(*suk)和满通古斯语中的 VSVGV 类型非常相似,如:满语 usiha(星星),锡伯语 uşiha(星星)。因此,上古汉语"宿"(*suk)可能和满通古斯语是相关的。

第二,上古汉语"星"(*san~*sal~*siŋ)和近东闪含语 sar(星星)可能对应。

表 4-5　丝绸之路沿线语言中的"星星"

SVG		SVR	
上古汉语	*suk 宿	上古汉语	*san~*sal~*siŋ 星
满通古斯语	usiha	闪含语	sar

4.5　风

4.5.1　上古汉语表示"风"的词语

"风"(*prəm)——《周礼》:"风即气也。"

"气"(*kʰət~*kʰəl)[①]——《吕氏春秋》:"天为高矣,而日月星辰云气雨露

---

　　① 关于"气"的上古音构拟,上古音构拟各家有的将之构拟为物部字,有的将之构拟为微部字。因此,我们认为"气"可同时具有两读,物部和微部的区别,本质是韵尾 -l 和 -t 的互变现象。

未尝休矣。"

“飑”（*laŋ）——《说文》："北风谓之飑。"

“飙”（*pau）——《说文》："飙，扶摇风也。"

“飉”（*lau）——《广雅》："飉，风也。"

“飒”（*səp）——《说文》："飒，翔风也。"

“飋”（*srik）——《玉篇》："飋，秋风。"

“猋”（*pau）——《尔雅》："扶摇谓之猋。"

“颰”（*hwht）——《说文》："颰，小风也。"

“颲”（*ɣwit）——《说文》："颲，大风也。"

“颹”（*ɣwət）——《说文》："颹，大风也。"

“飚”（*hwət）——《说文》："飚，疾风也。"

“颲”（*lat）——《说文》："颲，烈风也。"

“岚”（*blum）——《玉篇》："岚，大风也。"

根据语音，可以将上面表示"风"的词语分为九个类型：

第一，BVM 类型。如："风"（*prəm）。

第二，LVNG 类型。如："飑"（*laŋ）、"岚"（*blum）。

第三，XWVD 类型。如："颹"（*ɣwət）、"飚"（*hwət）、"颰"（*hwət）、"颲"（*ɣwit）。①

第四，LV 类型。如："飉"（*lau）。

第五，BV 类型。如："飙"（*pau）、"猋"（*pau）。

第六，SVB 类型。如："飒"（*səp）。

第七，LVD 类型。如："颲"（*lat）。

第八，SRVG 类型。如："飋"（*srik）。

第九，GVD~GVL 类型。如："气"（*kʰət~*kʰəl）。

---

① 这几个词语从读音来看基本是晓母、匣母等擦音，与一般晓母、匣母不同，因此，这里的晓母和匣母其实是 w 前面增生 h 或 ɣ 而产生的。从词根来看，这些词语是 wət 或 wit。因此我们将这些缩写为 XWVD 类型。

4.5.2　丝绸之路沿线语言中的"风"

4.5.2.1　侗台语中的"风"

根据语音，侗台语中表示"风"的词语主要是 LVM 类型。[①] 如：西双版纳傣语 lum^2，德宏傣语 lom^2，侗语 ləm^2，仫佬语 ləm^2，毛难语 ləm^1。

金理新指出，侗台语中的 ləm^2（风）是上古汉语"岚"（*plum）的借词。金理新进而指出侗台语中被忽略的"风"的语音形式，如："风"，朗央语 van^{312}，临高语 van^3，巴央语 vən^{31}，加茂语 vɯat^7，保黎语 hwot^7。这些是侗台语的原生词。[②] 由于侗台语和南岛语的密切关系，南岛语的"风"是 bali，b 经常会变成 v，而韵尾 -n、-l、-t 经常互变，所以金理新的看法是正确的。在 w 或 v 前面增生 h 是常见音变现象，因此，保黎语 hwot^7 和 vɯat^7 是同源关系，上古汉语"颰"（*ɣwət）、"飑"（*hwət）、"飈"（*hwət）、"颹"（*ɣwit）显然和侗台语的 hwot^7、vɯat^7 对应。

4.5.2.2　苗瑶语中的"风"

苗瑶语中表示"风"的词语根据语音主要分为两类：

第一，TSV 类型。[③] 如：川黔滇苗语 tɕuɑ^5，滇东北苗语 tɕa^5，勉瑶语 dzia:u^5。

第二，GV 类型。如：腊乙坪语 ki^{54}，多祝语 ki^{22}，三只羊语 ki^{22}，长坑语 ki^{31}。[④]

金理新指出，苗瑶语中的 ki^{54}（风）和上古汉语"气"（*kʰət~*kʰəl）对应，这无疑是正确的。

4.5.2.3　藏缅语中的"风"

藏缅语中表示"风"的词语根据语音分为三类：

第一，MVGV 类型。如：羌语 muʁu，傈僳语 mi^{31}hi^{33}，拉祜语 mu^{53}xɔ^{33}。

第二，MVLV 类型。如：普米语 mu^{33}lə^{55}，贵琼语 mʉ^{33}ji^{55}，怒语 mɯ^{55}ɑ^{31}ɬi^{35}。

---

① 中央民族学院少数民族语言研究所第五研究室：《壮侗语族语言词汇集》，中央民族学院出版社，1985 年，第 3 页。

② 金理新：《汉藏语系核心词》，民族出版社，2012 年，第 254 页。

③ 中央民族学院苗瑶语研究室：《苗瑶语方言词汇集》，中央民族学院出版社，1987 年，第 108—109 页。

④ 金理新：《汉藏语系核心词》，民族出版社，2012 年，第 253 页。

第三，LV 类型。如：史兴语 ɬe⁵³，缅文 le²，缅语 le²²，阿昌语 l̩i⁵⁵，载瓦语 lai⁵¹，浪速语 la³，扎巴语 ɬo⁵⁵pa⁵³，基诺语 li³¹phjɤ³³。①

上古汉语中"飂"（*lau）与浪速语 la³（风）等藏缅语中的 LV 类型在音节结构上是对应的，因此，"飂"（*lau）与藏缅语可能是相关的。

4.5.2.4 南亚语中的"风"

南亚语中表示"风"的词语根据语音分为三类：②

第一，GV 类型。如：马散语 kɤ，茶叶箐语 khu⁵¹。

第二，GVN 类型。如：孟汞语 kɤn，硝厂沟语 khun。

第三，MV 类型。如：胖品语 ʔm̥aʔ³⁵，甘塘语 ma⁵⁵。

上古汉语的"气"（*kʰət~*kʰəl）为 GVD~GVL 类型，与南亚语中的 GV 类型在音节结构上是对应的，如：马散语 kɤ，茶叶箐语 khu⁵¹。

4.5.2.5 南岛语中的"风"

南岛语中表示"风"的词语根据语音分为两类：③

第一，BVGV 类型。如：泰耶尔语 bɛhuj，赛德语 bugihu¹。

第二，BVLV 类型。如：鲁凯语 bal̩iʔ，萨斯特语 bali，卑南语 val̩i。

上古汉语里的"猋"（*pau）与泰耶尔语 bɛhuj（风）等南岛语中的 BVGV 类型相似。

由于 -t 韵尾和 -l 韵尾经常互变，声母 b 和 w、v 互变，因此，上古汉语"颰"（*ɣwət）、"飈"（*hwət）、"颲"（*hwət）、"颭"（*ɣwit）和南岛语 bali（风）对应。

4.5.2.6 突厥语中的"风"

突厥语中表示"风"的词语根据语音分为两类：④

第一，SVMVL 类型。如：维吾尔语 ʃamal，哈萨克语 samal，柯尔克孜语 ʃamal，乌兹别克语 ʃemal。

第二，VL 类型。如：塔塔尔语 jel，撒拉语 jel，西部裕固语 jel。

① 《藏缅语语音和词汇》编写组：《藏缅语语音和词汇》，中国社会科学出版社，1991年，第377页；黄布凡：《藏缅语族语言词汇》，中央民族大学出版社，1992年，第3页。
② 颜其香、周植志：《中国孟高棉语族语言与南亚语系》，社会科学文献出版社，2012年，第493页。
③ 陈康：《台湾高山族语言》，中央民族学院出版社，1992年，第256页。
④ 陈宗振、努尔别克、赵相如：《中国突厥语族语言词汇集》，民族出版社，1990年，第310—311页。

由于 g>j 是常见的音变，满通古斯语 oggeel 表示"龙卷风"，[①] 突厥语的 jel 可能来自 gel，由于 -l 韵尾和 -t 韵尾可以互变，所以突厥语的 jel<*gel（风）和上古汉语的"气"（*kʰət~*kʰəl）对应。

4.5.2.7　蒙古语中的"风"

蒙古语中表示"风"的词语根据语音分为：[②]

第一，SVL 类型。如：正蓝旗方言 səl、sɛlxəŋ，达尔罕方言 sɛlxən，喀喇沁方言 sɛlxɑn，东苏尼特方言 salix，鄂托克方言 salix，阿拉善方言 saljixin，都兰方言 salki，和静方言 sælkin，东部裕固语 salɣən，土族语 salki:。

第二，GVLG 类型。如：巴林右旗方言 xɛlxən，陈巴尔虎方言 xɑlxj，布利亚特方言 halxin。

第三，GV 类型。如：东部裕固语 ki:，土族语 ki:，东乡语 kəi，保安语 ki。上古汉语的"气"（*kʰət~*kʰəl）与蒙古语中的 kəi（风）是对应的。

4.5.2.8　满通古斯语中的"风"

满通古斯语中表示"风"的词语根据语音可以归纳为 VDVN 类型。[③] 如：满语 ədun，锡伯语 udun，鄂伦春语 ədin，赫哲语 ədun，女真语 ədun。

由于 kh>h>Ø 是常见音变，满通古斯语 ədun 在更早阶段可能是 *hədun 或 *khədun，其中 həd 和 khəd 是词根，对应上古汉语的"气"（*kʰət~*kʰəl）。

4.5.2.9　印欧语中的"风"

印欧语中表示"风"的词语根据语音分为三类：[④]

第一，BVND 类型。如：拉丁语 ventus，意大利语 vento，法语 vent，西班牙语 viento，哥特语 winds，古冰岛语 vindr，丹麦语 vind，瑞典语 vind，古英语 wind，古高地德语 wint，新高地德语 wind。

第二，GVND 类型。如：威尔士语 gwynl，布列塔尼语 gwenl。

第三，BVL~BVD~BVDR 类型。如：威尔士语 awel，布列塔尼语 avel，古教会斯拉夫语 vetru，塞尔维亚语 vjetar，波希米亚语 vitr，波兰语 wiatr，俄语

---

① 朝克：《满通古斯语族语言词源研究》，中国社会科学出版社，2014 年，第 10 页。
② 孙竹：《蒙古语族语言词典》，青海人民出版社，1990 年，第 591 页。
③ 朝克：《满通古斯语族语言词汇比较》，中国社会科学出版社，2014 年，第 8—9 页。
④ Buck, C. D. *A Dictionary of Selected Synonyms in the Principal Indo-European Languages.* Chicago: The University of Chicago, 1949, p.64.

veter，梵文 vāta，阿维斯塔语 vāta。

上古汉语 "飅"（*ɣwət）、"飍"（*hwət）、"飈"（*hwət）、"颮"（*ɣwit）与印欧语中的 BVL~BVD~BVDR 类型在音节上有相似的结构，如：梵文 vāta（风），威尔士语 awel（风）。因此，这些词语可能与印欧语是相关的。

4.5.2.10 闪含语中的 "风"

闪含语中表示 "风" 的词语根据语音分为八类：[①]

第一，BVR 类型。如：阿拉伯语 bārih，姆巴拉语 baraw，格拉语 bar。

第二，GV 类型。如：巴查马语 hawey，巴塔语 haue。

第三，VS 类型。如：米迦玛语 ɔussu，捷古语 ɔos，索科罗语 oso。

第四，DV 类型。如：博哈利语 tēou，赛迪语 tēu。

第五，RVN 类型。如：卡利亚语 ruwun，米亚语 ruwun，姆布鲁克语 ruwən。

第六，SVG 类型。如：阿卡德语 šēḫu，阿拉伯语 sahāh-。

第七，SVR 类型。如：阿卡德语 šāru，豪萨语 sarāra。

第八，SVB 类型。如：索科特里语 šiboh。

上古汉语里的 "飋"（*srik）与阿卡德语 šēḫu（风）等闪含语中的 SVG 类型相似。

上古汉语里的 "飒"（*səp）与索科特里语 šiboh（风）等闪含语中的 SVB 类型相似。

上古汉语的 "气"（*kʰət~*kʰəl）为 GVD~GVL 类型，与巴查马语 hawɛy（风）等闪含语中的 GV 类型相似。

上古汉语 "飅"（*ɣwət）、"飍"（*hwət）、"飈"（*hwət）、"颮"（*ɣwit）则和阿拉伯语 bārih（风）等闪含语中的 BVR 类型相似。

4.5.3 小结

将丝绸之路沿线语言中表示 "风" 的词语进行对比分析，得到表 4-6，可知：

---

① Orel, V. E. & Stolbova, O. V. *Hamito-Semitic Etymological Dictionary: Materials for a Reconstruction*. Leidon: Brill, 1995, pp.55,119,260,282,316,370,453,458,465,491.

第一，上古汉语"气"（*kʰət~*kʰəl）和苗瑶语 ki⁵⁴（风）、南亚语 kɤ（风）、蒙古语 kəi（风）、突厥语 jel（<*gel）（风）、满通古斯语 ədun（风）、闪含语 hawɛy（风）对应。

第二，由于 b 经常会变成 v，在 w 或 v 前面增生 h 是常见音变现象，而韵尾 -n、-l、-t 经常互变，上古汉语"飑"（*ɣwət）、"飓"（*hwət）、"飚"（*hwət）、"飓"（*ɣwit）与以下语言中的"风"对应：侗台语中的 BVN 语音类型的"风"［如：加茂语 vɯat⁷（风），保黎语 hwot⁷（风）］、南岛语中的 BVLV 语音类型的"风"［如：萨斯特语 bali（风），卑南语 vaḻi（风）］、印欧语中的 BVL~BVD~BVDR 语音类型［如：梵文 vāta（风），威尔士语 awel（风）］[①]、闪含语中的 BVR 语音类型［如阿拉伯语 bārih（风）、格拉语 bar（风）］。

第三，上古汉语"岚"（*plum）与侗台语 ləm²（风）对应。

第三，上古汉语"飚"（*lau）与藏缅语 la³（风）对应。

第四，上古汉语"飓"（*srik）与闪含语 sɑhāh（风）对应。

第五，上古汉语"飒"（*səp）与闪含语 šiboh（风）对应。

表 4-6　丝绸之路沿线语言中的"风"

GVD~GVL		BVD~BVL		LVM	
上古汉语	*kʰət~*kʰəl 气	上古汉语	*bat 飑	上古汉语	*plum 岚
苗瑶语	ki	侗台语	van	侗台语	ləm
南亚语	kɤ	南岛语	bali		
蒙古语	kəi	印欧语	vāta		
突厥语	*gel> jer	闪含语	bar		
满通古斯语	*khədun>ədun				
闪含语	hawɛy				

LV		SVB		SRVG~SVG	
上古汉语	*lau 飚	上古汉语	*səp 飒	上古汉语	*srik 飓
藏缅语	la	闪含语	šiboh	闪含语	sɑhāh

---

① 　BVJ 是来自 BVD、BVR、BVR，j 进而演变为 i 或 y。

4.6　水

4.6.1　上古汉语表示"水"的词语

"水"（*tul~*sul）① ——《礼记》："水，谓清水也。"

"洪"（*goŋ）——《说文》："洪，洚水也。"

"阴"（*im）——《黄帝内经》："水为阴。"

"江"（*kloŋ）——《说文》："江，水。"《尔雅》："江，出蜀郡岷山。"

"河"（*gal）——《说文》："河，水。出焞煌塞外昆仑山，发原注海。"

"池"（*dal）——《诗经》："滮池北流。"郑玄："池，水之泽。"

"潭"（*dam）——《文选》："荫潭隩。"李周翰注："潭，深水也。"

"潮"（*dau~*nau）——《广韵》："潮，潮水。"

"渠"（*ga）——《说文》："水所居。"

"波"（*bal）——《书·禹贡》："荥波既猪。"孔安国传："波，水。"

"海"（*məl）——《说文》："海，天池也，以纳百川者。"

"泽"（*dak）——《孟子》："沛泽多而禽兽至。"赵岐注："泽，水也。"

根据语音，可以将上面表示"水"的词语分为十个类型：

第一，DVL~SVL 类型。如："水"（*tul~*sul）、"池"（*dal）。

第二，GV 类型。如："渠"（*ga）。

第三，DV 类型。如："潮"（*dau~*nau）。

第四，GVNG 类型。如："洪"（*goŋ）、"江"（*kloŋ）。

第五，VM 类型。如："阴"（*im）。

第六，GVL 类型。如："河"（*gal）。

第七，DVM 类型。如："潭"（*dam）。

第八，BVL 类型。如："波"（*bal）。

---

①　"水"，上古书母脂部合口字，各家构拟差异比较大，王力构拟为 *ɕǐwei，斯塔罗斯金构拟为 *tujʔ，潘悟云构拟为 qʰlulʔ，白一平和沙加尔构拟为 *sturʔ，我们赞成斯塔罗斯金对声母的构拟，同时采纳潘悟云的韵部，将"水"构拟为 *tul，由于 t 和 s 经常互变，tul 还有一个变体为 *sul，这能解释"水"中古时代变成了擦音。因此，"水"的上古音为 *tul~*sul。

第九，MVL 类型。如："海"（*məl）。

第十，DVG 类型。如："泽"（*dak）。

4.6.2　丝绸之路沿线语言中表示"水"的词语

4.6.2.1　DVL 类型

4.6.2.1.1　突厥语 dalej（河、海）[①]

突厥语中的"河"：维吾尔语 dɛrja，哈萨克语 dærija，柯尔克孜语 dajra，乌兹别克语 dɛrja。突厥语中的"海"：图佤语 dalaj，西部裕固语 dalej。

4.6.2.1.2　蒙古语 dalai（海）[②]

蒙古语中的"海"：正蓝旗方言 dalɛ:，巴林右旗方言 dɛlɛ:，陈巴尔虎方言 dalai，布利亚特方言 dalai，达尔罕方言 dɛlɛ:，喀喇沁方言 dɛlɛ:，东苏尼特方言 dalai，鄂托克方言 dalai，阿拉善方言 dalæ:，都兰方言 dala:，和静方言 dalæ:，达斡尔语 dalai，东部裕固语 dali:，土族语 dali:。

4.6.2.1.3　苗瑶语 tle（河）[③]

苗瑶语中的"河"：川黔滇苗语 tle²，滇东北苗语 tɬi²。

4.6.2.1.4　满通古斯语 mədəri（海）[④]

满通古斯语中的"海"：满语 mədəri，锡伯语 mədəri，鄂温克语 muɯdəri，鄂伦春语 muɯdəri，赫哲语 mudəri，女真语 mədəri。

满通古斯语中 mə-、mu- 应当是地名前缀，核心词根是 dəri。

4.6.2.2　GVL 类型

4.6.2.2.1　蒙古语 gol（河）[⑤]

蒙古语中的"河"：正蓝旗方言、巴林右旗方言、陈巴尔虎方言、布利亚特方言、达尔罕方言、喀喇沁方言、东苏尼特方言、鄂托克方言、阿拉善方言、都兰方言、和静方言、达斡尔语、东部裕固语、土族语都是 gol。

[①]　陈宗振、努尔别克、赵相如：《中国突厥语族语言词汇集》，民族出版社，1990 年，第 66—67 页，第 70—71 页。

[②]　孙竹：《蒙古语族语言词典》，青海人民出版社，1990 年，第 192—193 页。

[③]　中央民族学院苗瑶语研究室：《苗瑶语方言词汇集》，中央民族学院出版社，1987 年，第 2—3 页。

[④]　朝克：《满通古斯语族语言词汇比较》，中国社会科学出版社，2014 年，第 24—25 页。

[⑤]　孙竹：《蒙古语族语言词典》，青海人民出版社，1990 年，第 298 页。

4.6.2.2.2　突厥语 køl（湖）①

突厥语中的"湖"：维吾尔语、哈萨克语、柯尔克孜语、乌兹别克语、塔塔尔语、图佤语、西部裕固语都是 køl，撒拉语 gol。

4.6.2.2.3　闪含语 kuraa（河）②

闪含语中的"河"：苏姆莱语 kuri，比林语 kuraa，德姆比亚语 kuraa，夸拉语 kuraa，克曼特语 kuraa。

4.6.2.3　GVNG 类型

南亚语 kloŋ（河）③ 属于此类型。南亚语中的"河"：马散语 kloŋ，岩帅语 kloŋ，孟汞语 kloŋ。

4.6.2.4　BVD~BVL 类型

4.6.2.4.1　满通古斯语 bira（河）④

满通古斯语中，"河"，满语、锡伯语、鄂温克语、鄂伦春语、赫哲语、女真语都是 bira。

4.6.2.4.2　闪含语 bul（河、湖、海）⑤

闪含语中的"河"，祖尔语 bullai，博贡语 bul；"海、湖"，阿拉姆语 bahrā，阿拉伯语 bahr，吉兹语 bāhr，提格雷语 bahri，底格里语 bähar，阿姆哈拉语 bahər，古拉格语 bal，吉斯伽语 bulay，莫夫语 bəlay，阿姆哈拉语 bahər。

4.6.2.4.3　印欧语 voda（水）⑥

印欧语中的"水"：哥特语 watō，古英语 water，古教会斯拉夫语、塞尔维亚 - 克罗地亚语、波西米亚语、波兰语、俄语都是 voda。

---

① 陈宗振、努尔别克、赵相如：《中国突厥语族语言词汇集》，民族出版社，1990 年，第 116—117 页。

② Orel, V. E. & Stolbova, O. V. *Hamito-Semitic Etymological Dictionary: Materials for a Reconstruction.* Leidon: Brill, 1995, p.327.

③ 颜其香、周植志：《中国孟高棉语族语言与南亚语系》，社会科学文献出版社，2012 年，第 495 页。

④ 朝克：《满通古斯语族语言词汇比较》，中国社会科学出版社，2014 年，第 24—25 页。

⑤ Orel, V. E. & Stolbova, O. V. *Hamito-Semitic Etymological Dictionary: Materials for a Reconstruction.* Leidon: Brill, 1995, pp.75,80,81,200,363,536.

⑥ Buck, C. D. *A Dictionary of Selected Synonyms in the Principal Indo-European Languages.* Chicago: The University of Chicago, 1949, p.34.

4.6.2.5 DVM~RVM 类型

4.6.2.5.1 印欧语 strom（河）[1]

印欧语中的"河"：古高地德语 strōm，丹麦语 strem，瑞典语 strom，古英语 strēam。

4.6.2.5.2 侗台语 nam（水）[2]

侗台语中的"水"：临高语 nam⁴，西双版纳傣语 năm⁴，侗语 nam¹，仫佬语 nəm⁴，水语 nam³，毛难语 nam³，黎语 nom³、nam³。

4.6.2.5.3 南亚语 rom（水）[3]

南亚语中的"水"：马散语 rɣʔɔm，岩帅语 rɔm，孟汞语 rom，硝厂沟语 ʔɣm，南虎语 ʔom，茶叶箐语 ʔɛm⁵¹，曼俄语 ʔum³⁵，胖品语 ʔom⁵¹，甘塘语 ʔom⁵¹，曼买语 ʔŏm，南谦语 ʔɔ̆m。

4.6.2.5.4 苗瑶语 wam（水）

苗瑶语中的"水"：江底语 wam³³，罗香语 wəm³³，览金语 wɔm。

4.6.2.5.5 闪含语 ym（海）[4]

闪含语中的"海"：希伯来语 yām，乌加里特语 ym，阿拉伯语 yam。

4.6.2.6 MVL~MVR 类型

印欧语 mer（海）[5] 属于此类型。印欧语中的"海"：拉丁语 mare，意大利语 mare，法语 mer，西班牙语 mar，爱尔兰语 muir，威尔士语 mor，布列塔尼语 mor，哥特语 marei，古冰岛语 marr，古英语 mere，古高地德语 mari，立陶宛语 mares，古教会斯拉夫语 morje，塞尔维亚 - 克罗地亚语 more，波希米亚语 more，波兰语 morze，俄语 more。

---

① Buck, C. D. *A Dictionary of Selected Synonyms in the Principal Indo-European Languages*. Chicago: The University of Chicago, 1949, p.41.

② 中央民族学院少数民族语言研究所第五研究室：《壮侗语族语言词汇集》，中央民族学院出版社，1985 年，第 9 页。

③ 颜其香、周植志：《中国孟高棉语族语言与南亚语系》，社会科学文献出版社，2012 年，第 493 页。

④ Orel, V. E. & Stolbova, O. V. *Hamito-Semitic Etymological Dictionary: Materials for a Reconstruction*. Leidon: Brill, 1995, p.536.

⑤ Buck ,C. D. *A Dictionary of Selected Synonyms in the Principal Indo-European Languages*. Chicago: The University of Chicago, 1949, p.36.

4.6.2.7　DVG 类型

4.6.2.7.1　南亚语 dak（水）[1]

南亚语中的"水"：古孟语 ḍāk，现代孟语 daik，古高棉语 dik，现代高棉语 tɯk，库伊语 diaʔ，布鲁语 dɤ:ʔ，斯汀语 dà:k，斯瑞语 da:，克劳语 da:ʔ，哈朗语 da:k，巴哈那语 ɗa:k，芒语 ɗác，越南语 nuóc，西梅来语 dak，尼克巴语 da:k，难考瑞语 riák。

4.6.2.7.2　闪含语 noka~loka（水）[2]

闪含语中的"河"：巴南拿语 loka，奥罗莫语 laga，西达莫语 laga。闪含语中的"水"：阿里语 noka，班拿语 nooqo，卡罗语 nuko。

4.6.2.7.3　印欧语 lago（湖）[3]

印欧语中的"湖"：拉丁语 lacus，法语 lac，爱尔兰语 loch，布列塔尼语 loch，中古英语 lac，意大利语 lago，西班牙语 lago。

4.6.2.8　DV 类型

南岛语中的"水"[4]：比西斯语 deu，贝奴阿语 dau，卓霍尔语 diau，赛诺伊语 teu。显然上古汉语"潮"（*dau~*nau）和南岛语 dau（水）是对应的。

4.6.3 小结

将丝绸之路沿线语言中表示"水"的词语进行对比分析，得到表 4-7，可知：

第一，上古汉语"水"（*tul~*sul）、"池"（*dal）在西周金文中就已经出现，和突厥语 dalej（河、海）、蒙古语 dalai（海）、苗瑶语 tle（河）对应，展现出横跨亚洲南北的地理特点。

第二，上古汉语"河"（*gal）与蒙古语 gol（河）、突厥语 køl（湖）以及

---

①　Shorto, H. L. *A Mon-Khmer Comparative Dictionary*. Canberra: Australian National University, 2006, p.129.

②　Orel, V. E. & Stolbova, O. V. *Hamito-Semitic Etymological Dictionary: Materials for a Reconstruction*. Leidon: Brill, 1995, pp.405,355.

③　Buck, C. D. *A Dictionary of Selected Synonyms in the Principal Indo-European Languages*. Chicago: The University of Chicago, 1949, p.37.

④　Blagdene, C. O. Early Indo-Chinese Influence in the Malay Peninsula. As Illustrated by Some of the Dialects of the Aboriginal Tribes, *Journal of the Straits Branch of the Royal Asiatic Society,* 1894(27).

闪含语 kuraa（河）对应，"江"（*kloŋ）则与南亚语 kloŋ（河）对应。罗杰瑞和梅祖麟、桥本万太郎曾分别指出，汉语的"河"与蒙古语 gol 对应，而"江"则和南亚语 kloŋ 对应，"河"指黄河，"江"则指长江，后来从地域分布来看，"河"更多见于北方河流名称，而"江"则更多见于南方河流名称。[①] 这是正确的。通过上文材料，我们可以发现"河"除了和蒙古语 gol 对应之外，还可以和突厥语 køl（湖）、闪含语 kuraa（河）对应。由此可以看出上古黄河文明和北方阿尔泰以及近东闪含语之间的关联。而上古长江文明则和亚洲南方的南亚语关系密切。南亚语 kloŋ（江）还传入侗台语，甚至传入印度。[②] 后来长江文明和黄河文明联合起来就是华夏文明。

第三，上古汉语"渤"主要见于先秦齐国的"渤海"一词。由于 -t 韵尾和 -l、-r 经常相互交替，在梵汉对音材料中，-t 韵尾经常对应其他语言的 -r 或 -l，[③] 因此，"渤"（*buət）可以对应 buəl 或 buər。"渤"（*buət）和"波"（*pal）和满通古斯语 bira（河）、闪含语 bul（河、湖、海）、印欧语 vod（水）对应。[④]

第四，上古汉语"海"的上古音很值得探讨。"海"表示"海洋"的意义最早见于《左传·哀公十年》："吴子三日哭于军门之外，徐承帅舟师，将自海入齐，齐人败之，吴师乃还。"中古以后，"海"的声母为 h，但根据《说文》，"海"从"每"得声，声母是 m，由于 m>h 是常见音变，[⑤] 因此，上古时期"海"的声母是 *m。"每"一般归为之部字，不过文部的"敏"的声符也是"每"，之部主元音是 ə，而文部的读音为 uən。一直以来这是难以解释的问题。其实根据英语中常见的 er>ə 音变，我们可以将部分和脂部（il）、真部（in）、质部（it）、微部（uəl）、文部（uən）、物部（uət）存在通假谐声关系的之部字构拟为 *ər 或 *əl，这样

① Norman, J. & Mei, T. The Austroasiatics in Ancient South China: Some Lexical Evidence, *Monumenta Serica*, 1976(32)；桥本万太郎：《语言地理类型学》，世界图书出版公司，2008 年，第 52—55 页。

② 印度恒河（ganga）语源一直不明，其实就是来自南亚语。印度境内本身就有南亚语的分支蒙达语。

③ 俞敏：《后汉三国梵汉对音谱》，载《俞敏语言学论文集》，商务印书馆，2008 年，第 18—20 页。俞敏：《后汉三国梵汉对音谱》，载《俞敏语言学论文集》，商务印书馆，2008 年，第 18—20 页。

④ 英语 beer 语源一直存在很大争议（详见 https://www.etymonline.com/search?q=beer，2022-07-22)，很有可能和满通古斯语 bira（河）以及闪含语 bul（河、湖、海）对应，语源是"水"。

⑤ 李方桂：《上古音研究》，商务印书馆，2001 年，第 99—100 页。

"海"的上古音是 *mər 或 *məl。可以看出，"海"（*mər 或 *məl）与印欧语 mer（海）、闪含语 mir（河）存在对应关系。由于都是唇音，表示"水"的语词中，BVD~BVL 语音类型和 MVL~MVR 类型可以合并为一类。

　　第五，由于 n 和 d、r 都是舌尖音，语音非常接近，上古汉语"潭"(*dam) 和侗台语 nam（水）、南亚语 rom（水）、印欧语 strom（河）、闪含语 ym（海）对应。"潭"主要见于楚辞和汉代文献，具有明显的亚洲南方特征。如:《楚辞·九章·抽思》:"长濑湍流，泝江潭兮。"上古汉语"阴"(*im) 可以表示"水"，《黄帝内经·素问》:"水为阴。"这和南亚语 ʔom、苗瑶语 wam³³、闪含语 ym 对应。金理新指出南亚语 ʔom 和苗瑶语 wam³³ 之间存在关联。[1] 通过上文的材料，可以看出闪含语中的 yam "海"和南亚语 ʔom、苗瑶语 wam³³ 对应。因此这三者之间是直接对应的。南亚语中，ʔom 来自 rom，这给我们很大的启发。由于 n、d、r 变为 j 或 y 是常见音变，我们认为希伯来语等闪含语的"水"早期形式可能是来自 nam、dam、ram。

　　第六，由于 d、n、l 语音接近，南亚语"水"的语音形式有 da:k、nuóc、riák 等，这些语音形式是同源的，因此，上古汉语"泽"(*dak) 和南亚语 dak（水）、闪含语 loka（河）以及印欧语 lago（湖）对应。此外，上古中国还有若水（*nak）和洛水（*lak），这些水名也可能与这一系列词语相关。南亚语的 dak（水）是常用核心词，但闪含语 loka（河）、印欧语 lago（湖）在闪含语和印欧语中颇为生僻。从地理位置来看，闪含语距离南亚语较近，而印欧语距离南亚语较远。因此，闪含语的 loka（河）和 noka（水）可能借自南亚语，而印欧语 lago（湖）则借自闪含语。从语词的历史看，上古汉语"泽"(*dak) 和南亚语的 dak（水）比 loka（河）和 noka（水）更为古老。

　　第七，上古汉语"潮"(*dau~*nau) 基本上出现于汉代或汉代以后的文献，如《史记·货殖列传》:"而合肥受南北潮，皮革、鲍、木输会也。""潮"(*dau~*nau) 和南岛语 dau（水）是对应的。

---

① 金理新:《汉藏语系核心词》，民族出版社，2012 年，第 278 页。

表 4-7 丝绸之路沿线语言中的 "水"

DVL~DVR		GVL~GVR		GLVNG	
上古汉语	*tul~*sul 水	上古汉语	*gal 河	上古汉语	*kloŋ 江
上古汉语	*dal 池	蒙古语	gol	南亚语	kloŋ
突厥语	dalej	突厥语	køl		
蒙古语	dalai	闪含语	kuraa		
苗瑶语	tle				

BVD~BVR~BVL~MVR		DVM~NVM~RVM	
上古汉语	*buət 渤	上古汉语	*dam 潭
上古汉语	*məl 海	侗台语	nam
满通古斯语	bira	南亚语	rom
闪含语	bul	印欧语	strom
印欧语	mer	闪含语	ym

DVG~LVG		DV	
上古汉语	*dak 泽	上古汉语	*dau~*nau 潮
上古汉语	*nak 若	南岛语	dau
上古汉语	*lak 洛		
南亚语	dak		
闪含语	noka~loka		
印欧语	lago		

4.7 雨水

4.7.1 上古汉语表示 "雨水" 的词语

"雨"（*gwa）——《大戴礼记》: "雨，水从云下也。"

"霅"（*dop）——《广雅》: "霅霅，雨也。"《后汉书》: "霅尔雹落。" 李贤: "霅，雨也。"

"零"（*lak）——《说文》: "雨零也。"

"霅"（*thəp）——《玉篇》: "霅，霅霅。"《广韵》: "霅，大雨。"

"霥"（*moŋ）——《广雅》: "霥，雨也。"

"冻"（*toŋ）——《尔雅》: "暴雨谓之冻。" 王逸: "今江东人呼夏月暴雨为冻雨。"

"霂"（*mok）——《说文》: "霢霂也。"

"淫"（*dəm）——《说文》："久雨为淫。"

"霖"（*ləm）——《说文》："雨三日已往。"

根据语音，可以将上面表示"雨"的词语分为七个类型：

第一，GV 类型。如："雨"（*gwa）。

第二，DVG 类型。如："零"（*lɑk）。

第三，DVNG 类型。如："冻"（*toŋ）。

第四，MVG 类型。如："霖"（*mok）。

第五，DVM 类型。如："淫"（*dəm）、"霖"（*ləm）。

第六，MVNG 类型。如："霥"（*moŋ）。

第七，DVB 类型。如："霅"（*dop）、"霎"（*thəp）。

4.7.2　丝绸之路沿线语言中的"雨水"

4.7.2.1　侗台语中的"雨水"

侗台语中表示"雨水"的词语根据语音分为两类：

第一，BVN 类型。如：壮语 fun¹，临高语 fun¹，西双版纳傣语 fun¹，德宏傣语 fon¹，侗语 pjən¹，毛难语 fin¹，黎语 fun¹。

第二，GVN 类型。如：布依语 hun¹，仫佬语 kwən¹。[1]

侗台语中的"雨水"并未见于上古汉语。

4.7.2.2　苗瑶语中的"雨水"

苗瑶语中表示"雨水"的词语根据语音主要是 NVNG 类型。[2] 如：黔东苗语 ə¹noŋ⁶，湘西苗语 u¹noŋ⁶，川黔滇苗语 tle²naŋ⁶。

苗瑶语中的"雨水"并未见于上古汉语。

4.7.2.3　藏缅语中的"雨水"

藏缅语中表示"雨水"的词语根据语音分为三类：

第一，GV 类型。如：扎巴语 xu⁵³，尔苏语 gua³³，彝语 hu³³，纳西语 xɯ³¹。

第二，MV 类型。如：尔龚语 mɛ，缅文 mo³，缅语 mo⁵⁵，载瓦语 mau²¹。

---

① 中央民族学院少数民族语言研究所第五研究室：《壮侗语族语言词汇集》，中央民族学院出版社，1985年，第4页。

② 中央民族学院苗瑶语研究室：《苗瑶语方言词汇集》，中央民族学院出版社，1987年，第4—5页。

第三，V 类型。如：哈尼语 u³¹jɛ⁵⁵，珞巴语 ɑ³³ɹɑ⁵⁵。①

上古汉语中"雨"（*gwa）为 GV 音节结构类型，和藏缅语的 GV 结构类型非常相似，如：扎巴语 xu⁵³（雨），尔苏语 gua³³（雨）。因此，上古汉语的"雨"（*gwa）可能和藏缅语是相关的。

4.7.2.4　南亚语中的"雨水"

南亚语中表示"雨水"的词语根据语音分为两类：

第一，DV 类型。如：马散语 lɛˀ，孟汞语 leˀ，曼俄语 leˀ³⁵，胖品语 leˀ³⁵，甘塘语 lai⁵¹。

第二，GLV 类型。如：硝厂沟语 glai，南虎语 klǎi，茶叶箐语 klai⁵¹。②

南亚语中的"雨水"并未见于上古汉语。

4.7.2.5　南岛语中的"雨水"

南岛语中表示"雨水"的词语根据语音可以分为：

第一，DVD~RVD 类型。如：沙阿鲁阿语 uɫaɫu，鲁凯语 udal，萨斯特语 ʔæʔœral。

第二，VTSVNV 类型。如：邹语 tənuɛu，卡那卡那布语 ʔutsanu。③

南岛语中的"雨水"并未见于上古汉语。

4.7.2.6　突厥语中的"雨水"

突厥语中表示"雨水"的词语根据语音主要是 DVMGVR 类型。④ 如：维吾尔语 jamʁur，柯尔克孜语 dʒamʁər，乌兹别克语 jamʁir，塔塔尔语 jamʁər。

突厥语中的"雨水"并未见于上古汉语。

4.7.2.7　蒙古语中的"雨水"

蒙古语中表示"雨水"的词语根据语音分为两类：

第一，BVR 类型。如：正蓝旗方言、陈巴尔虎方言、布利亚特方言、东苏尼特方言、鄂托克方言、阿拉善方言、都兰方言都是 boro:，巴林右旗方言、达尔罕方言、喀喇沁方言都是 boro:n，土族语 buro:n。

---

① 《藏缅语语音和词汇》编写组：《藏缅语语音和词汇》，中国社会科学出版社，1991 年，第 378 页；黄布凡：《藏缅语族语言词汇》，中央民族大学出版社，1992 年，第 4 页。
② 颜其香、周植志：《中国孟高棉语族语言与南亚语系》，社会科学文献出版社，2012 年，第 493 页。
③ 陈康：《台湾高山族语言》，中央民族学院出版社，1992 年，第 257 页。
④ 陈宗振、努尔别克、赵相如：《中国突厥语族语言词汇集》，民族出版社，1990 年，第 326—327 页。

第二，GVR~GVRV 类型。如：正蓝旗方言、巴林右旗方言、陈巴尔虎方言、布利亚特方言、达尔罕方言、喀喇沁方言、东苏尼特方言、鄂托克方言都是 xur，阿拉善方言 xuru，都兰方言、和静方言 xur，达斡尔语 xuar，东部裕固语 χura，土族语 xurɑ:，东乡语 Gura，保安语 Gora。[1]

上古汉语中"雨"（*gwa）为 GV 音节结构类型，和蒙古语中的 GVR~GVRV 类型非常相似，如：东乡语 Gura（雨），保安语 Gora（雨）。因此上古汉语的"雨"可能和蒙古语是相关的。

4.7.2.8 满通古斯语中的"雨水"

满通古斯语中表示"雨水"的词语根据语音分为两类：

第一，VGV 类型。如：满语 aga，锡伯语 aha，女真语 aga、aha。

第二，DVGVDVN 类型。如：鄂温克语、鄂伦春语、赫哲语都是 tikətin。[2]

上古汉语中"雨"（*gwa）为 GV 音节结构类型，和满通古斯语中的 VGV 类型相似，如：满语 aga（雨），锡伯语 aha（雨）。因此上古汉语的"雨"可能和满通古斯语是相关的。

4.7.2.9 印欧语中的"雨水"

印欧语中表示"雨水"的词语根据语音分为四类：

第一，GLV 类型。如：威尔士语 glaw，布列塔尼语 glao。

第二，RVGN 类型。如：哥特语 rign，古冰岛语 regn，丹麦语 regn，瑞典语 regn，古英语 regn。

第三，LVDVS 类型。如：立陶宛语 lytus，列托语 lietus。

第四，DVSD 类型。如：古教会斯拉夫语 důždĭ，塞尔维亚 - 克罗地亚语 dažd，波希米亚语 dešt，俄语 dožd。[3]

上古汉语中"雨"（*gwa）为 GV 音节结构类型，和印欧语中的 GLV 类型相似，如：威尔士语 glaw（雨）。

4.7.2.10 闪含语中的"雨水"

闪含语中表示"雨水"的词语根据语音分为五类：

---

[1] 孙竹：《蒙古语族语言词典》，青海人民出版社，1990 年，第 158 页。
[2] 朝克：《满通古斯语族语言词汇比较》，中国社会科学出版社，2014 年，第 8—9 页。
[3] Buck, C. D. *A Dictionary of Selected Synonyms in the Principal Indo-European Languages.* Chicago: The University of Chicago, 1949, p.175.

第一，BVGV 类型。如：豪萨语 bīko，奥罗莫语 booka。

第二，BVDVN 类型。如：苏姆莱语 belani，图马克语 bəlan。

第三，DVBV 类型。如：奥美托语 dubi，迪美语 dobi，卡尔语 dobi。

第四，RVB 类型。如：萨侯语 rob，阿法尔语 roob，索马里语 roob，奥罗莫语 rooba，孔苏语 roopa，吉达尔语 roop。

第五，SV 类型。如：卡古语 zāw，捷吉语 ziye，萨阳其语 ža，德沃特语 ža，比林语 zuwaa，哈密尔语 zoowaa，含塔语 suwaa，夸拉语 suwaa，德姆比亚语 suwaa，克曼特语 suwaa。①

闪含语中的"雨水"并未见于上古汉语。

4.7.3　小结

将丝绸之路沿线语言中表示"雨水"的词语进行对比分析，得到表 4-8，可知：

上古汉语"雨"（*gwa）与这些语言对应：藏缅语的 GV 类型，如尔苏语 gua³³（雨）；蒙古语的 GVR~GVRV 类型，如东乡语 Gura（雨）；满通古斯语的 VGV 类型，如满语 aga（雨）；印欧语的 GLV 类型，如威尔士语 glaw（雨）。因此，上古汉语"雨"（*gwa）可能和藏缅语、蒙古语、满通古斯语、印欧语是相关的。在地理分布上，主要见于欧亚大陆北部的丝绸之路。

表 4-8　丝绸之路沿线语言中的"雨水"

	GV
上古汉语	*gwa 雨
藏缅语	gua
蒙古语	Gura
满通古斯语	aga
印欧语	glaw

　　① Orel, V. E. & Stolbova, O. V. *Hamito-Semitic Etymological Dictionary: Materials for a Reconstruction.* Leidon: Brill, 1995, pp.71,77,80,156,258,442,453,544.

4.8 土地

4.8.1 上古汉语表示"土地"的词语

"地"（*dal）——《说文》："地，元气初分，轻清阳为天，重浊阴为地。万物所陈也。"

"土"（*tʰa）——《说文》："土，地之吐生物者也。"

"田"（*din）——《广雅》："田，土也。"《玉篇》："田，土也，地也。"

根据语音，可以将上面表示"土地"的词语分为两个类型：

第一，DVL~DV 类型。如："地"（*dal）、"土"（*tʰa）。

第二，DVN 类型。如："田"（*din）。

4.8.2 丝绸之路沿线语言中的"土地"

4.8.2.1 侗台语中的"土地"

侗台语中表示"土地"的词语根据语音分为两类：

第一，DV 类型。如：壮语 tai⁶，布依语 la³ti⁶，侗语 ti⁶，仫佬语 ti⁶，水语 da:i⁵、ti⁶，毛难语 ti⁶。

第二，DVN 类型。如：布依语 dan¹，西双版纳傣语 din¹。[①]

上古汉语中的"地"（*dal）、"土"（*tʰa）为 DV 类型，与侗台语中的 DV 类型在音节结构上是对应的，如：壮语 tai⁶（土地）。因此，"地"（*dal）、"土"（*tʰa）与侗台语可能是相关的。

上古汉语中的"田"（*din）为 DVN 类型，与侗台语中的 DVN 类型在音节结构上是对应的，如：布依语 dan¹，西双版纳傣语 din¹。因此，"田"（*din）与侗台语可能是相关的。

4.8.2.2 苗瑶语中的"土地"

苗瑶语中表示"土地"的词语根据语音分为两类：

---

① 中央民族学院少数民族语言研究所第五研究室：《壮侗语族语言词汇集》，中央民族学院出版社，1985 年，第 5 页。

第一，GVDV 类型。如：黔东苗语 qa¹ta¹，湘西苗语 qo¹lu⁵qo¹la⁶。

第二，DV 类型。如：川黔滇苗语 te¹，勉瑶语 dei⁶，标敏瑶语 təj⁴，滇东北苗语 ti¹tɕhoey⁵，布努瑶语 cɤu⁴ti⁶。[①]

上古汉语中的"地"（*dal）、"土"（*tʰa）为 DV 类型，与苗瑶语中的 DV 类型在音节结构上是对应的，如：川黔滇苗语 te¹（土地），因此"地"（*dal）、"土"（*tʰa）与苗瑶语相关。

4.8.2.3　藏缅语中的"土地"

藏缅语中表示"土地"的词语根据语音分为四类：

第一，SV 类型。如：藏语 sa⁵⁵，门巴语 sa。

第二，SVTSV 类型。如：嘉绒语 sɤ tʃhɛ，尔龚语 sɛ tɕa，木雅语 sɛ⁵⁵tɕhe⁵³。

第三，MV 类型。如：彝语 mi⁵⁵，阿昌语 ŋi⁵⁵，怒语 mɯ⁵⁵，独龙语 a³¹mɹɑ⁵⁵，尔苏语 mɛ³³li⁵⁵，哈尼语 mɛ⁵⁵tshɔ³¹，基诺语 mi³¹tsha³³，缅语 mje²²tɕi⁵⁵，拉祜语 mi³¹kɯ³¹，缅文 mre³kri³。

第四，DV 类型。如：普米语 dɛ³⁵，史兴语 de³⁵，纳西语 lɯ³³，土家语 li⁵³，贵琼语 dzɑ³⁵，白语 tɕi³¹。[②]

上古汉语中的"地"（*dal）、"土"（*tʰa）为 DV 类型，与藏缅语中的 DV 类型在音节结构上是对应的，如：普米语 dɛ³⁵（土地）。因此，"地"（*dal）、"土"（*tʰa）与藏缅语可能是相关的。

4.8.2.4　南亚语中的"土地"

南亚语中表示"土地"的词语根据语音分为两类：

第一，GVDV 类型。如：马散语 katɛʔ，岩帅语 haktɛʔ，硝厂沟语 kadăi，南虎语 katăi，茶叶箐语 kadăi⁵¹，曼俄语 kaʔ³¹te³⁵。

第二，DV 类型。如：孟汞语 teʔ，胖品语 theʔ⁵¹。[③]

上古汉语中的"地"（*dal）、"土"（*tʰa）为 DV 类型，与南亚语中的 DV 类型在音节结构上是对应的，如：孟汞语 teʔ（土地）。因此，"地"（*dal）、"土"

①　中央民族学院苗瑶语研究室：《苗瑶语方言词汇集》，中央民族学院出版社，1987 年，第 160—161 页。

②　《藏缅语语音和词汇》编写组：《藏缅语语音和词汇》，中国社会科学出版社，1991 年，第 387 页；黄布凡：《藏缅语族语言词汇》，中央民族大学出版社，1992 年，第 8 页。

③　颜其香、周植志：《中国孟高棉语族语言与南亚语系》，社会科学文献出版社，2012 年，第 494 页。

（*tʰa）与南亚语可能是相关的。

4.8.2.5 南岛语中的"土地"

南岛语中表示"土地"的词语可以和上古汉语的"地"（*dal）对应，如赛德语 deheraˡ，卑南语 darəʔ，布农语 daɬaχ。①

4.8.2.6 突厥语中的"土地"

突厥语中表示"土地"的词语根据语音分为两类：

第一，SVMVN 类型。如：维吾尔语 zimin，柯尔克孜语 zəmən，乌兹别克语 zimin，塔塔尔语 zɛmin，撒拉语 zimin。

第二，TSVR 类型。如：哈萨克语 dʒer，柯尔克孜语 dʒer，图佤语 dʒer。②

突厥语中的 dʒer（土地）来自 der，对应上古汉语的"地"（*dal），突厥语中 zimin 的词根是 zim，-in 是后缀，zim 和印欧语系阿维斯塔语 zam（土地）以及闪含语的 dam（土地）对应。

4.8.2.7 蒙古语中的"土地"

蒙古语中表示"土地"的词语根据语音归纳为 gadʒar，gaʣar 和突厥语dʒer（土地）同源，来自 *gadar，ga- 是前缀，蒙古语 dar 对应上古汉语的"地"（*dal）。③

4.8.2.8 满通古斯语中的"土地"

满通古斯语中表示"土地"的词语根据语音分为三类：

第一，NV 类型。如：满语、锡伯语、鄂温克语、鄂伦春语、赫哲语、女真语都是 na。④

第二，BVG 类型。如：鄂温克语 bog，鄂伦春语 buga，赫哲语 buga，女真语 bua。

第三，NVSVRVN 类型。如：满语 naisirən，锡伯语 najişirən。⑤

满通古斯语中的"土地"并未见于上古汉语。

① 陈康：《台湾高山族语言》，中央民族学院出版社，1992 年，第 258 页。
② 陈宗振、努尔别克、赵相如：《中国突厥语族语言词汇集》，民族出版社，1990 年，第358—359 页。
③ 孙竹：《蒙古语族语言词典》，青海人民出版社，1990 年，第 277 页。
④ 鄂伦春语的"土地"还有一个形式，tur（土地）可能是借词。
⑤ 朝克：《满通古斯语族语言词汇比较》，中国社会科学出版社，2014 年，第 12—13 页。

4.8.2.9 印欧语中的"土地"

印欧语中表示"土地"的词语根据语音分为四类：

第一，DVR 类型。如：拉丁语 terra，意大利语 terra，法语 terre，西班牙语 tierra，爱尔兰语 tīr，威尔士语 tir，布列塔尼语 douar。

第二，LVND 类型。如：哥特语 land，丹麦语 land，瑞典语 land，古英语 land，古高地德语 lant，新高地德语 land。

第三，VRDV 类型。如：中古英语 erthe，古高地德语 erda，新高地德语 erde。

第四，SVMV~SVMLV 类型。如：立陶宛语 žeme，列托语 zeme，古教会斯拉夫语 zemlja，塞尔维亚 - 克罗地亚语 zemlja，波希米亚语 země，波兰语 ziemia，俄语 zemlja，梵文 ksam，阿维斯塔语 zam。①

上古汉语中的"地"（*dal）为 DV 类型，与印欧语中的 DVR 类型在音节结构上是对应的，如：拉丁语 terra（土地），意大利语 terra（土地）。

由于 d 和 l 经常互变，上古汉语的"田"（*din）为 DVN 类型，与印欧语中的 LVND 类型在音节结构上是对应的，如：哥特语 land，丹麦语 land。

4.8.2.10 闪含语中的"土地"

闪含语中表示"土地"的词语根据语音分为九类：

第一，VRD 类型。如：曼德语 arda，阿拉伯语 ɔard-，南部阿拉伯语 ɔrd，吉巴里语 ɔɛrd，乌加里特语 ɔars，腓尼基语 ɔrs，布匿语 ɔrs，莫阿比特语 ɔrs，帕阿语 riŝa，西瑞语 rǝŝu，姆布鲁克语 risi。

第二，DV 类型。如：博哈利语 to，赛迪语 to，勒勒语 tēy。

第三，LVN~DVN 类型。如：阿拉姆语 līnō，阿拉伯语 tīn，吉巴里语 tun，哈尔苏斯语 tayn，姆其瑞语 tayn，谢瑞语 tin，楼勾内语 tǝn。

第四，VBR 类型。如：阿卡德语 eperu，希伯来语 cāpār，阿拉伯语 cafɑr，哈尔语 afār。

第五，VD 类型。如：苏拉语 yil，安加斯语 yil，蒙托尔语 iil，安奎语 yil，卡瑞卡瑞语 yɑli，汤加勒语 yelli，贝娄语 illiy，恩伽摩语 ɔɛli，格尔姆语 yil，

① Buck, C. D. *A Dictionary of Selected Synonyms in the Principal Indo-European Languages*. Chicago: The University of Chicago, 1949, p.15.

格伦通语 yil。

第六，GVDV 类型。如：图马克语 kələ，米迦玛语 kida，比尔吉特语 kido，木比语 kidi，当伽拉语 kida。

第七，GVGV 类型。如：伽宾语 χαχα，法里其利亚语 χαχəу。

第八，GVBVB 类型。如：阿卡德语 gabĭbu，阿拉伯语 gabĭb。

第九，DVM 类型。如：闪米特语 adam，希伯来语 dama，特拉语 dam。[①]

上古汉语中的"地"（*dal）、"土"（*tʰa）为 DV 类型，与闪含语中的 DV 类型对应，如：博哈利语 to（土地）。

上古汉语的"田"（*din）为 DVN 类型，与闪含语中的 DVN 类型对应，如：阿拉伯语 tĭn（土地）。

4.8.3 小结

将丝绸之路沿线语言中表示"土地"的词语进行对比分析，得到表 4-9，可知：

第一，上古汉语"地"（*dal）、"土"（*tʰa）为 DV 类型，与侗台语的 DV 类型、苗瑶语的 DV 类型、藏缅语的 DV 类型、突厥语的 *DVR 类型、蒙古语的 *DVR 类型、南亚语的 DV 类型、南岛语的 DV 类型、印欧语的 DVR 类型、闪含语的 DV 类型是对应的，如：壮语 tai⁶（土地），川黔滇苗语 te¹（土地），普米语 dɛ³⁵（土地），突厥语（*der>）dʒer（土地），蒙古语（*dar>）dzar（土地），孟汞语 teʔ（土地），卑南语 darəʔ（土地），拉丁语 terra（土地），赛迪语 to（土地）。

第二，上古汉语"田"（*din）为 DVN 类型，与侗台语中的 DVN 类型、印欧语中的 LVND 类型、闪含语中的 DVN 类型是对应的，如：布依语 dan¹（土地），哥特语 land（土地），阿拉伯语 tĭn（土地）。

第三，汉语北方方言中的地名后缀"店"（*diam）语源一直不详，其实是借自闪含语的 dam（土地、地方），如：闪米特语 adam（土地、地方），希伯来语 dama（土地、地方）。

---

① Orel, V. E. & Stolbova, O. V. *Hamito-Semitic Etymological Dictionary: Materials for a Reconstruction.* Leidon: Brill, 1995, pp.5,15,83,122,183,194,197,236,237,271,312,317,376,437,475,501,509,518,539.

表 4-9　丝绸之路沿线语言中的"土地"

DV~DVR		DVN~LVN		DVM	
上古汉语	*dal 地	上古汉语	*din 田	上古汉语	*diam 店
上古汉语	*tʰa 土	侗台语	dan	闪含语	adam
侗台语	tai	印欧语	land	印欧语	zɑm
苗瑶语	te	闪含语	tīn		
藏缅语	dε				
突厥语	(*der>)dʒer				
蒙古语	(*dar>)dzɑr				
南亚语	te?				
南岛语	darə?				
印欧语	terra				
闪含语	to				

4.9　火

4.9.1　上古汉语表示"火"的词语

"火"（*hol）——《玉篇》："火，娓也。"

"炬"（*ga）——《史记》："牛尾炬火光明炫耀。"王力："炬，火把。"

"炎"（*dam）——《汉书》："人之所忌，其气炎以取之。"王力："炎，火光。"

"烽"（*pʰoŋ）——《说文》："烽，燧，侯表也。边有警则举火。"

"燧"（*duəd）——《文选》："升觞举烽。"薛综："燧，火也。"

"焰"（*dam）——《说文》："焰，火行微焰焰也。"

"毁"（*hwəl）——《说文》："毁，火也。"

"炾"（*məl）——《玉篇》："炾，烈火也。"

"煨"（*wəl）——《说文》："煨，盆中火。"

"烜"（*tat）——《玉篇》："烜，爆也。"

"焚"（*buən）——《说文》："焚，烧田也。"

"燔"（*bwan）——《说文》："燔，爇也。"

"然"（*nan）——《说文》："然，烧也。"

"燎"（*lau）——《说文》："燎，放火也。"

"燂"（*dəm）——《说文》："燂，火热也。"

"烛"（*tok）——《说文》："烛，庭燎，火烛也。"

"烧"（*ŋau>*hŋau）——《说文》："烧，爇也。"

"熬"（*ŋau）——《方言》："熬，火干也。"

"炭"（*tʰan）——《尚书》："民坠涂炭。"蔡沈："炭，火也。"

"灾"（*tə）——《玉篇》："灾，天火也。"

根据语音，可以将上面表示"火"的词语分为十二个类型：

第一，GV 类型。如："火"（*hol）、"炬"（*ga）、"毁"（*hwəl）。

第二，LV 类型。如："燎"（*lau）。

第三，DVM 类型。如："炎"（*dam）、"焰"（*dam）、"燂"（*dəm）。

第四，BVNG 类型。如："烽"（*pʰoŋ）。

第五，DVD~DVN 类型。如："燧"（*duəd）、"炟"（*tat）、"炭"（*tʰan）。

第六，MV 类型。如："焜"（*məl）。

第七，VR 类型。如："煨"（*wəl）。

第八，BVN 类型。如："焚"（*buən）、"燔"（*bwan）。

第九，NVN 类型。如："然"（*nan）。

第十，DV 类型。如："灾"（*tə）。

第十一，DVG 类型。如："烛"（*tok）。

第十二，NGV 类型。如："熬"（*ŋau）、"烧"（*ŋau>*hŋau）。

4.9.2 丝绸之路沿线语言中的"火"

4.9.2.1 侗台语中的"火"

侗台语中表示"火"的词语根据语音可以归纳为 BV 类型。[1] 如：壮语 fei²，布依语 fi²，临高语 vəi²，西双版纳傣语 fǎi²，德宏傣语 fai²，侗语 pui¹，仫佬语 fi¹，水语 wi¹，毛难语 vi¹，黎语 fei¹。

① 中央民族学院少数民族语言研究所第五研究室：《壮侗语族语言词汇集》，中央民族学院出版社，1985 年，第 5 页。

由于 w 和 b 经常互变，上古汉语的"煨"（*wəl）与侗台语的 vəi² （火）、pui¹ （火）等相似。从语言发生学关系来看，侗台语的 pui¹ （火）和南岛语的 apulu （火）、apuj （火）对应。

4.9.2.2　苗瑶语中的"火"

苗瑶语中表示"火"的词语根据语音归纳为 DV 类型。[1] 如：黔东苗语 tu⁴，湘西苗语 pi³⁷tʂ⁴⁸，川黔滇苗语 deu⁴，滇东北苗语 toey⁴，布努瑶语 tu⁴，勉瑶语 to⁴，标敏瑶语 təu⁴。

陈其光指出，上古汉语的"烛"与苗瑶语中的 DV 类型在音节结构上是对应的，如：黔东苗语 tu⁴，川黔滇苗语 deu⁴。[2] 这是非常正确的。

4.9.2.3　藏缅语中的"火"

藏缅语中表示"火"的词语参见表 4-10，从中可见，词根基本是 MV 类型。如：藏语 me¹³，门巴语 me³⁵。

藏缅语的 me（火）和上古汉语的"焆"（*məl）对应。[3]

表 4-10　藏缅语中的"火" [4]

藏语	门巴语	羌语	普米语	木雅语
me¹³	me³⁵	mə	mɛ³⁵	muɯ⁵³
尔苏语	纳木义语	纳西语	拉祜语	基诺语
mɛ⁵⁵	mi⁵⁵	mi³³	ʌ³¹mi³¹	mi³³
缅文	缅语	载瓦语	浪速语	怒语
mi³	mi⁵⁵	mji²¹	mji³⁵	mi⁵⁵
土家语	扎巴语	哈尼语	贵琼语	彝语
mi⁵⁵	mɐ³⁵	mi³³tsɔ³¹	mi³³ta⁵³	mu³⁵tu⁵⁵

4.9.2.4　南亚语中的"火"

南亚语中表示"火"的词语可根据语音分为两类：

---

①　中央民族学院苗瑶语研究室：《苗瑶语方言词汇集》，中央民族学院出版社，1987 年，第 74—75 页。

②　陈其光：《汉语苗瑶语比较研究》，载丁邦新、孙宏开：《汉藏语同源词研究（二）：汉藏、苗瑶同源词专题研究》，广西民族出版社，2001 年，第 635 页。

③　郑张尚芳：《汉语与亲属语同源根词及附缀成分比较上的择对问题》，载王士元：《汉语的祖先》，李葆嘉主译，中华书局，2005 年，第 452 页。

④　参见：《藏缅语语音和词汇》编写组：《藏缅语语音和词汇》，中国社会科学出版社，1991 年，第 415 页；黄布凡：《藏缅语族语言词汇》，中央民族大学出版社，1992 年，第 6 页。

第一，NGV 类型。如：马散语 ŋau，岩帅语 ŋu，硝厂沟语 ŋɔ，茶叶箐语 ŋau⁵¹，胖品语 ŋau⁵¹，甘塘语 ŋau³¹。

第二，NGVR~NGVD 类型。如：南虎语 ŋar，曼俄语 ŋɔl³¹，南谦语 tʃiŋal。①

上古汉语的"熬"（*ŋau）与南亚语中的 NGV 类型在音节结构上是对应的，如：马散语 ŋau（火），岩帅语 ŋu（火）。

4.9.2.5　南岛语中的"火"

南岛语中表示"火"的词语根据语音可以归纳为 BVN~BVD② 类型。③ 如：泰耶尔语 puniq，赛德语 puneq，沙阿鲁阿语 apułu，卡那卡那布语 apulu，排湾语 sapui，布农语 sapuŏ，卑南语 apuj，邵语 apuj，耶眉语 apuj，萨斯特语 hapoj。

上古汉语的"焚"（*buən）为 BVN 类型，与南岛语中的 BVN~BVD 类型在音节结构上对应，如泰耶尔语 puniq（火）。因此，"焚"（*buən）与南岛语是相关的。

4.9.2.6　突厥语中的"火"

突厥语中表示"火"的词语根据语音可以归纳为 VD 类型。④ 如：维吾尔语 ot，哈萨克语 ot，柯尔克孜语 ot，乌兹别克语 ot，塔塔尔语 ot，图佤语 ot，撒拉语 ot，西部裕固语 ot。

h 增生或脱落都是常见的语音现象，-t 韵尾和 -l 韵尾互变也是常见现象，因此，突厥语中的 ot（火）对应上古汉语的"火"（*hol）。

4.9.2.7　蒙古语中的"火"

蒙古语中表示"火"的词语基本上为 gal、χal，具体参见表 4-11。⑤

蒙古语的 gal、χal 与上古汉语的"火"（*hol）对应。

---

① 颜其香、周植志：《中国孟高棉语族语言与南亚语系》，社会科学文献出版社，2012 年，第 499 页。
② 这四类核心词根都是 pun、pul、puj，n、l、j 互变很常见，因此是同源词。
③ 陈康：《台湾高山族语言》，中央民族学院出版社，1992 年，第 262 页。
④ 陈宗振、努尔别克、赵相如：《中国突厥语族语言词汇集》，民族出版社，1990 年，第 156—157 页。
⑤ 孙竹：《蒙古语族语言词典》，青海人民出版社，1990 年，第 279 页。

续表

表 4-11　蒙古语中的"火"

正蓝旗方言	巴林右旗方言	陈巴尔虎方言	布利亚特方言	达尔罕方言
ɡɑl	ɡɑl	ɡɑl	ɡɑl	ɡɑl

东苏尼特方言	鄂托克方言	阿拉善方言	都兰方言	和静方言
ɡɑl	ɡɑl	ɡɑl	ɡɑl	ɢɑl

东部裕固语	土族语	东乡语	保安语	达斡尔语
ɢɑl	ɢɑl	qan	χɑl	ɡɑlj

4.9.2.8　满通古斯语中的"火"

满通古斯语中表示"火"的词语根据语音分为两类：

第一，DV 类型。如：满语 tuwa，锡伯语 tua，鄂伦春语 too，赫哲语 tuwa/too，女真语 towo。

第二，DVG 类型。如：鄂温克语 tuga/tog，鄂伦春语 togo。[1]

上古汉语的"烛"（*tok）为 DVG 类型，与满通古斯语中的 DVG 类型在音节结构上是对应的，如：鄂伦春语 togo，因此"烛"与满通古斯语可能是相关的。

4.9.2.9　印欧语中的"火"

印欧语中表示"火"的词语根据语音分为四类：

第一，VGN 类型。如：拉丁语 ignis，立陶宛语 ugnis，列托语 uguns，古教会斯拉夫语 ogni，塞尔维亚 - 克罗地亚语 oganj，波希米亚语 ohen，波兰语 ogien，俄语 ogon，梵文 agni。

第二，BV~BVN~BVR 类型。如：意大利语 fuoco，法语 feu，西班牙语 fuego，哥特语 fōn，古冰岛语 funi，古英语 fȳr，中古英语 fyre，古高地德语 fuir，中古高地德语 viur，新高地德语 feuer。[2]

第三，DVN 类型。如：爱尔兰语 tene，威尔士语 tan，布列塔尼语 tan，阿维斯塔语 ātɑr。

---

① 朝克：《满通古斯语族语言词汇比较》，中国社会科学出版社，2014 年，第 30—31 页。

② 由于 -r、-n 经常互变，古冰岛语 funi 又作 fūrr，鼻音有时会脱落，因此，哥特语的 fōn（BVN 类型）、古英语的 fyr（BVR 类型）、法语的 feu（BV 类型）等是同源词。

第四，VLD 类型。如：古冰岛语 eldr，丹麦语 ild，瑞典语 eld。[1]

上古汉语的"焚"（*buən）为 BVN 类型，与印欧语中的 BVN 类型在音节结构上有相似的地方，如：古冰岛语 funi（火）。因此，"焚"与这些印欧语可能是相关的。

由于 g 和 b 是可以互变的，拉丁语 ignis 和俄语 ogon 可能是 ibnis、obon 的变体，因此，拉丁语 ignis、俄语 ogon 和冰岛语 funi（火）同源。

上古汉语的"炭"（*tʰan）为 DVN 类型，与印欧语中的 DVN 类型在音节结构上是对应的，如：威尔士语 tan，布列塔尼语 tan。由于 t 和 r 经常互变，上古汉语的"焰"（*tat）与阿维斯塔语 ātar（火）等对应。"炭"（*tʰan）、"焰"（*tat）是同源词，与印欧语可能是相关的。

4.9.2.10 闪含语中的"火"

闪含语中表示"火"的词语根据语音分为四类：

第一，BVD~BVS 类型。如：豪萨语 wutā，汤加勒语 wəti，捷吉语 wutu/wuti，巴拉瓦语 wut，布尔玛语 wut，萨阳其语 wut，基尔语 wut，塔拉语 wudi，伽宾语 wəte，博卡语 χwəte，干达语 wəta，特拉语 wəti，安加斯语 wus，其普语 wus，安奎语 wuss，马哈语 woši，博乐瓦语 osi，卡乐卡乐语 yasi，恩伽摩语 yasi，比尔吉特语 ɔissi，伊拉克语 aŝa，格罗瓦语 aŝa，阿拉瓜语 aŝa，布隆格语 aŝa，阿卡德语 ɔišat，乌加里特语 ɔišt，吉兹语 ɔsat，底格里语 ɔəsat，阿姆哈拉语 əsat。

第二，GVRV 类型。如：阿卡德语 giru，阿法尔语 giraa，西达莫语 giira，曼达拉语 kara，格鲁语 kara。

第三，VGV 类型。如：基尔巴语 huɔu，库塞利语 ahu，姆巴拉语 hū，迪利语 akuwa，米亚语 aku，卡古语 ākwe，金宾语 akwa，吉兹语 aka，米迦玛语 okko，捷古语 ɔook，比迪亚语 ako，比尔吉特语 ɔaku，索科罗语 oko。

第四，BV 类型。如：楼勾内语 fo，慕斯宫语 afu，吉达尔语 afa，姆巴拉语 fē。[2]

---

[1]　Buck, C. D. *A Dictionary of Selected Synonyms in the Principal Indo-European Languages*. Chicago: The University of Chicago, 1949, p.71.

[2]　Orel, V. E. & Stolbova, O. V. *Hamito-Semitic Etymological Dictionary: Materials for a Reconstruction*. Leidon: Brill, 1995, pp.7,22,186,210,237,264,288,338.

上古汉语的"炬"(*ga)为 GV 类型,与闪含语中的 GVRV 类型在音节结构上对应,如:格鲁语 kɑrɑ(火)。

豪萨语 wutā(火)、马哈语 woši(火)、安加斯语 wus(火)是同源词,[①] 因此,豪萨语 wutā(火)与突厥语 ot(火)是一样的。而上古汉语的"火"(*hol)和突厥语 ot(火)对应,因此,"火"(*hol)和闪含语 wutā(火)对应。

值得注意的是,豪萨语 wutā(火)是双音节,第二音节 tā 又和苗瑶语的 to(火)、满通古斯语的 tog(火)对应。

4.9.3 小结

将丝绸之路沿线语言中表示"火"的词语进行对比分析,得到表 4-12,可知:

第一,上古汉语"火"(*hol)和"煨"(*wəl)是同源词,与侗台语 pui^1(火)、闪含语 wutā(火)、突厥语 ot(火)、印欧语 funi(火)、南岛语 puniq(火)是对应的。从这里可以看出,丝绸之路沿线语言中表示"火"的词语,其常见语音类型为 BVN、BVD、BVL。由此可见,辅音 b 和 w、h 之间存在音变关系,"焚"(*buən)和"火"(*hol)在语源上可能相关。

第二,上古汉语"烛"(*tok)与苗瑶语中的 DV 类型以及满通古斯语的 DVG 类型是对应的,如:黔东苗语 tu^4(火),鄂伦春语 togo(火)。

第三,上古汉语"焜"(*məl)与藏缅语的"火"是对应的,如藏语 me^{13}(火)。

第四,上古汉语"熬"(*ŋau)和"烧"(*ŋau>*hŋau)最早出现于汉代,[②] 与南亚语 ŋau(火)对应。[③]

第五,上古汉语"炭"(*tʰan)、"炟"(*tat)与印欧语中的 DVN 类型是对应的,如:威尔士语 tan(火),阿维斯塔语 ātar(火)。"炟"最早出现于汉代,从汉章帝刘炟的名字中,可以看出汉帝国和印欧语民族交流频繁。

---

① t>š>s 是常见音变。

② 《荀子》中出现了"熬",这并不能说明"熬"出现于战国时期,相反,可以推断,《荀子》这部书写定于汉代。"烧"基本上出现于汉代典籍。

③ 南亚语 ŋau 更为古老的形态是曼俄语 ŋɔl^{31},由于 m 和 ŋ 可以互变,南亚语 ŋɔl^{31} 是由 mɔl^{31} 演变而来的,这就和上古汉语"焜"(*məl)存在关联。

第六，上古汉语"炬"（*ga）与闪含语中的GVRV类型是对应的，如：格鲁语kara（火）。"炬"最早出现于汉代，如《淮南子》："将军不敢骑白马，亡者不敢夜揭炬。"由于匈奴与闪含民族关系密切，因此，"炬"在汉代出现，和匈奴有关。

表4-12　丝绸之路沿线语言中的"火"

BVN~BVD~BVL		DVG		MV	
上古汉语	*wəl 煨	上古汉语	*tok 烛	上古汉语	*məl 焜
上古汉语	*hol 火	苗瑶语	tu	藏缅语	me
上古汉语	*buən 焚	满通古斯语	togo		
侗台语	pui				
闪含语	wutā				
突厥语	ot				
印欧语	funi				
南岛语	puniq				
NGV		DVD~DVN		GV	
上古汉语	*ŋau 熬	上古汉语	*tʰan 炭	上古汉语	*ga 炬
上古汉语	*ŋau> *hŋau 烧	上古汉语	*tat 炟	闪含语	kara
南亚语	ŋau	印欧语	tan		

4.10　山

4.10.1　上古汉语中表示"山"的词语

"附娄"（*bolo）——《说文》："附娄，小土山也。"

"岳"（*ŋok）——《诗经》："崧高维岳。"朱熹："岳，山之尊者。"

"峦"（*mon）——《汉书》："籍丘跳峦。"颜师古："山小而锐曰峦。"

"丘"（*kʰwə）——《史记》："以登介丘。"裴骃："丘，山也。"

"陵"（*ləŋ）——《楚辞》："释舟陵行。"蒋骥："陵，山也。"

"崧"（*soŋ）——《诗经》："崧高维岳。"孔颖达："崧者，山形竦然。"《尔雅》："山大而高，崧。"

"岛"（*tu）——《尚书》："岛夷皮服。"孔颖达："岛，海中山。"

"冢"（*toŋ）——《尔雅》："山顶，冢。"

"邛"（*goŋ）——《诗经》："邛有旨苕。"陆德明："邛，丘也。"

"岩"（*ŋam）——《说文》："岩，石山也。"

"峰"（*phoŋ）——《说文》："峰，山端也。"

"岱"（*də）——《说文》："岱，太山也。"

根据语音，可以将上面表示"山"的词语分为九个类型：

第一，BVLV 类型。如："附娄"（*bolo）。

第二，BVNG 类型。如："峰"（*phoŋ）。

第三，NGVG 类型。如："岳"（*ŋok）。

第四，NGRVM 类型。如："岩"（*ŋam）。

第五，DV 类型。如："岛"（*tu）、"岱"（*də）。

第六，DVN 类型。如："峦"（*mon）。

第七，LVNG~DVNG~SVNG 类型。如："陵"（*ləŋ）、"冢"（*toŋ）、"崧"（*soŋ）。

第八，GV 类型。如："丘"（*kʰwə）。

第九，GVNG 类型。如："邛"（*goŋ）。

4.10.2　丝绸之路沿线语言中的"山"

4.10.2.1　侗台语中的"山"

侗台语中表示"山"的词语根据语音主要分为五类：

第一，BLV 类型。如：壮语 pla¹，布依语 po¹，水语 pja¹。

第二，DV~LV 类型。如：西双版纳傣语 dɐi¹，德宏傣语 lɒi⁶，黎语 da:u³。

第三，GVNG 类型。如：西双版纳傣语 kɒŋ²，黎语 gaŋ¹。

第四，SVNG 类型。如：临高语 saŋ¹。

第五，DVN 类型。如：侗语 tən²。①

从上文可以看出，"岛"（*tu）为 DV 类型，和侗台语中的 DV 类型比较相

---

①　中央民族学院少数民族语言研究所第五研究室：《壮侗语族语言词汇集》，中央民族学院出版社，1985 年，第 5 页。

似，如：西双版纳傣语 dɒi¹（山），德宏傣语 lɒi⁶（山），黎语 da:u³（山）。两者可能存在关联。这个词语显示"岱"（*də）的语源可能是侗台语。侗台语的 1 和 d 互为变体，因此，黎语 da:u³（山）和"崂山"（*lau）同源，"崂"的语源就是"山"，后来进入汉语，变为了专名，最初应该和侗台语有关。

"邛"（*goŋ）为 GVNG 类型，和侗台语中的 GVNG 类型对应，如：西双版纳傣语 kɒŋ²（山），黎语 gaŋ¹（山）。

"崧"（*soŋ）为 SVNG 类型，和侗台语中的 SVNG 类型对应，如：临高语 saŋ¹（山）。

"附娄"（*bolo）为 BVLV 类型，与侗台语的 BLV 对应，如：壮语 pla¹（山）。

4.10.2.2　苗瑶语中的"山"

苗瑶语中表示"山"的词语根据语音分为两类：

第一，BV 类型。如：黔东苗语 pi⁴，湘西苗语 pi³⁷。

第二，DV 类型。如：川黔滇苗语 tao²，滇东北苗语 tao²。[1]

从上文可以看出，"岛"（*tu）为 DV 类型，和苗瑶语中的 DV 类型比较相似，如：川黔滇苗语 tao²（山）。上古汉语的"附娄"（*bolo）与苗瑶语的 BV 类型对应，如黔东苗语 pi⁴（山）。

4.10.2.3　藏缅语中的"山"

藏缅语中表示"山"的词语根据语音可分为两类：[2]

第一，RV 类型。如：藏文 ri，拉萨语 ri，夏河语 rə，阿力克语 rɔ，错那门巴语 ri，墨脱门巴语 ri，却城语 ri，巴塘语 ʑi，普米语（九龙）ʑi，贵琼语 zʅ。

第二，BVM 类型。如：景颇语 pum，阿昌语 pum，仙岛语 pum，载瓦语 pum，浪速语 pam，波拉语 pam，勒期语 pɔm。[3]

藏缅语中的 ri（山）与上古汉语的"陵"（*ləŋ）对应。

---

① 中央民族学院苗瑶语研究室：《苗瑶语方言词汇集》，中央民族学院出版社，1987 年，第 8—9 页。

② 黄布凡：《藏缅语族语言词汇》，中央民族大学出版社，1992 年，第 8 页。

③ 中央民族学院苗瑶语研究室：《苗瑶语方言词汇集》，中央民族学院出版社，1987 年，第 8—9 页。

4.10.2.4 南亚语中的"山"

南亚语中表示"山"的词语根据语音基本上是 GVNG 类型。[1] 如：岩帅语 gɔŋ，孟汞语 khɔŋ，硝厂沟语 kǒŋ，胖品语 kɔŋ⁵¹，甘塘语 kɔŋ⁵¹。

从上文可以看出，"邛"（*goŋ）为 GVNG 类型，和南亚语的 GVNG 类型比较相似，如：岩帅语 gɔŋ（山），甘塘语 kɔŋ⁵¹（山）。

4.10.2.5 南岛语中的"山"

南岛语中表示"山"的词语根据语音分为两类：

第一，GVD 类型。如：排湾语 gadə，萨斯特语 koḷkoḷo，邵语 hudun。

第二，DVGV 类型。如：阿眉斯语 tukuʃ，鲁凯语 ləgələg，耶眉语 tukun。[2]

南岛语中的"山"并未见于上古汉语。

4.10.2.6 突厥语中的"山"

突厥语中表示"山"的词语根据语音分为两类：[3]

第一，DV 类型。如：哈萨克语 taw，柯尔克孜语 to:，乌兹别克语 taw，塔塔尔语 taw。

第二，DVG 类型。如：维吾尔语 taʁ，撒拉语 daʁ，西部裕固语 taɣ。

从上文可以看出，"岛"（*tu）为 DV 类型，和突厥语中的 DV 类型比较相似，如：哈萨克语 taw（山）。

4.10.2.7 蒙古语中的"山"

蒙古语中表示"山"的词语根据语音基本上是 VL~VLV 类型。[4] 如：正蓝旗方言、巴林右旗方言、陈巴尔虎方言、布利亚特方言、达尔罕方言、东苏尼特方言、鄂托克方言、阿拉善方言、都兰方言、和静方言均为 u:l。此外，还有喀喇沁方言 o:l，达斡尔语 aul，东部裕固语 u:la，土族语 u:la，东乡语 ula。

蒙古语 u:l（山）与上古汉语的"陵"（*ləŋ）对应。

4.10.2.8 满通古斯语中的"山"

满通古斯语中表示"山"的词语根据语音分为两类：

---

[1] 颜其香、周植志：《中国孟高棉语族语言与南亚语系》，社会科学文献出版社，2012 年，第 496 页。

[2] 陈康：《台湾高山族语言》，中央民族学院出版社，1992 年，第 259 页。

[3] 陈宗振、努尔别克、赵相如：《中国突厥语族语言词汇集》，民族出版社，1990 年，第 252—253 页。

[4] 孙竹：《蒙古语族语言词典》，青海人民出版社，1990 年，第 662 页。

第一，VLVN 类型。如：满语、锡伯语、女真语均是 alin。

第二，VRV 类型。如：鄂温克语 ur，鄂伦春语 ʉrə，赫哲语 urə。[1]

从上文可以看出，上古汉语的"陵"（*ləŋ）为 LVNG 类型，和满通古斯语中的 VLVN 和 VRV 类型非常接近，如：满语 alin，赫哲语 urə。

4.10.2.9　印欧语中的"山"

印欧语中表示"山"的词语根据语音分为八类：

第一，MVND 类型。如：法语 mont，古英语 munt，中古英语 mount，意大利语 monte，西班牙语 montɑ。

第二，BRV 类型。如：爱尔兰语 brī，布列塔尼语 bre，丹麦语 bjerg，瑞典语 berg，古英语 beorg，古高地德语 berg，中古高地德语 berg，新高地德语 berg。

第三，BVD 类型。如：古英语 fjɑll，丹麦语 fjeld。

第四，BVGVD 类型。如：古高地德语 buhil，中古高地德语 bühel，新高地德语 bügel。

第五，BVGVRVG 类型。如：波希米亚语 pɑhorek，波兰语 pɑgórek。

第六，BVRBVDV 类型。如：梵文 pɑrvɑtɑ，阿维斯塔语 pɑurvɑtā。

第七，GVR~GVL 类型。如：古教会斯拉夫语 gorɑ，塞尔维亚-克罗地亚语 gorɑ，波兰语 górɑ，俄语 gorɑ，梵文 giri，阿维斯塔语 gɑiri，意大利语 collinɑ，法语 colline。

第八，GVLL 类型。如：古英语 hyll，中古英语 hill。[2]

上古汉语的"峦"（*mon）和印欧语 mont（山）对应。

上古汉语的"附娄"（*bolo）、"部娄"（*bəlo）和印欧语的 bre（山）对应。

由于 h 经常可以脱落或增生，印欧语 hill（山）与满通古斯语的 alin（山）、蒙古语 u:l（山）对应，因此，上古汉语的"陵"（*ləŋ）与印欧语 hill（山）对应。

---

[1]　朝克：《满通古斯语族语言词汇比较》，中国社会科学出版社，2014 年，第 18—19 页。

[2]　Buck, C. D. *A Dictionary of Selected Synonyms in the Principal Indo-European Languages*. Chicago: The University of Chicago, 1949, p.23.

4.10.2.10　闪含语中的"山"

根据语音，闪含语中表示"山"的词语是 GVM 类型。[1] 如：闪米特语 akam，乍得语 kyaam。

ŋ 和 k 都是软腭音，可以互变，因此，闪含语 akam（山）与上古汉语"岩"（*ŋam）对应。

4.10.3　小结

将丝绸之路沿线语言中表示"山"的词语进行对比分析，得到表 4-13，可知：

第一，上古汉语"岛"（*tu）与侗台语中的 DV 类型、苗瑶语中的 DV 类型、突厥语中的 DV 类型是对应的，如：黎语 da:u³（山），滇东北苗语 tao²（山），哈萨克语 taw（山）。

第二，上古汉语"邛"（*goŋ）和"䂵"（*koŋ）、"矿"（*kuaŋ）是同源词，都是 GVNG 类型，[2] 和南亚语的 goŋ（山）、侗台语的 gaŋ¹（山）对应。

第三，上古汉语"崧"（*soŋ）与侗台语中的 SVNG 类型是对应的，如：临高语 saŋ¹（山）。

第四，上古汉语"部娄"（*bəlo）与侗台语的 BLV 类型、苗瑶语的 BV 类型、印欧语的 BRV~BRD 类型对应，如：壮语 pla¹（山），黔东苗语 pi⁴（山），布列塔尼语 bre（山）。

第五，上古汉语"陵"（*ləŋ）与蒙古语 u:l（山）、满通古斯语 alin（山）、印欧语 hill（山）对应。

第六，上古汉语"峦"（*mon）与印欧语 mont（山）对应。

第七，上古汉语"岩"（*ŋam）与闪含语 akam（山）对应。

---

① Orel, V. E. & Stolbova, O. V. *Hamito-Semitic Etymological Dictionary: Materials for a Reconstruction.* Leidon: Brill, 1995, pp:19-20.

② "䂵"（*koŋ），《说文·石部》："水边石。从石巩声。""矿"（*kuaŋ），《说文·石部》："矿，铜铁朴石也。"

表 4-13　丝绸之路沿线语言中的"山"

DV		GVNG		SVNG	
上古汉语	*tu 岛	上古汉语	*goŋ 邛	上古汉语	*soŋ 崧
侗台语	da:u	上古汉语	*koŋ 砻	侗台语	saŋ
苗瑶语	ʈao	上古汉语	*kuaŋ 矿		
突厥语	taw	南亚语	gɔŋ		
		侗台语	gaŋ		

BVL~BRV		LVNG~LVN	
上古汉语	* bəlo 部娄	上古汉语	*ləŋ 陵
侗台语	pla	满通古斯语	alin
苗瑶语	pi	印欧语	hill
印欧语	bre	蒙古语	u:l

MLVN~MVN		NGVM~GVM	
上古汉语	*mlon 峦	上古汉语	*ŋam 岩
印欧语	mont	闪含语	akam

4.11　石头

4.11.1　上古汉语表示"石头"的词语

"石"（*dak）——《玉篇》："石，山石也。"

"矶"（*kil）——《说文》："矶，大石激水也。"

"砀"（*daŋ）——《说文》："砀，文石也。"

"砮"（*na）——《说文》："砮，石，可以为矢镞。"

"磐"（*ban）——《周易》："鸿渐于磐。"王力："磐，大石。"

"碣"（*gat）——《说文》："特立之石。东海有碣石山。"

"砻"（*koŋ）——《说文》："水边石。"

"矿"（*khuaŋ）——《说文》："矿，铜铁朴石也。"

"堆"（*tul）——《史记》："激堆埼。"裴骃："堆，沙堆。"

根据语音，可以将上面表示"石头"的词语分为六个类型：

第一，DVG 类型。如："石"（*dak）。

第二，GVL 类型。如："碣"（*gat）、"矶"（*kil）。

第三，DVNG 类型。如："砀"（*daŋ）。

第四，NV 类型。如："砮"（*na）。

第五，BVN 类型。如："磐"（*ban）。

第六，GVNG 类型。如："硁"（*koŋ）、"矿"（*khuaŋ）。

第七，DVL 类型。如："堆"（*tul）。

4.11.2　丝绸之路沿线语言中的"石头"

4.11.2.1　侗台语中的"石头"

侗台语中表示"石头"的词语根据语音分为三类：

第一，DVN 类型。如：临高语 din²，水语 tin²，黎语 tshi:n¹。

第二，DV 类型。如：仫佬语 tui²，毛难语 tui²。

第三，GVN 类型。如：壮语 ɣin¹，西双版纳傣语 mak⁹hin¹，德宏傣语 ma:k⁸hin¹。[①]

侗台语中的"石头"并未见于上古汉语。

4.11.2.2　苗瑶语中的"石头"

苗瑶语中表示"石头"的词语根据语音主要是 BV 类型。[②] 如：黔东苗语 po³ɤi¹，布努瑶语 fa³ɤe¹（ɤe¹）。

苗瑶语中的"石头"并未见于上古汉语。

4.11.2.3　藏缅语中的"石头"

藏缅语中表示"石头"的词语根据语音分为五类：

第一，LV 类型。如：扎巴语 lu⁵³，纳西语 lv³³。

第二，LV MV 类型。如：哈尼语 lu³³mo³³，基诺语 lo⁴²mo⁴⁴。

第三，LVNG 类型。如：怒语 luŋ³³，独龙语 luŋ⁵⁵，景颇语 n³¹luŋ³¹，僜语 lɑuŋ³⁵，珞巴语 ɑ³³laŋ⁵⁵。

第四，GV 类型。如：羌语 ʁo²⁴¹，尔苏语 ə.ɹ⁵⁵khua⁵⁵，史兴语 ju³³kuɐ⁵⁵。

---

①　中央民族学院少数民族语言研究所第五研究室：《壮侗语族语言词汇集》，中央民族学院出版社，1985 年，第 9 页。

②　中央民族学院苗瑶语研究室：《苗瑶语方言词汇集》，中央民族学院出版社，1987 年，第 14—15 页。

第五，TSV 类型。如：木雅语 dzo⁵³，缅语 tɕauʔ⁴⁴。①

《史记》："（秦始皇）作琅邪台，立石刻，颂秦德，明得意。"这里"琅邪"又写作"琅琊"（*laŋa），但是语源不明。通过比较发现，"琅邪"和藏缅语 LVNG 类型的"石头"相似，如：僜语 lauŋ³⁵，珞巴语 a³³laŋ⁵⁵。"琅邪"（*laŋa）的语源是"石头"或"山"。

4.11.2.4　南亚语中的"石头"

南亚语中表示"石头"的词语根据语音主要分为两类：

第一，MV 类型。如：硝厂沟语 mau，南虎语 mau，茶叶箐语 mau⁵¹，曼俄语 kaʔ³¹muʔ³³，甘塘语 mu⁵⁵。

第二，SVMV 类型。如：马散语 simiuʔ，岩帅语 simauʔ，胖品语 simoʔ⁵⁵。②
第二类 si- 是前缀，所以词根和第一类是一样的。

"茅（*mu）山"最早见于汉代文献，《吴越春秋》："登茅山以朝四方群臣。"通过比较，可以看出"茅（*mu）山"语源和南亚语 mu⁵⁵（石头）、mau（石头）有关。

4.11.2.5　南岛语中的"石头"

南岛语中表示"石头"的词语根据语音主要是 BVDV 类型，③ 如：沙阿鲁阿语 vatuʔu，卡那卡那布语 vaatu，布农语 batu，萨斯特语 batoʔ，邵语 fatu，耶眉语 vatu。

由于软腭音和唇音会互变，南岛语 batu（石头）可能是 gatu 的变体，因此可能和上古汉语的"碣"（*gat）存在关联。

4.11.2.6　突厥语中的"石头"

突厥语中表示"石头"的词语根据语音分为两类：④

第一，GV 类型。如：维吾尔语 qija，乌兹别克语 qija，塔塔尔语 qəja，图佤语 kaja，撒拉语 ɢaje，西部裕固语 ɢaja。

第二，DVS 类型。如：维吾尔语、柯尔克孜语、乌兹别克语、塔塔尔语都

---

① 《藏缅语语音和词汇》编写组：《藏缅语语音和词汇》，中国社会科学出版社，1991 年，第 412 页；黄布凡：《藏缅语族语言词汇》，中央民族大学出版社，1992 年，第 15 页。

② 颜其香、周植志：《中国孟高棉语族语言与南亚语系》，社会科学文献出版社，2012 年，第 497 页。

③ 陈康：《台湾高山族语言》，中央民族学院出版社，1992 年，第 262 页。

④ 陈宗振、努尔别克、赵相如：《中国突厥语族语言词汇集》，民族出版社，1990 年，第 250—251 页。

是 taʃ，图佤语、撒拉语 daʃ，哈萨克语 tas，西部裕固语 das。

由于 d>j 是常见的音变，突厥语 kaja（石头）、qəja（石头）是从 kada、qəda 演变而来的，而 kada、qəda 和上古汉语"碣"（*gat）对应。

4.11.2.7 蒙古语中的"石头"

蒙古语中表示"石头"的词语根据语音分为两类：①

第一，TSVLV 类型。如：正蓝旗方言、巴林右旗方言、陈巴尔虎方言、喀喇沁方言、东苏尼特方言、阿拉善方言、都兰方言都是 ʧulu:，鄂托克方言 ʧɪlu:，达斡尔语 ʧolo:，东部裕固语 ʧəlu:。

第二，DVS 类型。如：土族语 taʂ，东乡语 taʂw，保安语 taɕi。

蒙古语族中的"石头"并未见于上古汉语。

4.11.2.8 满通古斯语中的"石头"

满通古斯语中表示"石头"的词语根据语音分为两类：②

第一，BVGV 类型。如：满语 wəhə，锡伯语 vəhə，女真语 wəhə。

第二，TSVDV 类型。如：赫哲语 dʒolo。

满通古斯语中的"石头"并未见于上古汉语。

4.11.2.9 印欧语中的"石头"

印欧语中表示"石头"的词语根据语音分为五类：

第一，BVDRV 类型。如：拉丁语 pelra，意大利语 pietra，西班牙语 piedra。

第二，GRVG 类型。如：爱尔兰语 carric，威尔士语 carreg，布列塔尼语 karreg，古教会斯拉夫语 skala，波希米亚语 skála，波兰语 skala，俄语 skala。

第三，SDVN 类型。如：哥特语 stains，古冰岛语 steinn，丹麦语 sten，瑞典语 sten，古英语 stān，中古英语 stone，古高地德语 stein。

第四，GMV 类型。如：立陶宛语 akmuo，列托语 akmens，古教会斯拉夫语 kamy，塞尔维亚 - 克罗地亚语 kamen，波希米亚语 kámen，波兰语 kamień，俄语 kamen。

第五，GLVBV 类型。如：丹麦语 klippe，瑞典语 klippa。③

---

① 孙竹：《蒙古语族语言词典》，青海人民出版社，1990 年，第 582 页。
② 朝克：《满通古斯语族语言词汇比较》，中国社会科学出版社，2014 年，第 18—19 页。
③ Buck, C. D. *A Dictionary of Selected Synonyms in the Principal Indo-European Languages.* Chicago: The University of Chicago, 1949, p.50.

上古汉语的“碣”（*gat）的音节结构为GVD类型，与这些语言中的SGVDV类型非常相似，如：波希米亚语 skala（石头）。因此“碣”与印欧语可能是相关的。

“附娄”（*bolo）和拉丁语 pelra（石头）等印欧语BVDRV类型对应。

汉代西南方向出现了“昆明”（*kunmaŋ）这一地名，很有可能和印欧语的kamen（石头）有关，语源是“山”或“石头”。

4.11.2.10 闪含语中的“石头”

闪含语中表示“石头”的词语根据语音分为三类：

第一，VBN类型。如：阿卡德语 abn，乌加里特语 ɔabn，希伯来语 ɔeben，布匿语 ɔbn，阿拉姆语 ɔbn，叙利亚语 ɔabnā，曼德语 abna，南部阿拉伯语 ɔbn，索科特里语 ɔoben，吉兹语 ɔəbn，底格里语 ɔəbn。

第二，DV类型。如：卡比乐语 adyay，金宾语 daya，德沃特语 dayi，图马克语 dəə:y。

第三，GV类型。如：拉眉语 ngwai，基眉语 gwoɔ，吉拉语 giiwi，格尔姆语 gigai，格鲁玛语 gii，布图拉语 hayi。①

上古汉语的“磐”（*ban）为BVN类型，与闪含语中的VBN类型在音节结构上是对应的，如：阿卡德语 abn，乌加里特语 ɔabn，希伯来语 ɔeben，布匿语 ɔbn，阿拉姆语 ɔbn，叙利亚语 ɔabnā，曼德语 abna，南部阿拉伯语 ɔbn，索科特里语 ɔoben，吉兹语 ɔəbn，底格里语 ɔəbn。因此“磐”（*ban）可能与闪含语相关。

上古汉语的“岱”（*də）和闪含语的DV类型对应，如：卡比乐语 adyay（石头）。值得注意的是，西双版纳傣语 dɒi^1 也与此非常相似。

4.11.3 小结

将丝绸之路沿线语言中表示“石头”的词语进行对比分析，得到表4-14，可知：

第一，上古汉语“琅邪”（*laŋa）语源一直不明，通过比较，和藏缅语的

① Orel, V. E. & Stolbova, O. V. *Hamito-Semitic Etymological Dictionary: Materials for a Reconstruction.* Leidon: Brill, 1995, pp.1,2,3,53,145,157,211,225,252,271,299,381.

LVNG 类型的 "石头" 相似，如：僜语 lauŋ³⁵（石头），珞巴语 a³³laŋ⁵⁵（石头）。这和 "琅邪"（*laŋa）对应，由于 "山" 和 "石头" 经常同源，可见其语源就是 "石头" 或 "山"。印度文化中林迦（Linga）崇拜核心是圆柱形巨石崇拜，其实是来自汉藏语的 *laŋa（石头、山）。

第二，上古汉语 "茅（*mu）山" 最早见于汉代的《吴越春秋》，"茅（*mu）山" 语源和南亚语 mu⁵⁵（石头）、mau（石头）有关。由此可见，吴越方言可能和南亚语有关。

第三，汉代西南方向突然出现 "昆明"（*kunmaŋ）这一地名，很有可能和印欧语的 kamen（石头）有关，语源是 "山" 或 "石头"。

第四，上古汉语 "碣"（*gat）与突厥语 kaja/qəja（石头）以及印欧语 skala（石头）非常相似。

第五，上古汉语 "磐"（*ban）与闪含语 abn（石头）对应。

第六，侗台语 tin²（石头）和印欧语 sten（石头）对应。

表 4-14　丝绸之路沿线语言中的 "石头"

LVNG		MV		GVMVN~GVMVNG	
上古汉语	*laŋa 琅邪	上古汉语	*mu 茅（山）	上古汉语	*kunmaŋ 昆明
藏缅语	lauŋ	南亚语	mu	印欧语	kamen
GVD~GVL		BVN		DVN	
上古汉语	*gat 碣	上古汉语	*ban 磐	侗台语	tin
突厥语	kaja/qəja	闪含语	abn	印欧语	sten
印欧语	skala				

4.12　盐

4.12.1　上古汉语表示 "盐" 的词语

"盐"（*gram）——《说文》："盐，咸也。"

"卤"（*la）——《说文》："卤，西方咸地也。"

"鹾"（*zal>*dzal）——《说文》："鹾，咸也。从卤，差省声。河内谓之鹾，沛人言若虘。"

"咸"（*grəm）——《楚辞》："大苦咸酸。"朱熹："咸，盐也。"

"覃"（*dəm）——甲骨文中表示"盐"。[1]

"鹽"（*ka）——《说文》："鹽，河东盐池。"

根据语音，可以将上面表示"盐"的词语分为四个类型：

第一，DVM 类型。如："覃"（*dəm）。

第二，ZVD 类型。如："䓣"（*zal）。[2]

第三，GRVM 类型。如："咸"（*grəm）、"盐"（*gram）。

第四，LV 类型。如："卤"（*la）。

第五，GV 类型。如："鹽"（*ka）。

4.12.2　丝绸之路沿线语言中的"盐"

4.12.2.1　侗台语中的"盐"

侗台语中表示"盐"的词语根据语音分为两类：

第一，GV 类型。如：壮语 kju[1]，布依语 kuə[1]，西双版纳傣语 kɤ[1]，德宏傣语 kə[6]，侗语 ko[1]，水语 kwa[1]，毛难语 ko[1]。

第二，NV 类型。如：临高语 nau[3]，黎语 na:u[3]。[3]

邢公畹指出，上古汉语的"鹽"（*ka）和侗台语的 GV 类型对应，如壮语 kju[1]。[4]

4.12.2.2　苗瑶语中的"盐"

苗瑶语中表示"盐"的词语根据语音分为两类：

第一，TSV 类型。如：湘西苗语 dzɯ[37]，勉瑶语 dzau[3]，标敏瑶语 dza[3]。

第二，NTSV 类型。如：滇东北苗语 ntʂe[3]，布努瑶语 ntse[3]。[5]

上古汉语的"䓣"（*zal>*dzal）与苗瑶语的 TSV 类型对应。

---

① 冯时：《古文字所见之商周盐政》，《南方文物》2009 年第 1 期。

② 关于"䓣"，《广韵》："昨何切。"上古从母歌部字，中古从母，是塞擦音，因此上古从母应该是 *z，中古才演变为 *dz，歌部我们采用郑张尚芳的意见，构拟为 *al，因此"䓣"上古音为 *zal。

③ 中央民族学院少数民族语言研究所第五研究室：《壮侗语族语言词汇集》，中央民族学院出版社，1985 年，第 11 页。

④ 邢公畹：《汉台语比较手册》，商务印书馆，1999 年，第 345 页。

⑤ 中央民族学院苗瑶语研究室：《苗瑶语方言词汇集》，中央民族学院出版社，1987 年，第 118—119 页。

4.12.2.3　藏缅语中的"盐"

藏缅语中表示"盐"的词语根据语音分为两类：

第一，TSV 类型。如：藏语 tsha⁵³，门巴语 tshʌ⁵³，羌语 tshə，普米语 tshi⁵⁵，嘉绒语 tshɐ，尔龚语 tshɯ，木雅语 tshɯ⁵³，扎巴语 tshi⁵³，贵琼语 tshi⁵³，尔苏语 tshɿ³³，纳木义语 tshɿ³³，史兴语 tshɐ⁵⁵，彝语 tshɯ³³，纳西语 tshe³³，阿昌语 tɕhɔ³¹，载瓦语 tshɔ⁵⁵，浪速语 tshɔ³⁵，傈僳语 tsha⁴¹bo⁴⁴，景颇语 tʃum³¹。

第二，LV 类型。如：拉祜语 ᴀ³⁵lɛ²¹，土家语 la³⁵pu⁵⁵。①

上古汉语的"齹"（*zal>*dzal）与藏缅语中的 TSV 类型对应，如藏语 tsha⁵³（盐）。

上古汉语的"卤"（*la）与藏缅语中的 LV 类型结构对应，如：拉祜语 ᴀ³⁵lɛ²¹（盐），土家语 la³⁵pu⁵⁵（盐）。

4.12.2.4　南亚语中的"盐"

南亚语中表示"盐"的词语根据语音分为三类：

第一，GVG 类型。如：马散语 khiɯh，岩帅语 kih，孟汞语 khih。

第二，SV 类型。如：硝厂沟语 sai?，南虎语 sɑ?，茶叶箐语 se?⁵⁵。

第三，BLV 类型。如：胖品语 plu⁵¹，甘塘语 plu⁵¹。②

上古汉语的"齹"（*zal>*dzal）和南亚语中的 SV 类型对应，如：硝厂沟语 sai?（盐），南虎语 sɑ?（盐）。

上古汉语的"鹽"（*ka）和南亚语 GVG 类型对应，如：马散语 khiɯh（盐），岩帅语 kih（盐）。

4.12.2.5　南岛语中的"盐"

南岛语中表示"盐"的词语根据语音可以归纳为两类：

第一，DVMV 类型。如：赛德语 timu，鲁凯语 timu，萨斯特语 timo?。

第二，GRVM 类型。如：马来语 garam。③

甲骨文中的"覃"（*dəm）为 DVM 类型，与南岛语中的 DVMV 类型非常相似，如：赛德语 timu（盐），鲁凯语 timu（盐）。因此，"覃"与南岛语可能是

---

① 黄布凡：《藏缅语族语言词汇》，中央民族大学出版社，1992 年，第 21 页。

② 颜其香、周植志：《中国孟高棉语族语言与南亚语系》，社会科学文献出版社，2012 年，第 548 页。

③ 陈康：《台湾高山族语言》，中央民族学院出版社，1992 年，第 321 页，Marsden, W. *A Dictionary of the Malayan Language*. London: Cox and Baylis, p.535.

相关的。

上古汉语中的"盐"（*gram）与南岛语系的 GRVM 类型对应，如：马来语 garam（盐）。

4.12.2.6　突厥语中的"盐"

突厥语中表示"盐"的词语根据语音可以归纳为 DVS 类型。[①] 如：维吾尔语、哈萨克语、柯尔克孜语、乌兹别克语、塔塔尔语都是 tuz，图佤语 dus，撒拉语、西部裕固语 duz。

突厥语中的 duz（盐）显然和蒙古语 dabs（盐）对应。考虑到 -b 韵尾与 -m 韵尾经常互变，因此，突厥语 duz（盐）、蒙古语 dabs（盐）、甲骨文"覃"（*dəm）、南岛语 timu（盐）同源。

4.12.2.7　蒙古语中的"盐"

蒙古语中表示"盐"的词语根据语音可以归纳为 DVBS 类型。[②] 如：正蓝旗方言 dabs，巴林右旗方言 dabəs，达尔罕方言 dabs，喀喇沁方言 dabas，东苏尼特方言 dabs，鄂托克方言 dabus，阿拉善方言 dabas，都兰方言 dabas，土族语 dabsə。

蒙古语 dabs（盐）和突厥语 duz（盐）、甲骨文"覃"（*dəm）、南岛语 timu（盐）同源。

4.12.2.8　满通古斯语中的"盐"

满通古斯语中表示"盐"的词语根据语音分为三类：

第一，DVBSVN 类型。如：满语 dabsun，锡伯语 davsun，女真语 dabsun。

第二，DVSVN 类型。如：鄂温克语 doosun，鄂伦春语 dawsun，赫哲语 dawsən。

第三，GVDV 类型。如：鄂温克语 hata，鄂伦春语 kata，赫哲语 kata。[③]

满通古斯语 dabsun（盐）与蒙古语 dabs（盐）、突厥语 duz（盐）、甲骨文"覃"（*dəm）、南岛语 timu（盐）同源。

---

① 陈宗振、努尔别克、赵相如：《中国突厥语族语言词汇集》，民族出版社，1990年，第274—275页。

② 孙竹：《蒙古语族语言词典》，青海人民出版社，1990年，第185页。

③ 朝克：《满通古斯语族语言词汇比较》，中国社会科学出版社，2014年，第188—189页。

4.12.2.9 印欧语中的"盐"

印欧语中表示"盐"的词语根据语音分为两类：

第一，SVL 类型。如：拉丁语 sāl，意大利语 sale，法语 sel，西班牙语 sal，古教会斯拉夫语 solĭ，波希米亚语 sŭl，波兰语 sól，俄语 sol，古高地德语 salz，列托语 sāls。

第二，SVLD 类型。如：哥特语 salt，古冰岛语 salt，丹麦语 salt，瑞典语 salt，古英语 sealt。[①]

从词根来看，印欧语的"盐"可以归纳为 sal。

上古汉语中的"瑳"（*zal>*dzal）为 SVL 类型，和印欧语中的 sal（盐）对应。

4.12.2.10 闪含语中的"盐"

闪含语中表示"盐"的词语根据语音分为两类：

第一，BVDV 类型。如：恩瓜西语 fəcɑ。

第二，GVM 类型。如：慕斯宫语 hɔm，埃及语 hm，乍得语 xwam。[②]

上古汉语中的"咸"（*grəm）为 GVM 类型，和闪含语中的 GVM 类型非常相似，如：慕斯宫语 hɔm（盐）。因此，"咸"（*grəm）可能和闪含语存在关联。

4.12.3 小结

将丝绸之路沿线语言中表示"盐"的词语进行对比分析，得到表 4-15，可知：

第一，上古汉语"瑳"（*zal）为 SVL 类型，与南亚语中的 SV 类型、苗瑶语中的 TSV 类型、藏缅语中的 TSV 类型、印欧语中的 SVL 类型对应，如：硝厂沟语 sai?（盐），标敏瑶语 dza³（盐），藏语 tsha⁵³（盐），拉丁语 sāl（盐）。

第二，上古汉语"覃"（*dəm）与满通古斯语的 DVBSVN 类型、蒙古语的 DVBS 类型、突厥语的 DVS 类型、南岛语的 DVM 类型对应，如：满通古斯语 dabsun（盐），蒙古语 dɑbs（盐），突厥语 duz（盐），南岛语 timu（盐）同源。

---

① Buck, C. D. *A Dictionary of Selected Synonyms in the Principal Indo-European Languages*. Chicago: The University of Chicago, 1949, p.382.

② Orel, V. E. & Stolbova, O. V. *Hamito-Semitic Etymological Dictionary: Materials for a Reconstruction*. Leiden: Brill, 1995, pp.236,273.

第三，上古汉语"盐"（*gram）和"咸"（*grəm）是同源词，与南岛语的GRVM 类型、闪含语的 GVM 类型对应，如：马来语 garam（盐），慕斯宫语 hɔm（盐）。

第四，上古汉语"卤"（*la）与藏缅语的 LV 类型对应，如：拉祜语 A³⁵lɛ²¹（盐），土家语 la³⁵pu⁵⁵（盐）。

第五，上古汉语"鹽"（*ka）和侗台语的 GV 类型对应，如：水语 kwa¹（盐），毛难语 ko¹（盐）。

表 4-15　丝绸之路沿线语言中的"盐"

SVL		DVM		GVM～GRVM	
上古汉语	*zal>*dzal 鹾	上古汉语	*dəm 覃	上古汉语	*gram 盐
南亚语	sai?	满通古斯语	dabsun	上古汉语	*grəm 咸
苗瑶语	dza	蒙古语	dɑbs	南岛语	garam
藏缅语	tsha	突厥语	duz	闪含语	hɔm
印欧语	sāl	南岛语	timu		

LV		GV	
上古汉语	*la 卤	上古汉语	*ka 鹽
藏缅语	A lɛ	侗台语	kwa

4.13　云

4.13.1　上古汉语表示"云"的词语

"云"（*wən）——《说文》："云，山川气也。"

"霓"（*ŋi）——《玉篇》："霓，紫云也。"

"霄"（*sau）——《后汉书》："涉清霄而升遐兮。"李贤："霄，云也。"

"烟"（*in）——《说文》："烟，火气也。"

"霭"（*at）——《说文》："霭，云貌。"

"霞"（*ga）——《说文》："霞，赤云气也。"

"曇"（*dəm）——《说文》："曇，云布也。"

"霏"（*pʰəl）——《说文》："霏，雨云貌。"

"气"（*kʰət/*kʰəl）——《说文》："气，云气也。"

"氛"（*bwən）——《说文》："氛，祥气也。"

"祲"（*təm）——《说文》："祲，精气感祥。"

根据语音，可以将上面表示"云"的词语分为九个类型：

第一，GVN 类型。如："云"（*wən）。

第二，NGV 类型。如："霓"（*ŋi）。

第三，SV 类型。如："霄"（*sau）。

第四，VN 类型。如："烟"（*in）。

第五，VD 类型。如："霭"（*at）。

第六，GV 类型。如："霞"（*ga）。

第七，GVD~GVR 类型。如："气"（*kʰət/*kʰəl）。

第八，DVM 类型。如："昙"（*dəm）、"祲"（*təm）。

第九，BVL~BVN 类型。如："霏"（*pʰəl）、"氛"（*bwən）。

4.13.2　丝绸之路沿线语言中的"云"

4.13.2.1　侗台语中的"云"

侗台语中表示"云"的词语根据语音可以归纳为 BV 类型。[①] 如：壮语 fɯ³，布依语 vɯə³，临高语 ba⁴，西双版纳傣语 fa³，水语 wa³，毛难语 fa³，黎语 de:kⁿfa³、vin³fa³。

上古汉语中的"霏"（*pʰəl）为 BV 类型，与侗台语中的 BV 类型在音节结构上是对应的，如：壮语 fɯ³（云）。因此，"霏"（*pʰəl）与侗台语可能是相关的。

4.13.2.2　苗瑶语中的"云"

苗瑶语中表示"云"的词语根据语音归纳为 DV 类型。[②] 如：黔东苗语 tɛ¹ə¹，湘西苗语 tu⁵，滇东北苗语 lo⁵、tɬɯ³。

---

①　中央民族学院少数民族语言研究所第五研究室：《壮侗语族语言词汇集》，中央民族学院出版社，1985 年，第 3 页。

②　中央民族学院苗瑶语研究室：《苗瑶语方言词汇集》，中央民族学院出版社，1987 年，第 58—59 页。

苗瑶语中的"云"并未见于上古汉语。

4.13.2.3　藏缅语中的"云"

藏缅语中表示"云"的词语根据语音分为三类：

第一，DV 类型。如：普米语 de^{35}，彝语 tɔ^{55}，缅语 te^{22}。

第二，SDVM 类型。如：羌语 zdɑm，嘉绒语 zdEm，尔龚语 zdomɛ。

第三，TSV 类型。如：尔苏语 tsɛ^{55}，纳木义语 tʂu^{33}，纳西语 tɕi^{33}。[①]

上古汉语的"昙"（*dəm）、"禒"（*təm）为 DVM 类型，与藏缅语中的 SDVM 类型在音节结构上有相似的地方，如：羌语 zdɑm（云）。因此，"昙"（*dəm）、"禒"（*təm）与藏缅语的 zdɑm（云）等可能是相关的。

4.13.2.4　南亚语中的"云"

南亚语中表示"云"的词语根据语音分为两类：

第一，BVG 类型。如：孟汞语 bɔk，胖品语 puk^{55}，甘塘语 puk^{55}，南谦语 bǔk。

第二，NGVD 类型。如：硝厂沟语 ŋʔut，南虎语 ŋʔut，茶叶箐语 ŋʔuʔ^{51}。[②]

上古汉语中的"霓"（*ŋi）为 NGV 类型，与南亚语中的 NGVD 类型在音节结构上对应，如：硝厂沟语 ŋʔut（云）。因此，"霓"（*ŋi）与南亚语相关。

4.13.2.5　南岛语中的"云"

南岛语中表示"云"的词语根据语音可以归纳为 DVM~LVM 类型。[③] 如：邹语 tsəmɯtsəmɯ，阿眉斯语 tuʔəm，布农语 łum，萨斯特语 ləmləm，卑南语 kuʈəm。

上古汉语的"昙"（*dəm）为 DVM 类型，与南岛语中的 DVM~LVM 类型在音节结构上是对应的，如：阿眉斯语 tuʔəm，布农语 łum。从这里可以看出，"昙"（*dəm）和南岛语 tuʔəm（云）是同源词。

---

① 《藏缅语语音和词汇》编写组：《藏缅语语音和词汇》，中国社会科学出版社，1991年，第376页；黄布凡：《藏缅语族语言词汇》，中央民族大学出版社，1992年，第3页。

② 颜其香、周植志：《中国孟高棉语族语言与南亚语系》，社会科学文献出版社，2012年，第493页。

③ 陈康：《台湾高山族语言》，中央民族学院出版社，1992年，第256页。

4.13.2.6　突厥语中的"云"

突厥语中表示"云"的词语根据语音可以归纳为 BVLVD 类型。[①] 如：维吾尔语、柯尔克孜语、乌兹别克语、图佤语都是 bulut，塔塔尔语、撒拉语 bulət，西部裕固语 bələt。

上古汉语的"霏"（*pʰəl）与突厥语中的 bələt（云）对应。

4.13.2.7　蒙古语中的"云"

蒙古语中表示"云"的词语根据语音分为三类：

第一，VL 类型。如：正蓝旗方言、巴林右旗方言、陈巴尔虎方言、达尔罕方言、喀喇沁方言、东苏尼特方言、鄂托克方言都是 ʉ:l，阿拉善方言、都兰方言都是 y:l。

第二，VLVN 类型。如：和静方言 y:lyn，达斡尔语 əulən，东乡语 olion。

第三，VLVNG 类型。如：布利亚特方言 ʉ:ləŋ，土族语 uloŋ，保安语 uloŋ。[②]

蒙古语中的"云"虽然从语音可以分为三类，但是这三类核心词根都是元音加流音 l，即 VL 结构。

上古汉语里的"靄"（*at）为 VL 类型，与蒙古语中的 VD 类型在音节结构上是对应的，如正蓝旗方言 ʉ:l（云）。因此，"靄"与蒙古语可能是相关的。

4.13.2.8　满通古斯语中的"云"

满通古斯语中表示"云"的词语根据语音分为两类：

第一，DVGV 类型。如：满语 tugi，女真语 tugi。

第二，DVGSV 类型。如：锡伯语 tuhsu，鄂温克语 tʉgsʉ，鄂伦春语 tʉgsʉ/tʉksʉ，赫哲语 tuhsu。[③]

满通古斯语中的"云"并未见于上古汉语。

4.13.2.9　印欧语中的"云"

印欧语中表示"云"的词语根据语音分为五类：

第一，NVBV 类型。如：拉丁语 nūbēs，意大利语 nube，西班牙语 nube。

---

①　陈宗振、努尔别克、赵相如：《中国突厥语族语言词汇集》，民族出版社，1990 年，第 56—57 页。

②　孙竹：《蒙古语族语言词典》，青海人民出版社，1990 年，第 685 页。

③　朝克：《满通古斯语族语言词汇比较》，中国社会科学出版社，2014 年，第 8—9 页。

第二，SGV 类型。如：古冰岛语 skȳ，丹麦语 sky，瑞典语 sky，中古英语 sky。

第三，DVBVSVS 类型。如：立陶宛语 debesis，列托语 padebesis。

第四，VBLVG 类型。如：古教会斯拉夫语 oblakǔ，塞尔维亚 - 克罗地亚语 obluk，波希米亚语 oblak，波兰语 oblok，俄语 oblako。

第五，BVDG 类型。如：古英语 wolcen，古高地德语 wolkan，新高地德语 wolke。①

上古汉语的"霏"（*pʰəl）为 BVL 类型，与印欧语中的 BVDG 类型、VBLVG 类型在音节结构上是对应的，如：古高地德语 wolkan，古教会斯拉夫语 oblakǔ。古高地德语 wolkan 的 wol 是词根，-kan 是名词后缀，因此，词根 wol 和"霏"（*pʰəl）是对应的。古教会斯拉夫语 oblakǔ，核心词根是 obla，-kǔ 是名词后缀，因此，obla 和"霏"（*pʰəl）也是对应的，核心辅音都是 B-L 组合。

上古汉语的"气"（*kʰət/*kʰəl）为 GVD 类型，与印欧语中的 SGV 类型在音节结构上是对应的，如：古冰岛语 skȳ（云）。在印欧语 skȳ（云）这个词语中，s- 是名词前缀，核心词根是 kȳ，这和上古汉语的"气"（*kʰət/*kʰəl）对应。

4.13.2.10　闪含语中的"云"

闪含语中表示"云"的词语根据语音分为三类：

第一，DVM 类型。如：阿拉伯语 dɑm，汤加勒语 adɑm，比林语 dɛmna，哈密尔语 dimmena，达拉萨语 duumɑn，巴姆巴拉语 dummɑn，奥美托语 dämmänɑɑ。

第二，GVBV 类型。如：博乐瓦语 kebe，卡乐卡乐语 kwabo，恩伽摩语 kebe。

第三，LV~RV 类型。如：苏拉语 lluu，其普语 liwu，博贡语 lway，蒙托尔语 luo，博克斯语 riɔ，布图拉语 riɔ。②

上古汉语的"昙"（*dəm）为 DVM 类型，与闪含语中的 DVM 类型在音节结构上是对应的，如：阿拉伯语 dɑm（云）。由于匈奴语是闪含语，因此，汉代

---

① Buck, C. D. *A Dictionary of Selected Synonyms in the Principal Indo-European Languages*. Chicago: The University of Chicago, 1949, p.65.

② Orel, V. E. & Stolbova, O. V. *Hamito-Semitic Etymological Dictionary: Materials for a Reconstruction*. Leidon: Brill, 1995, pp.52,77,149,156,163,209,214,343,364,366,446,484.

词汇中突然出现"昙",可能是由于汉帝国借自匈奴语。

4.13.3　小结

将丝绸之路沿线语言中表示"云"的词语进行对比分析,得到表 4-16,可知:

第一,上古汉语"霏"(*pʰəl)为 BVL 类型,与侗台语中的 BV 类型、突厥语中的 BVLVD 类型、印欧语中的 BVDG 类型在音节结构上是对应的,如:壮语 fɯ³(云),西部裕固语 bələt(云),印欧语的核心词根 wol(云)、obla(云)。

第二,上古汉语"昙"(*dəm)为 DVM 类型,与藏缅语中的 SDVM 类型和闪含语中的 DVM 类型在音节结构上对应,如:羌语 zdɑm(云),阿拉伯语 dɑm(云)。此外,"烟""云"往往是同源词。印欧语中的"烟":立陶宛语 dūmai,列托语 dūmi,俄语 dym,梵文 dhūmɑ。这显然也是和"昙"(*dəm)对应的。

第三,上古汉语"霓"(*ŋi)为 NGV 类型,与南亚语中的 NGVD 类型在音节结构上对应,如:硝厂沟语 ŋʔut(云),南虎语 ŋʔut(云)。

第四,上古汉语"靄"(*at)为 VD 类型,与蒙古语中的 VD 类型在音节结构上是对应的,如正蓝旗方言 ʉ:l(云)。

第五,上古汉语"气"(*kʰət/*kʰəl)为 GVD~GVL 类型,与印欧语的 SGV 类型在音节结构上是对应的,如印欧语 skȳ(云)。

表 4-16　丝绸之路沿线语言中的"云"

BVL		DVM		NGV	
上古汉语	*pʰəl 霏	上古汉语	*dəm 昙	上古汉语	*ŋi 霓
侗台语	fɯ	藏缅语	zdɑm	南亚语	ŋʔut
突厥语	bələt	闪含语	dɑm		
印欧语	wol/obla	印欧语	dūmai		

VD		GVD~GVL	
上古汉语	*at 靄	上古汉语	*kʰət/*kʰəl 气
蒙古语	ʉ:l	印欧语	skȳ

4.14 雾

4.14.1 上古汉语表示"雾"的词语

"雾"（*mok）——《素问》："雾者，云之类。"

"烟"（*in）——《说文》："烟，火气也。"

"霭"（*at）——《玉篇》："霭，云状。"

"岚"（*blum）——《广韵》："岚，山气也。"

"昙"（*dəm）——《说文》："昙，云布也。"

"霿"（*moŋ）——《说文》："天气下，地不应，曰霿。"

"雺"（*muŋ）——《尔雅》："天气下地不应曰雺。"陆德明释文："雺，或作雾字。"

根据语音，可以将上面表示"雾"的词语分为六个类型：

第一，MVG 类型。如："雾"（*mok）。

第二，VN 类型。如："烟"（*in）。

第三，VD 类型。如："霭"（*at）。

第四，DVM 类型。如："昙"（*dəm）。

第五，BLVM 类型。如："岚"（*blum）。

第六，MVNG 类型。如："霿"（*moŋ）、"雺"（*muŋ）。

4.14.2 丝绸之路沿线语言中的"雾"

4.14.2.1 侗台语中的"雾"

侗台语中表示"雾"的词语根据语音分为两类：

第一，MVG 类型。如：壮语 moːk⁷，西双版纳傣语 mɒk⁹，仫佬语 mɔk⁸lu⁴。

第二，MVN 类型。如：侗语 mun²，水语 mon¹，毛难语 lap⁷muːn¹。[①]

上古汉语中的"雾"（*mok）为 MVG 类型，与侗台语中的 MVG 类型在音

---

① 中央民族学院少数民族语言研究所第五研究室：《壮侗语族语言词汇集》，中央民族学院出版社，1985 年，第 5 页。

节结构上是对应的，如：壮语 mo:k[7]，西双版纳傣语 mɒk[9]。因此，"雾"（*mok）与侗台语可能是相关的。

上古汉语中的"霿"（*moŋ）为 MVNG 类型，与侗台语中的 MVN 类型在音节结构上是类似的，如：侗语 mun[2]（雾），水语 mon[1]（雾）。因此，"霿"（*moŋ）与侗台语可能是相关的。

4.14.2.2　苗瑶语中的"雾"

苗瑶语中表示"雾"的词语根据语音归纳为 GV 类型。[①] 如：黔东苗语 ə[1]ho[1]，湘西苗语 xɔ[1]，川黔滇苗语 huɑ[1]。

苗瑶语中的"雾"并未见于上古汉语。

4.14.2.3　藏缅语中的"雾"

藏缅语中表示"雾"的词语根据语音分为三类：

第一，SDVM 类型。[②] 如：羌语 zdɑm，嘉绒语 sa zdem，尔龚语 zdomɛ。

第二，TSVGV 类型。如：纳木义语 tʂu[33]tɕhi[33]xo[35]，哈尼语 tʃ[31]xu[31]。

第三，SVBVN 类型。如：载瓦语 sai[55]von[21]，景颇语 sai[33]wan[31]。这里 sai- 是前缀，词根是 von[21] 和 wan[31]。[③]

上古汉语中的"昙"（*dəm）为 DVM 类型，与藏缅语中的 SDVM 类型在音节结构上是对应的，如：羌语 zdɑm（雾），尔龚语 zdomɛ（雾）。z- 是名词前缀，词根是 dɑm 或 domɛ，这和"昙"（*dəm）是对应的。

4.14.2.4　南岛语中的"雾"

由表 4-17 可以看出，南岛语中表示"雾"的词语根据语音找不到同源词。[④]

表 4-17　南岛语中的"雾"

泰耶尔语	赛德语	沙阿鲁阿语	排湾语	阿眉斯语
ʔiwuluŋ	pukukuŋ	mɨlɨmɨta	tsimaru	tʃarapuŋ
鲁凯语	萨斯特语	卑南语	邵语	布农语
kəpəkəpə	riɭihœk	kumuʈikuʈ	burbuk	mutmut

[①]　中央民族学院苗瑶语研究室：《苗瑶语方言词汇集》，中央民族学院出版社，1987 年，第 4—5 页。

[②]　核心词根是 dɑm，即 DVM 结构。

[③]　《藏缅语语音和词汇》编写组：《藏缅语语音和词汇》，中国社会科学出版社，1991 年，第 382 页；黄布凡：《藏缅语族语言词汇》，中央民族大学出版社，1992 年，第 6 页。

[④]　陈康：《台湾高山族语言》，中央民族学院出版社，1992 年，第 258 页。

4.14.2.5 突厥语中的"雾"

突厥语中表示"雾"的词语根据语音归纳为 DVMVN 类型。[1] 如：维吾尔语、哈萨克语、柯尔克孜语、乌兹别克语、塔塔尔语、图佤语都是 tuman，撒拉语 duman。

突厥语的"雾"tuman，核心词根是 tum，-an 是词缀。可以看出，tum-（雾）和"昙"（*dəm）对应。

4.14.2.6 蒙古语中的"雾"

蒙古语中表示"雾"的词语根据语音可以归纳为 MVNV~MVNVN~MVNVNG 类型。[2] 如：正蓝旗方言 manaŋ，巴林右旗方言 manəŋ，陈巴尔虎方言 manoŋ，布利亚特方言 manaŋ，达尔罕方言 manaŋ，喀喇沁方言 manaŋ，东苏尼特方言 manaŋ，鄂托克方言 mana，阿拉善方言 manan，都兰方言 manan，达斡尔语 manən，东部裕固语 manaŋ，土族语 mana:n。

上古汉语的"雺"（*muŋ）和蒙古语中的 manaŋ（雾）对应。

4.14.2.7 满通古斯语中的"雾"

满通古斯语中表示"雾"的词语根据语音分为两类：

第一，DVLMVN~DVMVN 类型。如：满语 talman，锡伯语 talmən。

第二，DVMNV 类型。如：鄂温克语 tamnan，鄂伦春语 tamnan，鄂伦春语 tamnan，赫哲语 tamnaksə，女真语 tamnaŋ/tamnaŋgi。[3]

满通古斯语的"雾"是 tamnan，tam 是核心词根，nan 是词缀。可以看出，满通古斯的词根 tam（雾）和"昙"（*dəm）对应。

4.14.2.8 印欧语中的"雾"

印欧语中表示"雾"的词语根据语音分为四类：

第一，NVB~NVBL 类型。如：拉丁语 nebula，意大利语 nebbia，西班牙语 niebla/neblina，古高地德语 nebul，新高地德语 nebel。

第二，DVGV 类型。如：丹麦语 taage。

第三，BRVMV 类型。如：法语 brume，西班牙语 bruma。

---

[1] 陈宗振、努尔别克、赵相如：《中国突厥语族语言词汇集》，民族出版社，1990年，第270—271页。

[2] 孙竹：《蒙古语族语言词典》，青海人民出版社，1990年，第479页。

[3] 朝克：《满通古斯语族语言词汇比较》，中国社会科学出版社，2014年，第10—11页。

第四，MVG~MVGL 类型。如：立陶宛语 migla，列托语 migla，古教会斯拉夫语 mĭgla，塞尔维亚 - 克罗地亚语 màgla，波希米亚语 mha，波兰语 mgla，俄语 mgla，梵文 mih。[①]

上古汉语的"岚"（*blum）为 BLVM 类型，与印欧语中的 BRVMV 类型在音节结构上是对应的，如：法语 brume（雾），西班牙语 bruma（雾）。因此，"岚"（*blum）与印欧语是相关的。

上古汉语的"雾"（*mok）为 MVG 类型，与印欧语中的 MVG~MVGL 类型在音节结构上是对应的，如：立陶宛语 migla（雾），列托语 migla（雾），梵文 mih（雾）。这些词语的核心词根都是 MVG 类型，和上古汉语的"雾"（*mok）对应。

4.14.2.9　闪含语中的"雾"

闪含语中表示"雾"的词语根据语音分为两类：[②]

第一，LVB~NVB 类型。如：埃及语 nfy，乍得语 luf。

第二，DVM 类型。如：闪米特语 dam，阿拉伯语 dam。[③]

"昙"（*dəm）为 DVM 类型，和闪含语的 dam 对应。表示"雾"的词语中，闪含语中的 LVB 类型和印欧语的 NVB~NVBL 类型是对应的。

4.14.3　小结

将丝绸之路沿线语言中表示"雾"的词语进行对比分析，得到表 4-18，可知：

第一，上古汉语"雾"（*mok）为 MVG 类型，与侗台语中的 MVG 类型、藏缅语中的 MVGV 类型、印欧语中的 MVG~MVGL 类型是对应的，如：壮语 mo:k[7]（雾），羌语 muxu（烟），木雅语 mu[35]khɯ[55]（烟），立陶宛语 migla（雾）。

第二，上古汉语"霿"（*moŋ）为 MVNG 类型，与侗台语中的 MVN 类型

---

　　① 　Buck, C. D. *A Dictionary of Selected Synonyms in the Principal Indo-European Languages*. Chicago: The University of Chicago, 1949, p.62.

　　② 　Orel, V. E. & Stolbova, O. V. *Hamito-Semitic Etymological Dictionary: Materials for a Reconstruction*. Leidon: Brill,1995, pp. 149,366.

　　③ 　Orel, V. E. & Stolbova, O. V. *Hamito-Semitic Etymological Dictionary: Materials for a Reconstruction*. Leidon: Brill,1995, pp. 149,366.

和蒙古语中的 MVNV~MVNVN~MVNVNG 类型在音节结构上是对应的，如：侗语 mun² （雾），东部裕固语 manaŋ（雾）。

第三，上古汉语"昙"（*dəm）为 DVM 类型，与藏缅语、闪含语、满通古斯语的 DVM 类型在音节结构上是对应的，如：羌语 zdɑm（雾），满语 tamnɑn（雾），图佤语 tumɑn（雾），闪米特语 dɑm（雾）。

第四，上古汉语"岚"（*blum）为 BLVM 类型，与印欧语中的 brume（雾）是对应的。

表 4-18　丝绸之路沿线语言中的"雾"

MVG		MVNG		DVM		BVM	
上古汉语	*mok 雾	上古汉语	*moŋ 霧	上古汉语	*dəm 昙	上古汉语	*blum 岚
侗台语	mo:k	侗台语	mun	藏缅语	zdɑm	印欧语	brume
藏缅语	muuko	蒙古语	manaŋ	满通古斯语	tamnɑn		
印欧语	migla			闪含语	damm		

4.15　烟

4.15.1　上古汉语表示"烟"的词语

"烟"（*in）——《说文》："烟，火气也。"

"雾"（*mok）——《说文》："地气发，天不应。"

"烀"（*kʷuat）——《玉篇》："烀，烟出貌。"

"焆"（*kʷan）——《说文》："焆，焆焆，烟貌。"

"岚"（*blum）——《广韵》："岚，山气也。"

"云"（*wən）——《说文》："云，山川气也。"

根据语音，可以将上面表示"烟"的词语分为六个类型：

第一，VN 类型。如："烟"（*in）。

第二，GVD 类型。如："烀"（*kʷuat）。

第三，GVN 类型。如："焆"（*kʷan）。

第四，MVG 类型。如："雾"（*mok）。

第五，BLVM 类型。如："岚"（*blum）。

第六，BVN 类型。如："云"（*wən）。

4.15.2　丝绸之路沿线语言中的"烟"

4.15.2.1　侗台语中的"烟"

侗台语中表示"烟"的词语根据语音可以归纳为 GVN 类型。[①] 如：壮语 hon^2，布依语 hɔn^2，临高语 kuan^{2}duai^4，西双版纳傣语 xɒn^{2}faï^2，德宏傣语 xɒn^2，侗语 kwan^2，仫佬语 fi^{1}kwan^1，水语 kwan^2，毛难语 kwan^2，黎语 hwo:n^1、ho:n^1。

上古汉语的"焆"（*kʷan）为 GVN 类型，与侗台语中的 GVN 类型在音节结构上是对应的，如：壮语 hon^2（烟），布依语 hɔn^2（烟）。

4.15.2.2　苗瑶语中的"烟"

苗瑶语中表示"烟"的词语根据语音分为三类：

第一，SVN 类型。如：黔东苗语 zen^1，川黔滇苗语 zen^1。

第二，SV 类型。如：湘西苗语 ze^{37}，滇东北苗语 zi^6。

第三，VN 类型。如：勉瑶语 in^1，标敏瑶语 iɛn^1。[②]

上古汉语的"烟"（*in）为 VN 类型，与苗瑶语中的 VN 类型在音节结构上是对应的，如：勉瑶语 in^1（烟），标敏瑶语 iɛn^1（烟）。

4.15.2.3　藏缅语中的"烟"

藏缅语中表示"烟"的词语根据语音分为四类：

第一，GV 类型。如：普米语 khi^{55}，扎巴语 khɯ^{53}，哈尼语 u^{33}xu^{33}，怒语 khɯ^{55}，珞巴语 khuɯ^{55}。

第二，MV GV 类型。如：羌语 muxu，木雅语 mu^{35}khɯ^{55}，贵琼语 mø^{33}xɔ^{53}，彝语 mu^{33}khɯ^{55}，傈僳语 mu^{31}khu^{31}，纳西语 mɯ^{55}khɯ^{21}，拉祜语 mu^{53}qhɔ^{53}，基诺语 mi^{33}tɕhø^{33}，缅文 mi^{3}kho^3，缅语 mi^{55}kho^{55}，载瓦语 mji^{21}khau^{21}。

第三，MV NGGV 类型。如：尔苏语 mɛ^{33}ŋkhɛ^{55}，纳木义语 mu^{55}ŋkhu^{33}。

[①] 中央民族学院少数民族语言研究所第五研究室：《壮侗语族语言词汇集》，中央民族学院出版社，1985 年，第 5 页。

[②] 中央民族学院苗瑶语研究室：《苗瑶语方言词汇集》，中央民族学院出版社，1987 年，第 130—131 页。

第四，NV GV 类型。如：史兴语 nɛ³³qhuɐ⁵⁵，阿昌语 ni³¹xau³¹。①

上古汉语的"雾"（*mok）为 MVG 类型，与藏缅语中的 MV GV 类型在音节结构上是对应的，如：羌语 muxu（烟），木雅语 mu³⁵khɯ⁵⁵（烟）。

4.15.2.4　南亚语中的"烟"

南亚语中表示"烟"的词语根据语音可以归并为一类：DV~DVG 类型。② 如：岩帅语 tauʔ，南虎语 tɑʔ，曼买语 putɤʔ，南谦语 katɤʔ，硝厂沟语 dak，茶叶箐语 tăk⁵⁵。

南亚语中的"烟"并未见于上古汉语。

4.15.2.5　突厥语中的"烟"

突厥语中表示"烟"的词语根据语音分为两类：

第一，VS 类型。如：维吾尔语 is，哈萨克语 əs，柯尔克孜语 is~əs，乌兹别克语 is，塔塔尔语 is，图佤语 ɤʃ，西部裕固语 əs。

第二，DVDVN 类型。如：维吾尔语 tytyn，哈萨克语 tytin，柯尔克孜语 tytyn，乌兹别克语 tytyn，塔塔尔语 tytyn，撒拉语 tydyn。③

突厥语中的"烟"并未见于上古汉语。

4.15.2.6　蒙古语中的"烟"

蒙古语中表示"烟"的词语根据语音分为两类：

第一，VDV~VDVN 类型。如：正蓝旗方言、巴林右旗方言、陈巴尔虎方言、布利亚特方言、达尔罕方言、喀喇沁方言、东苏尼特方言、鄂托克方言、阿拉善方言、都兰方言都是 utɑ:，和静方言 utɑ:n。

第二，BVNV 类型。如：土族语 fune，东乡语 funi，保安语 fəne。④

由于 w 和 f 关系密切，上古汉语的"云"（*wən）可能和蒙古语中的 fune（烟）对应。

① 《藏缅语语音和词汇》编写组：《藏缅语语音和词汇》，中国社会科学出版社，1991年，第416页；黄布凡：《藏缅语族语言词汇》，中央民族大学出版社，1992年，第7页。
② 颜其香、周植志：《中国孟高棉语族语言与南亚语系》，社会科学文献出版社，2012年，第499页。
③ 陈宗振、努尔别克、赵相如：《中国突厥语族语言词汇集》，民族出版社，1990年，第92~93页。
④ 孙竹：《蒙古语族语言词典》，青海人民出版社，1990年，第682页。

4.15.2.7　满通古斯语中的"烟"

满通古斯语中表示"烟"的词语根据语音可以归纳为 SVMVN 类型。[①]
如：满语 suman，锡伯语 suman，鄂温克语 sumaŋ，鄂伦春语 suman，赫哲语
suman。

满通古斯语中的"烟"并未见于上古汉语。

4.15.2.8　印欧语中的"烟"

印欧语中表示"烟"的词语根据语音分为四类：

第一，BVM 类型。如：拉丁语 fūmus，意大利语 fumo，法语 fumée。

第二，MVG 类型。如：威尔士语 mwg，布列塔尼语 moged。

第三，RVG 类型。如：古冰岛语 reykr，丹麦语 røg，瑞典语 rök，古英
语 rēc，中古英语 reke，古高地德语 rouh，中古高地德语 rouch，新高地德语
rauch。

第四，DVM 类型。如：立陶宛语 dūmai，列托语 dūmi，古教会斯拉夫语
dymǎ，塞尔维亚 - 克罗地亚语 dim，波希米亚语 dým，波兰语 dym，俄语 dym，
梵文 dhūma。[②]

上古汉语的"岚"（*blum）为 BLVM 类型，与印欧语中的 fūmus（烟）是
对应的。

上古汉语的"雾"（*mok）为 MVG 类型，与印欧语中的 MVG 类型在音节
结构上是对应的，如：威尔士语 mwg。

上古汉语的"昙"（*dəm）为 DVM 类型，与印欧语的 DVM 类型在音节结
构上是对应的，如：立陶宛语 dūmai，列托语 dūmi。

4.15.2.9　闪含语中的"烟"

闪含语中表示"烟"的词语根据语音可以归纳为 DV 类型。[③] 如：阿拉伯语
dah，美斯梅语 deu。

闪含语中的"烟"并未见于上古汉语。

---

① 朝克：《满通古斯语族语言词汇比较》，中国社会科学出版社，2014 年，第 10—11 页。

② Buck, C. D. *A Dictionary of Selected Synonyms in the Principal Indo-European Languages*. Chicago: The University of Chicago, 1949, p. 73.

③ Orel, V. E. & Stolbova, O. V. *Hamito-Semitic Etymological Dictionary: Materials for a Reconstruction*. Leidon: Brill, 1995, pp.145,251.

4.15.3 小结

将丝绸之路沿线语言中表示"烟"的词语进行对比分析，得到表4-19，可知：

第一，上古汉语"雾"（*mok）为 MVG 类型，与侗台语中的 MVG 类型、藏缅语中的 MVGV 类型、印欧语中的 MVG 类型在音节结构上对应，如：壮语 mo:k¹（雾），羌语 muxu（烟），木雅语 mu³⁵khɯ⁵⁵（烟），威尔士语 mwg（烟），立陶宛语 migla"雾"。

第二，上古汉语"烟"（*in）为 VN 类型，与苗瑶语中的 VN 类型在音节结构上对应，如：勉瑶语 in¹（烟），标敏瑶语 iɛn¹（烟）。

第三，上古汉语"昙"（*dəm）为 DVM 类型，与藏缅语、闪含语、满通古斯语、印欧语的 DVM 类型是对应的，如：羌语 zdɑm（云），满语 tamnan（云），图佤语 tuman（云），阿拉伯语 damm（云），立陶宛语 dūmai（烟），列托语 dūmi（烟）。

第四，上古汉语"焆"（*kʷan）为 GVN 类型，与侗台语中的 GVN 类型在音节结构上对应，如：壮语 hon²（烟），布依语 hɔn²（烟）。

第五，上古汉语"岚"（*blum）为 BLVM 类型，与印欧语 fūmus（烟）对应。

第六，上古汉语"云"（*wən）与蒙古语 fune（烟）对应。

表 4-19　丝绸之路沿线语言中的"烟"

MVG		VN		DVM	
上古汉语	*mok 雾	上古汉语	*in 烟	上古汉语	*dəm 昙
侗台语	mo:k	苗瑶语	in	藏缅语	zdɑm
藏缅语	muxu			满通古斯语	tamnan
印欧语	mwg			闪含语	damm
				印欧语	dūmai

GVN		BLVM		BVN	
上古汉语	*kʷan 焆	上古汉语	*blum 岚	上古汉语	*wən 云
侗台语	hon	印欧语	fūmus	蒙古语	fune

5

结　语

▼

　　本书主要是以斯瓦迪什基本词表（Swadesh List）为基础，充分利用上古经典文献、辞书以及相关训诂材料，归纳这些词语的基本辅音结构，然后与丝绸之路沿线语言进行比较，①对上古汉语与丝绸之路沿线语言在词汇上的相似之处做初步的研究，并以此反观上古汉语历史上的特殊语词现象，进而探索其背后的文明互鉴和交流进程。下面，我们将概括本书对丝绸之路语言比较的主要观点。

5.1　丝绸之路语言代词的语言共性及语言考古学

5.1.1　丝绸之路语言代词的语言共性

　　通过对全世界人称代词的比较，我们发现，虽然人称代词比较复杂，但是仍存在很多共性，特别是第一、第二人称代词。上古汉语"吾"（*ŋa）、"孤"（*kʷa）都是软腭音和元音结合而成的，这和亚洲南方的侗台语 ko（我）、苗瑶语 ko（我）、南亚语 ʔau（我）、南岛语 aku（我）、汉藏语 ŋa（我）、闪含语 'anaku（我）、印欧语 egō（我）对应。除了苗瑶语和南亚语第二人称代词是 MV

①　包含侗台语、苗瑶语、藏缅语、南亚语、南岛语、突厥语、蒙古语、满通古斯语、印欧语、闪含语等。

结构，其他语系基本上都是舌尖音和元音组合，如汉藏语基本都是 NV 结构，突厥语、满通古斯语都是 SV 结构，蒙古语、印欧语、闪含语都是 TV 结构。辅音 n、s、t 都是舌尖音，同时 n、t、s 之间可以互变，这说明这三个辅音非常接近，我们可以将第二人称代词归纳为齿龈音或舌尖音与元音的组合，即 DV 结构。

如果我们将所有软腭音和喉音归纳为 G，唇音归纳为 B，齿龈音、齿音归纳为 D，侗台语、南岛语的部分 MV 类型第二人称代词可能是借自苗瑶语和南亚语的 MV 类型。从表 5-1 可以看出，从全球看，汉藏语和侗台语、南岛语、闪含语比较接近，第一人称代词声母（G）和第二人称代词声母（D）组合，都是 G-D 结构；苗瑶语和南亚语第一人称代词声母（G）和第二人称代词声母（B）组合，都是 G-B 结构；阿尔泰语和印欧语第一人称代词声母（B）和第二人称代词声母（D）组合都是 B-D 结构。这可以部分反映出世界范围语系之间的亲疏关系。

表 5-1　丝绸之路第一人称代词和第二人称代词的声母

人称	汉藏语	侗台语	南岛语	闪含语	苗瑶语	南亚语	阿尔泰语	印欧语
我	G	G	G	G	G	G	B	B
你	D	D	D	D	B	B	D	D
我—你	G-D	G-D	G-D	G-D	G-B	G-B	B-D	B-D

5.1.2　丝绸之路代词与语言考古学

桥本万太郎曾提出一个令人深思的问题："难道一个字一记载进汉文古籍，就统统都算是汉语词吗？"[①]

通过比较上古汉语和丝绸之路沿线语言，考察相关借词在上古汉语中所处的时间层次和空间分布，确定这些借词与丝绸之路沿线语言的对应关系，我们就可以判断上古中国曾经与哪些民族产生过接触和交流。

比如，通过比较上古汉语与丝绸之路沿线语言中的人称代词、疑问词以及否定词，我们可以解决以下问题：其一，在上古汉语复杂代词系统形成和产生过程中，哪些是固有词语？哪些是借词？其二，这些借词是从当时说何种语言的民族借来的？这些词语进入汉语的过程，可以折射出当时的民族接触和融合

---

① 桥本万太郎：《语言地理类型学》，余志鸿译，世界图书出版公司，2008 年，第 158 页。

的进程。从这一角度看，语言学可以是传统文献学、历史学以及考古学的很好的补充，有助于深化对这些问题的探讨，让古代世界呈现出更强的立体感。因此，可以将这一方法称为语言考古学。

通过人称代词的比较，我们可以发现，一般而言，一个语言只有一套第一人称代词，但是第一人称代词被借用是很常见的语言现象。上古汉语第一人称代词分为三套：一是"吾"（*ŋa）和"我"（*ŋal）；二是"余"（*da）、"台"（*də）、"朕"（*dəm）；三是"敝"（*bat）、"鄙"（*prə）、"甫"（*pa）。"吾"（*ŋa）和"我"（*ŋal）是汉藏语民族共有的第一人称代词，[①] 这从上古汉语内部形态角度就可以得到证明，"吾"与"我"和"汝"与"尔"是平行的，由此可见，"吾""我"是上古汉语固有词。

商周甲骨文、金文中之所以没出现"吾"，[②] 其实和语体有大关系。王侯贵族或领袖通常代表的是一个国家、部落、家族，所以多用复数概念。但是由于"我"已经充当复数，是普通人常用的人称代词，因此有必要引入一个新的第一人称代词复数"余"。"余"（*da）和侗台语 du~nu（我们或我）（VDV 结构）、印欧语中的拉丁语 nos（我们）（NV 结构）、闪含语 ana（我）（VNV 结构）对应，特别是侗台语中 DV~NDV 结构一般表示第一人称代词复数，不过在部分语言中已经用作第一人称代词单数。吕叔湘指出，复数用作单数是常见语言现象。[③] 从这一角度看，上古汉语就与毗邻的侗台语等语系存在语言接触和交融。

第一人称代词"敝"（*bat）、"鄙"（*prə）和北方阿尔泰语中 bi:d（我们）或 biz（我们）对应，这可以看出早期中国与阿尔泰民族关系密切。

此外，通过与丝绸之路沿线语言比较，可以发现，"朕"（*dəm）很有可能原来也是第一人称代词复数，是"余"（*da）或者"台"（*də）增加复数后缀 -m 构成的词语。在达罗毗荼语和近东闪含语中，-m、-me 是复数后缀，如希伯来语中，'att（你），'attem（你们）。我们还发现"朕"（*dəm）和古代波斯语 adam

---

① Benedict, P. K. & Matisoff, J. A. *Sino-Tibetan: A Conspectus*. Cambridge: Cambridge University Press, 1972, p.93；Matisoff, J. A. *Handbook of Proto-Tibeto-Burman: System and Philosophy of Sino-Tibetan Reconstruction*. Berkeley: University of California Press, 2003, p.489.

② 沙加尔曾提出这个疑问，他认为"吾"是后起的，后来才替代了"余"，详见沙加尔：《上古汉语词根》，龚群虎译，上海教育出版社，2004 年，第 157 页。

③ 吕叔湘、江蓝生：《近代汉语指代词》，学林出版社，1985 年，第 88—89 页。

（我）①语音相似。古代波斯语的 adam（我）从印欧语内部来看，找不到同源词，可能是借自上古汉语的"朕"。唐玄宗经常自称"阿瞒"（*aman），这可能借自波斯语 mana（我）或突厥语 men（我）。由此可见，古代文明之间的流动从来都是双向的。波斯语 adam（我）还有一个变体：阿维斯塔波斯语 azam（我）。②元代以后出现了"咱"。"咱"（*tsam）表示"我们"，语源一直不详，③其实可能是音译借词，来自波斯语 azam（我）。adam（我）和其变体 azam（我）是波斯语中的特征词，从这里看出波斯文明从上古到近古与中国的接触和互动的情况。

对上古汉语疑问词的讨论，也可以引发关于文明交流和借鉴的有趣讨论。从出土文献看，在战国时代，"安"（*an）、"焉"（*an）作为疑问词开始出现，④但是这两个疑问词并不见于更早时期的青铜器铭文。从语音看，这两个词语和闪含语的特有疑问词 'ay 或 'aynā（哪个）是对应的。此外，战国时期还出现了"无"（*ma）充当疑问词现象，闪含语中还有另外一个疑问词 ma（什么、谁），这是非常值得重视的语言现象。这说明战国时期已经有闪含民族进入中国境内，并且和华夏民族存在深度的文明互鉴。与此同时，战国时期的赵武灵王施行"胡服骑射"，匈奴在中国北方出现，这些历史事实和疑问词"安"（*an）、"焉"（*an）的出现是平行的。⑤从这一角度看，在战国时期，疑问词"安""焉""无"的出现，背后折射出说闪含语的北方胡人和华夏民族产生了深度接触。

一般认为，闪含民族和华夏民族最早的正式接触是在中古时期，著名的标志是：唐朝出现含有叙利亚语的大秦景教流行中国碑以及和大唐直接交锋的阿拉伯帝国。⑥但是，通过对疑问词的比较，可以证明，在战国时代，说闪含语

---

① Johnson, E. L. *Historical Grammar of the Ancient Persian Language.* Cincinnati and New York: American Book Company, 1917, p.135.

② Beekes, R. *A Grammar of Gatha-Avestan Asian Studies.* Leidon: Brill, 1988, p.137.

③ 吕叔湘、江蓝生：《近代汉语指代词》，学林出版社，1985 年，第 88—89 页。

④ 这两个字经常相互构成通假、异文。详见白于蓝：《简帛古书通假字大系》，福建人民出版社，2017 年，第 1254—1258 页。

⑤ 根据最新的研究，匈奴语言（主要指匈奴王族）从亲属名词来看与达罗毗荼语以及闪含语构成系统对应，这也可以佐证上述观点。详见叶晓锋：《匈奴语言及族源新探》，《中山大学学报（社会科学版）》2018 年第 5 期。

⑥ 方豪：《中西交通史》，上海人民出版社，2008 年，第 294—295 页；王小甫：《唐、吐、蕃大食政治关系史》，中国人民大学出版社，2009 年，第 85—99 页；Beckwith, C. I. *The Tibetan Empire in Central Asia: A History of the Struggle for Great Power among Tibetans, Turks, Arabs, and Chinese during the Early Middle Ages.* Princeton: Princeton University Press, 1987, pp.108-142.

的胡人已经进入中国北部，这将闪含民族与华夏民族的最早接触时间大大提前。

闪含语第一人称代词一般是 ana，这是闪含语的重要特征词之一。与此相对应的是中古汉语出现的第一人称代词"阿奴"。江蓝生发现在唐代"阿奴"可以用作第一人称代词，男女尊卑都可用，语体不限，如《变文集》卷二《韩擒虎话本》："（陈王）当时宣问：'阿奴今拟兴兵，收伏狂秦，卿意若何？'"俞理明进而指出"奴"早在六朝佛教经典中已经可以充当第一人称代词。① 这说明从汉到唐，闪含民族一直与华夏民族保持频繁的接触和互动。

值得注意的是，不同时代，"阿奴"可以表示第一人称，也可以表示第二人称。周一良指出，在魏晋南北朝史书中，"阿奴"经常用作第二人称代词。② 这其实就是上古汉语"汝"的延伸。

"阿奴"同时可以表示第一人称和第二人称，从汉语内部无法解释，但是从语言接触角度就很好理解。唐代第一人称代词"阿奴"其实和闪含语第一人称代词是对应的，如：叙利亚语 'ena、阿拉伯语 'ana、阿法尔语 anu、希伯来语 'anoχi。除了"阿奴"之外，唐代还出现了疑问词"阿没"（中古音 *amuət），这和闪含语的疑问词 mənt 对应（详见第一章）。这些语言现象说明唐代与近东闪含民族也存在深度语言接触现象，这和以下一系列历史事实是对应的：唐代大秦景教流行中国碑中的叙利亚文的出现；唐高宗永徽二年，大食（阿拉伯）和大唐正式建交，然后展开激烈的角逐。③ 因此，从"阿奴"就可以看出唐代西北地区的民众和说闪含语的胡人有深度的语言接触。

有趣的是，大唐帝国的传奇皇帝李隆基在皇宫中经常以"阿瞒"自称，这其实和古波斯语 mana（我）、突厥语 men（我）是对应的。④ 大唐和波斯、伊朗语支的粟特关系非常密切，大量的古代波斯名物进入大唐。⑤ 大唐和突厥关系同

---

① 江蓝生、曹广顺：《唐五代语言词典》，上海教育出版社，1997 年，第 3 页；俞理明：《从佛经材料看六朝时代的几个三身称谓词》，《中国语文》1990 年第 2 期。

② 周一良：《魏晋南北朝史札记》，中华书局，1985 年，第 453—454 页。

③ 岑仲勉：《隋唐史》，河北教育出版社，2000 年，第 297—306 页。

④ Johnson, E. L. *Historical Grammar of the Ancient Persian Language.* Cincinnati and New York: American Book Company, 1917, p.135；陈宗振、努尔别克、赵相如：《中国突厥语族语言词汇集》，民族出版社，1990 年，第 138—139 页。

⑤ 详见劳费尔：《中国伊朗编》，林筠因译，商务印书馆，2015 年；乐仲迪：《信仰与葬仪：粟特人在中国的拜火教墓葬》，载乐仲迪：《从波斯波利斯到长安西市》，毛铭译，漓江出版社，2017 年，第 101—114 页。

样密切，唐朝初年曾向突厥称臣，而突厥后来又归降唐朝，李世民击溃东突厥之后，大量突厥人成为大唐高官，[①] 从中也可以看出大唐帝国的宏伟气象。

在唐朝口语中出现闪含语、波斯语、突厥语的人称代词和疑问词，这体现出大唐帝国的恢宏气象。同时也表明，语言学可以补充历史学、文献学背后的很多细节。

5.2 丝绸之路亲属名词的语言共性及语言考古学

5.2.1 丝绸之路"爸爸""妈妈"的语言共性

雅各布森较早关注到，全世界大多数语言的"爸爸""妈妈"的说法高度相似，基本上都是 papa 和 mama。雅各布森认为这跟人类吃奶时候伴随发出的声音有关，这可以解释"母亲"为何读为 mama，但这无法解释"爸爸"为何是 papa。[②]

通过对丝绸之路沿线语言中的"爸爸""妈妈"读音的讨论，我们可以看到，70% 的语言都符合雅各布森的归纳，"爸爸"主要辅音一般为双唇塞音 p 或 b，而"妈妈"主要辅音一般是双唇鼻音 m。另外，从表 5-2、表 5-3[③]、表 5-4 可以看到，突厥语非常特别，"爸爸"主要辅音是齿龈塞音 t，而"妈妈"则是齿龈鼻音 n。可以看到，绝大部分语言中，"爸爸"是塞音（p、b、t），"妈妈"是鼻音（m、n）。

[①] 唐长孺：《魏晋南北朝隋唐史讲义》，中华书局，2012 年，第 148—150 页。

[②] Jakobson, R. "Why 'mama' and 'papa'?" In *Selected Writings, Vol. I: Phonological Studies*. The Hague: Mouton, 1962, pp.538-545; Hurford, J. R. *The Origins of Grammar: Language in the Light of Evolution II*. New York: Oxford University Press, 2012, p.136.

[③] 在表 5-2 和表 5-3 中，我们把明显的借词剔除，这样更容易看清楚"爸爸""妈妈"声母的总体趋势。印欧语中"父亲"还有一个说法是 dad，但是极有可能是来自突厥语的 dada（父亲），因此不计入表格。

表 5-2　丝绸之路沿线的"爸爸"词根的主要辅音分布

语言	汉藏语	侗台语	苗瑶语	南亚语	蒙古语	闪含语	印欧语	突厥语	满通古斯语	南岛语
M	—	—	—	—	—	—	—	—	+	+
B	+	+	+	+	+	+	+	—	—	—
G	—	—	—	+	—	—	—	—	—	—
D	+	+	+	+	+	—	—	+	—	—

表 5-3　丝绸之路沿线的"妈妈"词根的主要辅音分布

语言	汉藏语	侗台语	苗瑶语	南亚语	蒙古语	闪含语	印欧语	突厥语	满通古斯语	南岛语
M	+	+	+	+	+	+	+	—	+	+
N	+	+	+	+	—	—	—	+	+	+
G	—	—	—	+	—	—	—	—	—	—

表 5-4　世界上各大语言中的"爸爸""妈妈"的辅音

语言	大多数语言	突厥语	满通古斯语
爸爸	B	D	M
妈妈	M	N	M

其实最有可能的原因在于，婴儿在被哺乳时，嘴巴一般是封闭的，发出的自成音节鼻音是 m，嘴唇有时略微张开，发出的自成音节鼻音是 n，自成音节鼻音最大的特点是可以不用张嘴爆破。① 由于哺乳的高度重要性，婴儿学会的第一个词肯定是和"妈妈"有关的，而最有优势的自成音节鼻音是 m。因此这时呼喊"妈妈"就有了自成音节开口的动作，就变成 ma 了。"爸爸"作为第二重要的人，婴儿肯定有意识，但是为了区别于"妈妈"，于是在努力呼喊"爸爸"时，增强表达效果的最优路径就是将 m 塞音化，变成 p 或者 b，所以世界上多数语言爸爸的称呼是 pa、ba 等 BV 类型。婴儿被哺乳时，发出自成音节鼻音 n，称呼妈妈为 na，爸爸为 ta、da，本质就是将 n 塞音化，这是与妈妈的称呼最相近的读音，也充分说明了爸爸的重要性。

值得注意的是，满通古斯语"爸爸"是 ama，"妈妈"是 əmə，两个重要亲属名词的主要辅音都是 m，这也可以验证上文的观点。婴儿被哺乳时，嘴巴封闭时最优的语音是 m，以至于"爸爸"和"妈妈"的主要辅音都是 m，但是为了能区分"爸爸"和"妈妈"，只能通过元音的变化，"爸爸"采用 a，"妈妈"则采

---

① 叶晓锋：《汉语方言语音的类型学研究》，复旦大学博士学位论文，2011 年，第 39 页。

用 ə。在世界各大语言中，开口度大的元音 a 经常用于表示与男性相关的概念，开口度小的元音 ə 经常用于表示与女性相关的概念，这是一个普遍现象。如满语中，haha 表示"男人"，həhə 表示"女人"。[①]

如果从全球语言演化的角度看，"爸爸""妈妈"的语音一开始肯定高度相似，因此，我们认为满通古斯语保留了"爸爸""妈妈"最古老的语音形态，此后才有了 pa-ma 系统（即 pa 表示爸爸，ma 表示妈妈），这也是全球多数语言称呼爸爸妈妈的方式。满通古斯语中"妈妈"还有一个形式表现为 ənijə、ənin 等主要声母为 n，这个形式和南岛语 ʔina（妈妈）、突厥语 ana（妈妈）对应。满通古斯语的 ama（爸爸）和南岛语 ama（爸爸）也是对应的，可见满通古斯语和南岛语之间关系密切。

突厥语的父母称谓可以归纳为 ta-na 系统，其中 ta 表示"爸爸"，na 表示"妈妈"，因为这个双亲称呼系统没有 -m 辅音。"爹""娘"从源头上看，是来自突厥语的 ta（爸爸）、na（妈妈）。与此相似的称呼主要是在中亚、东亚以及欧洲流行（如英语 dad）。欧洲语言中的"父亲"除了 father 之外，还有 dad，但是没有 na、nan、nana 等语音形式表示母亲。从这里可以看出，欧洲有一部分突厥民族征服了欧洲土著，他们抢夺了说印欧语的女子为妻，因此印欧语中"父亲"有两个系统，一个是 father 系统，另外一个是 dad 系统，一个是印欧语母亲教给子女的，还有一个是父亲出于习惯，让子女称呼他为 dad。由于欧洲女子母语为印欧语，因此母亲的称呼只有一个 mother 系统。

印欧语和闪含语的父母称谓可以归纳为 pa-ma 系统，其中 pa 表示"爸爸"，ma 表示"妈妈"，可以看出这两个语言关系密切。欧亚大陆侗台语、苗瑶语、南亚语、汉藏语等语言的父母称谓同时存在 pa-ma 系统和 ta-na 系统。这些语言固有系统为 pa-ma 系统，但还存在 ta-na 系统，说明古代北方民族的 ta-na 系统进入汉语系统之后，成为汉语新元素，进而通过汉语传入古代南方民族。

5.2.2 丝绸之路"爸爸""爷爷"的语言共性

在丝绸之路沿线语言中，表示"爷爷"的词语经常和其他语言的"爸爸"语音相同或相似。

---

① 朝克：《满通古斯语族语言词汇比较》，中国社会科学出版社，2014 年，第 126 页。

从表 5-5 可以看出，乌兹别克语的 baba "爷爷" 显然和珞巴语 abo（父亲）、壮语 po⁶（父亲）对应，珞巴语的 ato（爷爷）、马散语的 taʔ（爷爷）显然和乌兹别克的 atɛ（爸爸）对应，壮语的 koŋ¹（爷爷）和马散语的 kʋiŋ（爸爸）对应。总的来看，从语音上看，不同语言之间 "爸爸" 和 "爷爷" 的语音形式经常是相同或相似的。

表 5-5　丝绸之路沿线的 "爸爸" "爷爷" 同构现象

语言	乌兹别克语	珞巴语	壮语	马散语
爸爸	atɛ	abo	po	kʋiŋ
爷爷	baba	ato	koŋ	taʔ

这个现象给我们很大启发，上古汉语的 "祖" 表示 "爷爷"，"祖" 的声母是精母字，一般构拟为 *ts，但根本找不到对应的词语。由于精组和端组在谐声上存在许多关联，如果把部分精组字处理为 *t，那么 "祖" 上古音为 *ta，这和突厥语的 ata（爸爸）完全对应。

5.2.3　上古汉语 "夫妇" "夫妻" 与语言考古学

上古汉语中，"妇" 和 "妻" 都可以表示 "妻子"。在战国竹简中，"夫妻" 见于秦国竹简，如《睡虎地秦简》："正月、七月朔日，以出母（女）、取妇，夫妻必有死者。"[1] 而 "夫妇" 则见于楚国竹简，如《郭店简·六德》："生民斯必又（有）夫妇、父子、君臣。"[2] 秦国处于华夏西北，楚国位于华夏东南，地理分布上的差异非常明显。由此可以看出，"妻" 在上古中国西部出现，"妇" 则见于东部。秦与西部其他外族接触和互动非常频繁，这些外族里肯定有闪含民族。

甲骨文中，表达 "女人" 最常用的是 "妇" 字，"妻" 字虽然出现，但其出现语境总体比较受限，而且突然出现后又突然消失了。[3] 由此可见，"妻" 可能是借词。正因为 "妻" 是后来进入的，所以 "夫妇" 一词出现比 "夫妻" 在时间上更早、在频次上更多。从词源来看，"妇" 与侗台语、苗瑶语的 pwa²（女人）、buuk⁷（女人）对应，是上古中国汉语的固有词。"妻" 和闪含语的 sitt（女人）、

---

[1] 睡虎地秦墓竹简整理小组：《睡虎地秦墓竹简》，文物出版社，1990 年，第 241 页。

[2] 荆门市博物馆：《郭店楚墓竹简》，文物出版社，1998 年，第 188 页。

[3] 于省吾：《甲骨文字诂林》，中华书局，1996 年，第 464 页。

sur（女人）对应，是来自闪含语的借词。

值得注意的是，"西施"（*sithal）这个名字最早出现于战国时代，[①] 但是语源不详，很有可能是闪含语 sitt（女人）或印欧语 sister "姐姐、妹妹"的音译，本义为"女人""美女"或现在口语常说的"小姐姐"。

5.2.4 上古汉语"牡牝""雌雄"与语言考古学

上古汉语、南亚语以及南岛语的"雄"与"雌"见表 5-6。"牡""牝"概念应该来自南亚语、南岛语。商朝甲骨文"牡""牝"经常一起出现，如"牝牛、牡牛"。这反映了商朝和南亚语、南岛语民族在语言文化上关系密切。

表 5-6　上古汉语、南亚语以及南岛语的"雄"与"雌"

语言	上古汉语	南亚语	南岛语
雄	牡（*mu）	me	mu
雌	牝（*bin）	bun	pain

根据出土文献，上古汉语的"雌雄"最早出现于春秋战国时代，如《郭店简·语丛四》："一雄四雌。""雌"（*tʰil/*sil）、"妻"（*tʰil/*sil）和闪含语的 SVD~SVR 类型对应，如：闪米特语 sitt、卡比乐语 sur。"雄"可能对应侗台语的 koŋ（男人）、南亚语 koŋ（爸爸）。"雌雄"是楚语的固有词。"雌"（*tʰil/*sil）、"妻"（*tʰil/*sil）反映出战国时代闪含民族和华夏民族发生了语言接触。

5.3　丝绸之路天文名词的语言共性及语言考古学

5.3.1　丝绸之路天文名词的语言共性

5.3.1.1　丝绸之路沿线语言"太阳""月亮""星星"同形现象

法国人类学家列维-斯特劳斯曾指出一个有趣的语言现象，在许多美洲语言中，往往用同一个词语表示"太阳"和"月亮"。比如，易洛魁语中 karakwa

---

① "施"在战国出土文献中经常和"它"通假，因此，"施"的上古音与"它"相似。"它""施"通假现象，详见白于蓝：《简帛古书通假字大系》，福建人民出版社，2017 年，第 448 页。

同时表示"太阳"和"月亮",从词义来看,本质都是"发光体"。[①]通过上文对丝绸之路沿线语言中的太阳、月亮、星星等天体名词的探讨,我们注意到不仅美洲语言中太阳和月亮存在同源现象,在闪含语中,太阳和月亮也有同源现象,如阿卡德语 šamšu(太阳),埃及语 sšmt(月轮)。此外,月亮和星星也存在同源现象。比如闪含语中的"星星",博斯语 ŝaar,格伦通语 saar;"月亮、新月",索科特里语 ŝeher,吉巴里语 ŝɛhər。闪含语经常会在元音前面增生一个 h,因此,索科特里语 ŝeher(月亮)和博斯语 ŝaar(星星)明显是同源词。[②]

可见,在丝绸之路沿线语言中,"太阳""月亮""星星"存在语音同形的普遍现象。

从表 5-7 可以看出,以 L 或 R 为核心辅音的音节,在近东语言可以表示"太阳",在苗瑶语中表示"月亮",侗台语中则表示"星星"。S-L/R 音节在印欧语中表示"太阳",在闪含语和蒙古语中表示"月亮",在部分闪含语中还可以表示"星星"。

表 5-7　丝绸之路沿线语言的"太阳""月亮""星星"音节同构现象

语言	L- / R-		S-L/S-R		M-N		G-D	
太阳	la	闪含语	sol	印欧语	maŋ	侗台语	kadaw	南岛语
月亮	la	苗瑶语	sara	蒙古语	moon	印欧语	guḍi	达罗毗荼语
星星	lau	侗台语	ŝaar	闪含语	maɲ	南亚语	guiazda	印欧语

M-N 音节在侗台语中表示"太阳",在印欧语中表示"月亮",在南亚语中表示"星星"。G-D 音节在南岛语中表示"太阳",在达罗毗荼语中表示"月亮",在印欧语中表示"星星"。

由此可见,我们在世界各大语言中寻找同源或者借用关系时需要注意,"太阳""月亮""星星"有可能是同源词或关系词,三者就意义来说,本质都是发光体。因此,在语言比较时,A 语言的"太阳"可能对应 B 语言的"月亮"或"星星"。同理,A 语言的"月亮"也可能对应 B 语言的"太阳"或"星星"。

---

① 克洛德·列维-斯特劳斯:《结构人类学》(2),张祖建译,中国人民大学出版社,2006 年,第 703 页。

② Orel, V. E. & Stolbova, O. V. *Hamito-Semitic Etymological Dictionary: Materials for a Reconstruction*. Leidon: Brill, 1995, p.124;Bennett, P. R. *Comparative Semitic Linguistics:A Manual*. Indiana: Eisenbrauns, 1998, p.230.

这一规律有助于我们找到更多同源对应关系。上古汉语的"阳"（*daŋ）一直以来找不到在周边民族语言中对应的词语，其实主要由于我们是以"太阳"对应"太阳"这个思路去寻找答案的。如果按照"太阳""月亮"同源的思路，"阳"（*daŋ）与达罗毗荼语 tiṅkaḷ（月亮）对应。上古汉语的"月"（*ŋwat）应该和达罗毗荼语的 guḍi（月亮）、印欧语的 guiazda（星星）对应。

通过上文的材料，我们还可以发现一个有趣的现象。从世界范围来看，天体类名词存在很明显的辅音换位现象。比如：藏缅语中的"太阳"，羌语 mun，怒语 nɛm，哈尼语 nɔ ma。可以看到，表示"太阳"的词语存在辅音换位现象，羌语和僜语的辅音组合是 m-n，而怒语和哈尼语的辅音组合是 n-m，两者刚好相反。藏缅语中的"月亮"，藏文是 zla ba，哈尼语是 ba la。藏文中，z- 是前缀，la ba 是词根，其辅音组合为 l-b，而哈尼语的辅音组合则为 b-l，两者也是相反的。

5.3.1.2　丝绸之路"风"的语言共性

在丝绸之路沿线语言表示"风"的词汇中，最常见的是"气"（GVD~GVL）和"颰、飑、䬃、颲"（BVD~BVL~XWVD）这两个系列（见表 5-8）。

表 5-8　丝绸之路沿线语言中"风"的两大类型

GVD~GVL		BVD~BVL	
上古汉语	*kʰit~*kʰil 气	上古汉语	*bat 颰
苗瑶语	ki	侗台语	van
南亚语	kɤ	南岛语	bali
蒙古语	kəi	印欧语	vāta
突厥语	*jer<*gel	闪含语	bar
满通古斯语	khəd		
闪含语	hawɛy		

由于 g>j 是常见的音变，突厥语的 jel 可能来自满通古斯语的 oggeel（龙卷风），又由于 -l 韵尾和 -t 韵尾可以互变，所以突厥语的 *jel<*gel "风"和上古汉语的"气"（*kʰət~*kʰəl）也是对应的。

由于 kh>h>ø 是常见音变，满通古斯语中的 ədun（风）的更早阶段可能是hədun 或 khədun，，həd 和 khəd 是它的词根，这个词根显然对应上古汉语的"气"（*kʰət~*kʰəl）。

　　因此，上古汉语的"气"（*kʰət~*kʰəl）和苗瑶语 ki⁵⁴（风）、南亚语 kr（风）、蒙古语 kəi（风）、突厥语 jel（<*gel）（风）、满通古斯语 ədun（风）、闪含语 hawɛy（风）对应。由此可见，闪含语的 hawɛy（风）相对简单，没有韵尾，可能是借自上古中国的"气"（*kʰət~*kʰəl）。

　　由于 b 经常会变成 v，在 w 或 v 前面增生 h 是常见音变现象，而韵尾 -n、-l、-t 经常互变，上古汉语的"颲"（*ɣwət）、"颮"（*hwət）、"颴"（*hwət）、"颰"（*ɣwit）与以下语言中的"风"对应：侗台语中的 BVN 语音类型的"风"〔如：加茂语 vɯat⁷（风），保黎语 hwot⁷（风）〕、南岛语中的 BVLV 语音类型的"风"〔如：萨斯特语 bali（风），卑南语 vaḷi（风）〕、印欧语中的 BVD~BVDR 语音类型〔如：梵文 vāta（风），威尔士语 awel（风），俄语 veter（风）〕[①]、闪含语中的 BVR 语音类型〔如：阿拉伯语 bārih "风"〕。

　　考虑到唇音和软腭音经常互变，因此"气"（GVD~GVL）和"颲、颮、颴、颰"（BVD~BVL~XWVD）又可以追溯到同一个源头。总体而言，GVD~GVL 语音类型的"风"在地理上呈现出亚洲南北纵向分布的特点，而 BVD~BVL 语音类型的"风"在地理上呈现出亚欧非东西横向分布的特点。最好的解释就是，GVD~GVL 语音类型的"风"原来分布于欧亚大陆北部的丝绸之路，后来随着部分民族南迁，于是在南方出现了 GVD~GVL 语音类型的"风"。BVD~BVL 语音类型的"风"分布于横穿亚欧非的海上丝绸之路，这和人类走出非洲的迁徙路线重合，这一类型的读音是"风"更为古老的读音。

　　通过对丝绸之路沿线语言中"风"的比较，可以确定："飓风"是"颰风"的错别字。《集韵》："飓，衢遇切。越人谓具四方之风曰飓。"戴侗《六书故》："颰，补妹切。海之灾风也。俗书误作飓。"[②] 由于"貝"和"具"非常相似，所以从汉语内部来看，难以确定"颰风""飓风"何者为是。但是从丝绸之路语言"风"的语音许多是 bali 来看，由于 -t 和 -l 经常互变，"颰"（*bat）与 bali 读音非常接近。因此，"飓风"是"颰风"的错别字。

---

　　① BVJ 是来自 BVD、BVR、BVR，j 进而演变为 i 或 y。
　　② 宗福邦等：《故训汇纂》，商务印书馆，2003 年，第 2512 页；（宋）戴侗：《六书故》，上海社会科学院出版社，2006 年，第 466 页。

5.3.2　上古汉语天文名词与语言考古学

根据上文的讨论，可以看出，上古汉语中许多天文术语明显有周边语言影响的痕迹。西周金文常见的"既生霸""既死霸"，"霸"（*pak）又作"魄"（*phak），表示"月亮""月亮的光亮处"，[①]但是语源不详，这个词借自满通古斯语的 bag（月亮）。"宿"表示"星星"，这个词借自满通古斯语的 usiha（星星）。"辰"（*din）则和印欧语 stern（星星）相关。

"旻"（*min）为 MVN 类型，与侗台语和印欧语中的"天"在音节结构上是对应的，如：侗语 mən¹，古冰岛语 himinn。因此，"旻""天"的组合可能与侗台语是有关联的。"上"（*daŋ）为 DVNG 类型，与蒙古语中的 DVNGVR 类型在音节结构上有相似之处，如：正蓝旗 təŋgər，巴林右旗 təŋgər。因此，"上"（*daŋ）与蒙古语可能有联系。

闪含语的 bəlan（天）、bun（天）、buŋ（天）是从侗台语 bən²（天）和南亚语 blεiŋ（天）处借来的。这对于解开秦始皇的谜案非常有帮助。秦始皇统一六国之后，东游时，在"博浪沙"这个地方遭受了张良的狙击。张良能在这里精心布局，准备刺杀秦始皇，这说明"博浪沙"是秦始皇的必经之地，秦始皇统一六国之后最喜欢祭拜名山大川等神圣空间。从这一角度看，"博浪沙"肯定是一个神圣空间。"沙"就是"厦"或"所"，表示地点或场所，"博浪"的上古音为 *paklaŋ。由于 -k 经常会变成喉塞音韵尾 -ʔ，进而演变为零声母，所以"博浪"的上古音也可以是 *paʔlaŋ 或 *palaŋ。这里的"博浪"（*paklaŋ、*paʔlaŋ、*palaŋ）可能就是南亚语 *plεŋ（天），"博浪沙"是"天堂"之意。

上古汉语中"伯"（*pak）经常可以表示"天神"，如"河伯""风伯"。这个词语和波斯语 bag（神）对应。而波斯语 bag（神）可能又是借自满通古斯语 abka（天）、bog（天）。上古汉语的"玉女"表示"神女""仙女"，"玉"（*ŋok）应该就是来自突厥语 køk（天空）。

[①]　王国维：《观堂集林》，河北教育出版社，2001 年，第 8 页；景冰：《西周金文中纪时术语——初吉、既望、既生霸、既死霸的研究》，《自然科学史研究》1999 年第 1 期。

5.4　丝绸之路神话的语言考古学

此前历史比较语言学更多地注重语词本身的比较，对于语词背后的物质文化史和精神观念史（如神话、图腾、观念），相对来说关注不多。其实，所有神话和图腾背后都有物质实体的原型，而这些物质实体以语词的方式被表征或指涉，神话是对词与物之间关系的一种原始阐释。① 对于创造神话的民族而言，词与物及其背后的神话与图腾之间的指涉关系是清晰的。但是，随着时间的流逝、神话与图腾的传播以及部落的迁徙和融合等外部条件的变化，神话背后深层的指涉逐渐模糊，神话和图腾失去其语言之根，以至于变得晦涩难解。这就意味着，语词本身的考古可以是解开神话学谜底的密钥。借助语言考古学，可以探究神话深处的词与物，重构神话表层背后的深层指涉，进而确认神话和图腾的原生之地。于是，以神话为对象，以语言考古学为利器，可以重现神话背后的文明史。一直以来，华夏文明与丝绸之路沿线其他文明一直处于深度的语言文化接触中，吸收借鉴其他民族的神话和图腾观念的同时，华夏文明的神话和图腾观念也被接受和传播。但是，由于信息不对称，翻译不发达，肯定存在误读问题，因此，大量神话和图腾的交流史散落或湮没于历史长河之中。通过语言考古学，将上古汉语与丝绸之路沿线语言进行比较，有助于我们还原和重建许多神话和图腾背后的文明交流史。

5.4.1　祝融和共工神话的语言考古学

祝融和共工是中国古代神话中的火神和水神，但是他们名字的语源一直不太清楚。其实从丝绸之路沿线语言比较的角度看，还是可以得到一些线索的。

《山海经·海外南经》："南方祝融。"郭璞注："祝融，火神也。"《左传·昭公二十九年》："火正曰祝融。"在上古神话传说中，"祝融"就是火神的名称。但是"祝融"的命名理据现在存在较大的争议。《国语·郑语》："夫黎为高辛氏火正，以淳耀敦大，天明地德，光照四海，故命之曰祝融。"《白虎通》："谓之祝融

---

① 本节写作深受福柯启发，详见米歇尔·福柯：《词与物：人文科学的考古学》，莫伟民译，上海三联书店，2016 年。

何？祝者，属也；融者，续也。言能属续三皇之道而行之，故谓祝融也。"可见，《国语·郑语》认为"祝融"的命名显然和"光明"有关，但是从字面上看，"祝"和"光明"之类的意思并不相关。《白虎通》认为"祝融"的名称和"延续三皇之道"有关。显然，《白虎通》增字解经是不可取的。

"祝"上古是幽部字，上古侯部和幽部比较接近，经常发生通假现象。"主"的谐声系列和"祝"的谐声系列发生通假，如"注"和"祝"通假，《周礼·天官·疡医》："掌肿疡、溃疡、金疡、折疡之祝药劀杀之齐。"郑玄注："'祝'当为'注'。""蜀"的谐声系列也和"祝"发生通假，《诗经·墉风·干旄》："素丝祝之。"郑玄笺："祝当作属。"①

因此，我们认为"祝"应该读为"烛"或"主"，表示"火把"或"火"。"融"，《说文》："炊气上升也。""炊"自然也离不开火。

"烛"（*tok）可以直接从苗瑶语和南亚语中找到同源词，黔东苗语 tu⁴（火），川黔滇苗语 deu⁴（火），布努瑶语 tu⁴（火），勉瑶语 to⁴（火）。②南亚语中，马散语 dok（点火），岩帅语 tok（点火），孟汞语 tok（点火），茶叶箐语 tɔk⁵⁵（点火）。③由于 n 和 l 经常互变，"融"（*luŋ）和越南语 nuong（烤、炙）对应。④因此"祝融"是个与南亚语、苗瑶语相关的词语。

上古神话中"共工"是水神的名称，《尚书·尧典》："共工方鸠僝功。"郑玄："水官名。"《左传·昭公十七年》："共工氏以水纪。"但是"共工"的语源同样不明。其实，"共"应该读为"洪"（*gloŋ）。"洪"，《说文》："洚水也。"又《说文》："洚，水不遵道。""工"（*kloŋ）应该读为"江"（*kloŋ），罗杰瑞、梅祖麟指出"江"是来自南亚语的借词。⑤南亚语中，"水，河水"，巴哈那语 krɔːŋ，卡姆元语 krɔ́ːŋ，占语 krɔːŋ。⑥这些词语和上古汉语的"江"（*kloŋ）是对应的。

---

① 高亨、董治安：《古字通假会典》，齐鲁书社，1989 年，第 348、351 页。

② 中央民族学院苗瑶语研究室编：《苗瑶语方言词汇集》，1987 年，中央民族学院出版社，第 73—74 页；Peiros, I. Comparative Linguistics in Southeast Asia, *Pacific Linguistic*, 1998(142).

③ 颜其香、周植志：《中国孟高棉语族语言与南亚语系》，社会科学文献出版社，2012 年，第 749 页。

④ 何成等：《越汉辞典》，商务印书馆，2014 年，第 755 页。

⑤ Norman, J. & Mei, T. The Austroasiatics in Ancient South China: Some Lexical Evidence, *Monumenta Serica*, 1976(32).

⑥ Shorto, H. L. *A Mon-Khmer Comparative Dictionary*. Canberra: Australian National University, 2006, p.212.

这无疑是正确的。根据语音，可以看出，"洪"和"工"（*kloŋ）读音相似，都与"水"有关，其实是来自南亚语 krɔːŋ（水，河水）。

由此可见，上古神话中的火神祝融、水神共工的命名理据和南亚语有关。从文化源流来看，祝融和共工是来自以长江文明为代表的古代亚洲南方的神话。

5.4.2　龙的全球史：语言考古学的视角

5.4.2.1　龙和语言考古学

"龙"是我们华夏民族的图腾。

"龙"（*loŋ），《说文》："龙，鳞虫之长。能幽，能明，能细，能巨，能短，能长；春分而登天，秋分而潜渊。""龙"（*loŋ）还有一个变体为"蜧"（*lun），《说文》："蜧，蛇属，黑色，潜于神渊，能兴风雨。""龙"（*loŋ）和"蜧"（*lun）读音相似，皆为流音声母与鼻音韵母的组合，即 LVNG~LVN 类型。

雨水对于人类社会而言一直是非常重要的自然资源，根据甲骨文的记载，商朝经常祭祀"龙"求雨。裘锡圭指出商代甲骨文卜辞中有作土龙求雨的仪式，如"其作龙于凡田，又（有）雨"。"龙"在商朝人的心目中非常重要，去世的祖先称谓前面经常加一个"龙"字，如"龙甲""龙母"。[1] 不过龙崇拜并非从商朝开始，刘一曼指出，商朝的龙崇拜可以追溯到新石器时代。[2] 可见华夏民族的龙文化历史极为悠久。从全球视野来看，中国是龙文化历史最悠久的国家。龙称得上是中国最经典的文化符号。

一般对"龙"的原型有两种解释，一说是"蛇"，另一说是"鳄鱼"。这两个解释并不矛盾，比如在《圣经》里也用"鳄鱼"指代"蛇"。[3] 闪米特语中，"蛇"和"鳄鱼"是同一个词语，都是 tannin。[4]

通过比较，我们发现"龙"（*loŋ）、"蜧"（*lun）和丝绸之路沿线的南亚语、突厥语、蒙古语、印欧语以及闪含语中的"龙""蛇"相似，如：阿瑞姆语

---

① 裘锡圭：《说卜辞的焚巫尪与作土龙》，载《裘锡圭学术文集》（第1卷），复旦大学出版社，2012年，第194—205页。
② 刘一曼：《略论甲骨文与殷墟文物中的龙》，《三代考古》2004年第1期。
③ Coogan, M. *The Old Testament: A Very Short Introduction*. Oxford: Oxford University Press, 2008, p.36.
④ Orel, V. E. & Stolbova, O. V. *Hamito-Semitic Etymological Dictionary: Materials for a Reconstruction*. Leidon: Brill, 1995, p.498.

ulan（大蛇），蒙古语 luu（龙），撒拉语 lun（龙），西部裕固语 alu（龙），乌兹别克语 ilan（蛇），丹麦语 slange（蛇），古高地德语 slango（蛇），中古高地德语 slange（蛇），当伽拉语 alo（蛇），比迪亚语 ˤaalo（蛇），捷古语 ˤillo（蛇），吉兹语的 ʔarwe（龙、巨蛇）。[①]

古代赫梯语中的 illuanka（蛇）语源不明，克罗克霍斯特指出这个词语肯定不是来自印欧语。[②] 通过上面的比较分析，我们就可以看出，这个词语与上古汉语的"龙"（*loŋ）对应，可能是来自上古汉语的借词。

从表 5-9 可以看出，南亚语 ulan（蛇）、蒙古语 luu（龙）、突厥语 ilan（蛇）、印欧语 slange（蛇）、赫梯语 illuanka（蛇）、闪含语 aalo（蛇）的核心词根都是流音和元音组合，这些亚欧大陆北部的丝绸之路沿线语言中的词语与上古中国的"龙"（*loŋ）在语音上有着高度相似性，或与早期中国有共同来源，或借自早期中国。总体而言，以"龙"（*loŋ）为核心的龙图腾呈现出从东向西传播的特征。

表 5-9　丝绸之路沿线文明的"龙"和"海神"：LV~LVN~LVNG 音节类型（流音 + 鼻音）

语言		语音
汉藏语	上古汉语	*loŋ（龙）
南亚语	阿瑞姆语	ulan（大蛇）
蒙古语	蒙古语	luu（龙）
突厥语	乌兹别克语	ilan（蛇）
印欧语	赫梯语	illuanka（蛇、龙）
闪含语	当伽拉语	aalo（蛇）

5.4.2.2　鼍和语言考古学

一般认为上古汉语中的"鼍"是扬子鳄。"鼍"，《广韵》读音为"徒河切"。《汉书·司马相如传》："建翠华之旗，树灵鼍之鼓。"颜师古注："鼍音徒何反，又音徒丹反。"[③] 这就意味着"鼍"的上古音存在两个读音：定母歌部（*dal）和定母

① Ferlus, M. Arem, a Vietic Language, *Mon-Khmer Studies*, 2013, 43(1)；Phaiboon, D. Glossary of Aslian Languages: The Northern Aslian Languages of Southern Thailand, *Mon-Khmer Studies*, 2006(36)；Buck, C. D. *A Dictionary of Selected Synonyms in the Principal Indo-European Languages.* Chicago: The University of Chicago, 1949, p.194；孙竹：《蒙古语族语言概论》，青海人民出版社，1990，第 483 页；陈宗振、努尔别克、赵相如：《中国突厥语族语言词汇集》，民族出版社，1990 年，第 433 页。

② Kloekhorst, A. *Etymological Dictionary of the Hittite Inherited Lexicon.* Leidon: Brill, 2008, p.384.

③ （汉）司马迁：《史记》，中华书局，1962 年，第 2569 页。

元部（*dan）。关于"鼍"的体形特征，又见《春秋繁露·五行顺逆》："则鼋鼍大为。"《博物志》："鼍，长一丈，一名土龙。"① 但是成年扬子鳄长度一般在两米左右，远远不到一丈。从这一点看，这里的"鼍"更有可能是"蛇"。此外，从《博物志》可知，"鼍"还有"土龙"（*tʰalong）的说法。

在南亚语中，"大蛇"，坎修语 talen，提阿德语 talen，雅哈伊语 talon，田恩语 talen，越南语 tran。② 可以看出，上古汉语的"鼍"（*dan）和越南语 tran（大蛇）非常相似，而"土龙"（*tʰalong）则和雅哈伊语 talon（大蛇）的语音很接近。

值得注意的是，在闪含语中"蛇"和"鳄鱼"是同源词：闪米特语 tannin（巨蛇、鳄鱼），希伯来语 tannin（巨蛇、鳄鱼），阿拉伯语 tinnin（巨蛇、鳄鱼）。这些词语的核心词根为 tan，tannin 等语音形式都在其基础上叠加韵尾产生。闪含语中的 tannin（巨蛇、鳄鱼）和上古汉语的"鼍"（*dan）对应，只不过后面叠加了韵尾 -nin。③

海德指出，在《旧约圣经》中 tannīn 不仅仅表示"巨蛇、鳄鱼"，还可以表示"恶龙（dragon）和海怪"。但是 tannīn 的语源一直没有得到合理的解释。④

根据上文所述，结合表 5-10，可知上古汉语的"鼍"（*dan）和越南语 tran（大蛇）、闪含语各语言中表示"巨蛇、鳄鱼"的词语的核心词根 tan 对应。同时，闪含语的各词语中普遍有一个重叠成分 nīn，从语言学一般规律来看，没有附加后缀的语言相对古老，也就是说，上古汉语"鼍"（*dan）最简洁，没有任何附加成分，所以代表了这一系列词语的更古老的形态，或者可能就是这一系列词语的词根。

---

① （宋）李石、（清）陈逢衡：《续博物志疏证》，凤凰出版社，2017 年，第 10 页。

② Ferlus, M. Arem, a Vietic Language, *Mon-Khmer Studies*, 2013, 43(1)；Phaiboon, D. Glossary of Aslian Languages: The Northern Aslian Languages of Southern Thailand, *Mon-Khmer Studies*, 2006(36).

③ Orel, V. E. & Stolbova, O. V. *Hamito-Semitic Etymological Dictionary: Materials for a Reconstruction.* Leidon: Brill, 1995, p.498.

④ Heider, C. G., Tannīn, T., et al. *Dictionary of Deities and Demons in the Bible.* Leidon: Brill, 1998, pp.834-836.

表 5-10　丝绸之路沿线文明的"龙"和"海神"：DVN 音节类型（齿音 + 鼻音）

语言		语音
汉藏语	上古汉语	*dan 鼍
闪含语	闪米特语	Tannin（巨蛇、鳄鱼、利维坦）
南亚语	越南语	Tran（大蛇）

从这一点看，上古汉语"鼍"（*dan）比越南语 tran（大蛇）、闪含语 tannin（巨蛇、鳄鱼）历史更为古老。早期中国文明中的"鼍"（*dan）经由海上丝绸之路，从东南亚传入近东的闪含语，成了《圣经》中的 tannin，即著名的海怪利维坦（Leviathan）的另外一个说法。

5.4.2.3　海神"若"和语言考古学

在公元前的上古中国典籍中，海神被称为"若"或"若鱼"，如《庄子·秋水》："河伯望洋向若而叹曰。"郭庆藩集释："若，海神也。"《庄子·外物》："任公子得若鱼。"成玄英疏："若鱼，海神也。"郭庆藩集释："司马云：'大鱼名若，海神也。'"[①]《庄子·外物》又记载："（若鱼吞钩之后）牵巨钩錎没而下，骛扬而奋鬐，白波若山，海水震荡，声侔鬼神，惮赫千里。"可见"若"（*nak）或"若鱼"作为水中生物，非常生猛，最有可能是"龙""巨蛇"或"鳄鱼"。在中国古代，龙就是海王，这和"若"的特征是相称的。[②]

值得注意的是，上古汉语中还有一个表示"鳄"的词语"蝉"（*ŋak）。由于 n 和 ŋ 经常可以互变，[③]同时"鳄鱼"和"蛇"在许多语言中都是同源词，因此，上古汉语的"若"（*nak）和"蝉"（*ŋak）是同源词。在侗台语中也有相同的词语，如：泰雅语 njək[8]（龙），西双版纳傣语 ŋək[8]（龙）。[④]侗台语同时存在 njək[8]（龙）和 ŋək[8]（龙）两种读音，声母分别为 n 和 ŋ，由此可见，上古汉语的"若"（*nak）和"蝉"（*ŋak）是同源词。

梵文中的 nāga 表示"巨蛇、龙"，[⑤]核心辅音是 NG 类型。闪含语也是如此，

---

① 郭庆藩：《庄子集释》，中华书局，1961 年，第 562、926 页。

② 到了唐朝，柳宗元也写过《东海若》，专门写东海之神若，详见杨秀礼：《海神若流变考释》，《文艺研究》2014 年第 6 期。

③ 如南亚语中，"糖"，马散语 namʔoi，硝厂沟语 ŋamʔoi。这里显然是 ŋam>nam。详见颜其香、周植志：《中国孟高棉语族语言与南亚语系》，社会科学文献出版社，2012 年，第 548 页。

④ 邢公畹：《汉台语比较手册》，商务印书馆，1999 年，第 357 页。

⑤ Apte, V. S. *The Practical Sanskrit-English Dictionary*. Poona: Prasad Prakashan, 1957, p.885.

如希伯来语 nahas（蛇）、乌加里特语 nhs（蛇），核心辅音都是 NGS 类型。显然这些词语和上古汉语的"若"（*nak）与"蚸"（*ŋak）是对应的。

有趣的是，突厥从汉语中借入了生肖纪年。在古代突厥语中，十二生肖中的龙年被称为 nək yili，[①] 其中 yili 表示"年"，nək 对应古代中国的"龙"，nək 在古代突厥语中意为"鳄鱼、鲨鱼"。由于突厥是北方草原民族，日常很少接触鳄鱼等水中猛兽，因此，突厥语 nək（鳄鱼、鲨鱼）肯定是个借词。这个词语和上古中国海神名字"若"（*nak）对应，无疑是借自上古汉语。

"若"（*nak）和梵文 nāga（巨蛇、龙）在语音上对应，核心辅音都是 NG 类型。在梵汉对音中，从"若"得声的"匿"对应 ŋdak，可见"若"和 nāga 确实非常接近。有意思的是，除了表示"巨蛇""龙"，在印度神话中 nāga 也是水神的名字。印度神话中的 nāga，人脸蛇身，[②] 和《庄子》中的"若"相对应，这为我们解读《庄子》提供了新的线索。但是印度梵文 nāga 不见于其他伊朗语支（如波斯语）等亚洲的印欧语，所以印度梵文的 nāga（巨蛇、龙）很有可能是来自上古中国的借词。波斯语水神 Anahita 语源一直不明，由于 h 和 k、g 都是软腭音，因此词根 nah 和"若"（*nak）相似，很有可能也是来自上古汉语的借词。

在北欧的日耳曼神话中，也存在一个海神，名为"纳克"（Nakk）。这位海神的名字在各日耳曼语言中分别为：德语 Nix，芬兰语 Nakki，爱沙尼亚语 Nakk，冰岛语 Nykur，挪威语 Nykk，瑞典语 Nack。[③] 有学者认为这个海神的语源和印欧语的 neigw（洗，净化）有关。但是，从神灵名称的演化规律来看，很少有动词"洗"演化为"水神"的例子，因此，有必要为日耳曼神话中的 nakk 的语源寻找一个更合理的解释。从全球史视野中的水神名称来看，日耳曼海神 nakk 显然和上古中国的海神"若"（*nak）对应。

在越南神话中，女海神名字是 Yan Po Nagar，一般这么理解：Yan 表示

---

① 麻赫默德·喀什噶里：《突厥语大词典》（第三卷），校仲彝、何锐、刘静嘉译，民族出版社，2001 年，第 150 页。

② Coleman, J. A. *Dictionary of Mythology: An A-Z of Themes, Legends, and Heroes*. London: Arcturus Publishing Limited, 2007, p.730.

③ Sayers, W. The Irish Bóand-Nechtan Myth in the Light of Scandinavian Evidence, *Scandinavian-Canadian Studies*, 1983(1)；Orel, V. E. *A Handbook of Germanic Etymology*. Leidon: Brill, 2003, p.287.

"神"，Po 是对地位尊贵者的称呼，Nagar 表示国家。[①] 但是为什么这个名字的意思可以和女海神相关，原来的解释并不明确，这显然存在问题。亚洲南方许多语言中，po 都表示"女性"，如：川黔滇苗语 po² (女人)，滇东北苗语 ɑ⁵po² (女人)，毛难语 po² (女人)，古代孟语 bo (妈妈)，特米亚尔语 bo:ʔ (妈妈)。可见，Po 表示"女性"，[②] Nagar 与上古中国的海神"若" (*nak)、梵文 nāga (水神) 对应，Yan 表示"神"。因此，Yan Po Nagar 的语源，应为"女海神"或"海中女神"之意。

在埃及神话中，尼罗河的女神名字是 Anaka 或 Anuket，《不列颠百科全书》将其语源解释为"拥抱者"，不过这在语义上很难和河神结合起来。[③] 有学者认为其词根是 nq，意思是"洪水来了"。[④] 为了说明水神和 nq 的本义"来了"之间的关系，只能增加"洪水"作为主语来解释，但是这是原来词根 nq 所没有的意思，这无疑是很牵强的。其实从主要辅音来看，Anaka 或 Anuket 都是齿龈鼻音和软腭音的组合，即 NG 结构，语源就是"若" (*nak)，意为"龙""蛇"或"水神"。

在近东苏美尔神话中，水神的名字是 Enki，[⑤] 在闪含语中，其字面意思是"土地之主"，显然和"水神"的身份没有直接关联。许多学者都怀疑这个解释，因此 Enki 的语源一直没有定论。如果仔细看这个词语的语音构造，可以发现 Enki 的核心辅音也是 n-k，和中国古代的海神"若" (*nak) 以及梵文 nāga (水神) 是一样的。

① 牛军凯：《从占婆国家保护神到越南海神：占婆女神浦那格的形成和演变》，《东南亚南亚研究》2014 年第 3 期。

② 中央民族学院少数民族语言研究所第五研究室：《壮侗语族语言词汇集》，中央民族学院出版社，1985 年，第 16 页；中央民族学院苗瑶语研究室：《苗瑶语方言词汇集》，中央民族学院出版社，1987 年，第 4—5 页；Shorto, H. L. *A Mon-Khmer Comparative Dictionary*. Canberra: Australian National University, 2006, p.96.

③ 详见 https://en.wikisource.org/wiki/Encyclop%C3%A6dia_Britannica,_Ninth_Edition/Anoukis, 2022-02-15.

④ Helck, W. & Otto, E. *Lexikon der Ägyptologie-Band I: A–Ernte*. Wiesbaden: Otto Harrassowitz, 1975, pp.333-334.

⑤ Black, J. & Green, A. *Gods, Demons and Symbols of Ancient Mesopotamia: An Illustrated Dictionary*. London: The British Museum Press, 1992, pp.133；Leick, G. *A Dictionary of Ancient Near Eastern Mythology*. New York: Taylor & Francis, 2003, p.40.

非洲甘族中海神的名字是 Nai。[1] 由于 g>i 是常见音变，如印欧语中的"蛋"：古冰岛语 egg，中古英语 egg，古高地德语 ei。[2] 如果 Nai 也经历了这样的音变，那么非洲甘族海神的名称可能来自 Nag，这就和中国古代的海神"若"（*nak）、梵文 nāga（水神）相同了。

nāga 在印度雅利安语中有一个变体 *nāṅga（龙）。[3] 在波斯语中也有一个类似的词语 nahang（鳄鱼、海怪、龙）。[4] 元音之间增生 h 是常见语言现象，因此这两个词语肯定是同源的。印度雅利安语的 *nāṅga 相对而言更为古老，但这个词在印度雅利安语中非常生僻，很可能是借词。

中国华南的苗瑶语民族中，表示"蛇"的词语多是 NVNG 类型，如：黔东苗语 naŋ[1]（蛇），川黔滇苗语 naŋ[1]（蛇）。[5] 可以看到，苗瑶语的 naŋ[1]（蛇）和印度雅利安语 *nāṅga 以及波斯语 nahang 对应。苗族的历史非常悠久，先秦时期苗族便与楚国有深度的交流和融合。[6] 由此可见早期南方中华文明的核心文化概念对印度、波斯的影响。

"若"（*nak）和侗台语 ŋək（龙、鳄）、突厥语 nək（鳄鱼、鲨鱼）、印度梵文 nāga（龙、水神）、闪含语 nahas（蛇）对应。"若"（*nak）还有一个变体——中国南方苗语中常见的 naŋ（蛇），这个词语后来传入印度和波斯，于是印度雅利安语和波斯语分别出现了 *nāṅga（龙）和 nahang（鳄鱼、海怪、龙）（表5-11）。由此可见中国南方对印度和波斯的影响。

综上，在世界各地神话中，有许多海神在语音上可以和海神"若"（*nak）对应。如：古越南女海神 Yan Po Nagar、印度龙王 nāga、古埃及尼罗河神 Anaka、苏美尔神话中的水神 Enki、非洲甘族海神 Nai（<*Nag）、日耳曼水神

---

① Coleman, J. A. *Dictionary of Mythology: An A-Z of Themes, Legends, and Heroes*. London: Arcturus Publishing Limited, 2007, p.31.

② Buck, C. D. *A Dictionary of Selected Synonyms in the Principal Indo-European Languages*. Chicago: The University of Chicago, 1949, p.207.

③ Turner, R. L. *A Comparative Dictionary of Indo-Aryan Languages*. London: Oxford University Press, 1962, p.404.

④ Steingass, F. J. *A Comprehensive Persian-English Dictionary*. London: Routledge & K. Paul, 1892, p.1439.

⑤ 中央民族学院苗瑶语研究室：《苗瑶语方言词汇集》，中央民族学院出版社，1987年，第86—87页。

⑥ 吕思勉：《中国民族史二种》，上海古籍出版社，2008年，第182页。

Nakk 等。这些国家的古代神话中关于水神和龙王的名字，用他们本国的语言难以解释。由于这些名字和上古中国的海神"若"在音节上相似，而"若"的词义又是从"巨蛇、龙"演变而来的，符合语言演变的一般规律，因此，这些海神或水神极有可能是源自上古中国的海神"若"。

海神"若"（*nak）的原型为"蛇、鳄鱼"，和"龙"一样，在亚欧非大陆有着广泛的影响力，其传播路线可以概括为：从中国南方出发，沿着海上丝绸之路，途经东南亚、印度、波斯、西亚和非洲，进入了古埃及和苏美尔神话，然后继续传播到欧洲的日耳曼民族。

表 5-11　丝绸之路沿线文明的"龙"和"海神"：NG 音节类型（齿龈鼻音 + 软腭音）

语言		语音
汉藏语	上古汉语	*nak 若（海神、巨蛇、鳄鱼） *ŋak 蝉（鳄鱼）
突厥语	古代突厥语	nak（鳄鱼、鲨鱼）
苗瑶语	苗语	naŋ（蛇）
侗台语	西双版纳傣语	ŋək（龙）
印欧语	梵文	nāga（水神）
	雅利安语	*nānga（龙）
	波斯语	nahang（鳄鱼、海怪、龙）
闪含语	希伯来语	nahas（蛇）
	乌加里特语	nhs（蛇）
神话专名	越南神话	Yan Po Nagar（女海神）
	埃及神话	Anaka（尼罗河女神）
	苏美尔神话	Enki（水神）
	非洲甘族神话	*Nag>Nai（海神）
	波斯神话	Anahita（水神）
	日耳曼神话	Nakk（水神）

5.4.2.4　龙和龙文化共同体

通过对丝绸之路沿线各地区和民族中的"龙"和"海神"的比较语言学考察，我们可以还原亚洲文明中的经典概念——"龙"。

上古中国经典文献中表示"龙"和"海神"的词语有三个："龙""鼍""若"。以这三个语词为核心，我们通过语言考古学方法发现："龙"（*loŋ）、"鼍"（*dal/*dan）和"若"（*nak）分别沿着三条丝绸之路贯穿古代世界，在广阔的世界语言图景中，勾勒出龙文化共同体的横贯丝绸之路的全球史脉络。

"龙"（*loŋ）和南亚语 ulan（蛇）、突厥语 ilαn（蛇）、印欧语 slange（蛇）、闪含语 aalo（蛇）对应。从语音上看，"龙"（*loŋ）的传播路线为：从中国北方出发，沿着亚欧大陆北部的丝绸之路，从东向西传播，抵达西亚和欧洲。

"鼍"（*dal/*dan）和越南语 tran（大蛇）、闪含语 tan（巨蛇、鳄鱼）对应。从语音上看，"鼍"（*dal/*dan）的传播路线为：从中国南方出发，沿着亚洲南方的海上丝绸之路，从东向西传播，到达西亚。

海神"若"（*nak）和侗台语 ŋək（龙、鳄）、突厥语 nək（鳄鱼、鲨鱼）、印度梵文 nāga（龙、水神）、闪含语 nahas（蛇）对应。从语音上看，"若"（*nak）的传播路线为：从中国南方出发，沿着海上丝绸之路，途经东南亚、印度、波斯、西亚和非洲，进入了古埃及和苏美尔神话，然后继续传播到欧洲的日耳曼民族。

综上所述，"龙"是人类各大文明中的重要概念。出于对水中猛兽的恐惧或崇拜，早期海上丝绸之路沿线民族将"龙""巨蛇""鳄鱼"图腾化，成为水神或海神，从而成为本民族的神话或传说。早期丝绸之路沿线各语言的"水神""海神""龙""巨蛇""鳄鱼"等词语存在高度共性，其中既有语言、文化的同源分化，也有文明之间的交流和互鉴，这些丝绸之路沿线的文明共同构筑了一个龙文化共同体。

外国人名翻译对照表

B

巴特 Bhat, D. N. S.

白保罗 Benedict, P. K.

白乐思 Blust, R. A.

白一平 Baxter, W. H.

包拟古 Bodman, N. C.

G

果达德 Goddard, C.

H

海德 Heider, C. G.

K

柯蔚南 Coblin, W. S.

克罗克霍斯特 Kloekhorst, A.

L

拉特利夫 Ratliff, M.

李希霍芬 Von Richthofen, F. F.

列维 - 斯特劳斯 Lévi-Strauss, C.

罗杰瑞 Norman, J.

M

马提索夫 Matisoff, J. A.

梅维恒 Mair, V. H.

P

蒲立本 Pulleyblank, E. G.

S

沙加尔 Sagart, L.

斯塔罗斯金 Starostin, S. A.

斯瓦迪什 Swadesh, M.

W

维尔茨别希卡 Wierzbicka, A.

X

夏含夷 Shaughnessy, E. L.
向柏霖 Jacques, G.

Y

雅各布森 Jakobson, R.

语言名称翻译对照表

A

阿昌语 Achang

阿尔泰语 Altaic

阿法尔语 Afar

阿卡德语 Akkadian

阿克米勉语 Akhmimian

阿拉伯语 Arabic

阿拉瓜语 Alagwa

阿拉姆语 Aramaic

阿拉善方言 Alashan

阿里语 Ari

阿眉斯语 Amis

阿姆哈拉语 Amharic

阿萨姆语 Assamese

阿瓦德语 Awadhi

阿维斯塔波斯语 Avista Farsi

埃及语 Egyptian

埃塞俄比亚语 Ethiopian

爱尔兰语 Irish

安加斯语 Angas

安奎语 Ankwe

奥罗莫语 Oromo

奥美托语 Ometo

奥塞梯语 Ossetia

B

巴查马语 Bachama

巴尔达语 Balda

巴哈那语 Bahnar

巴克瓦语 Bac Va

巴拉瓦语 Barawa

巴利文 Pali

巴列维语 Pahlavi

巴林右旗方言 Baarin Right Banner

巴林语 Bahrain

巴姆巴拉语 Bambala

巴南拿语 Banana

巴塔语 Bata

巴央语 Bayang

白语 Bai

柏柏尔语 Berber

班拿语 Banna

保安语 Bonan

卑南语 Puyuma

贝娄语 Pero

贝奴阿语 Benua

比迪亚语 Bidiya

比尔吉特语 Birgit

比哈尔语 Bhojpuri

比迦语 Beja

比林语 Bilin

比西斯语 Besisi

波兰语 Polish

波斯语 Persian

波西米亚语 Bohemian

博贡语 Boghom

博哈利语 Bohairian

博卡语 Boka

博克斯语 Bokkos

博乐瓦语 Bolewa

博斯语 Bos

卜土拉语 Dafo-Butura

布尔玛语 Burma

布戈图语 Bugotu

布拉辉语 Brahui

布拉吉语 Braj

布利亚特方言 Buliyate

布隆格语 Burunge

布匿语 Punic

布农语 Bunun

布图拉语 Dafo-Butura

布依语 Bouyei

C

茶叶箐语 Chayejing

陈巴尔虎方言 Chenba'erhu

D

达尔罕方言 Da'erhan

达拉萨语 Darasa

达罗毗荼语 Dravidian

达斡尔语 Daur

傣语 Dai

丹麦语 Danish

掸语 Shan

当伽拉语 Dangla

德姆比亚语 Dembea

德沃特语 Dwot

僜语 Deng

迪利语 Diri

迪美语 Dime

底格里语 Tigre

蒂科皮亚语 Tikopia

东部古实语 Lowland East Cushitic

东部裕固语 Eastern Yugur

东苏尼特方言 Dongsunite

东乡语 Dongxiang

侗台语 Kam-Tai

侗语 Gaeml

都兰方言 Dulan

独龙语 Derung

E

俄语 Russian

鄂伦春语 Oroqen

鄂托克方言 Etuoke

鄂温克语 Evenki

恩达姆语 Ndam

恩伽摩语 Ngamo

恩瓜西语 Ngwahi

恩基兹姆语 Ngizim

尔龚语 Horpa

尔苏语 Ersu

F

法里其利亚语 FaliKiria

法罗语 Faroese

法语 French

梵文 Sanskrit

腓尼基语 Phoenician

吠陀梵文 Vedic Sanskrit

弗里斯兰语 Frisian

G

甘塘语 Gantang

干达语 Gaanda

高地德语 Hochdeutsch

哥特语 Gothic

格迪奇语 Gedaged

格尔姆语 Glm

格鲁克语 Kurux

格鲁玛语 Geruma

格鲁语 Glv

格伦通语 Geruntum

格罗瓦语 Gorowa

古冰岛语 Old Icelandic

古法语 Old French

古高棉语 Old Khmer

古教会斯拉夫语 Old Church Slavonic

古拉格语 Gurage

古普鲁士语 Old Prussian

古撒克逊语 Old Saxon

古泰米尔语 Old Tamil

古英语 Old English

贵琼语 Guiqiong

H

哈尔苏斯语 Harsusi

哈尔语 Har

哈朗语 Halang

哈密尔语 Xamir

哈尼语 Hani

哈萨克语 Kazakh

含塔语 Xamta

豪萨语 Hausa

和静方言 Hejing

赫梯语 Hittite

赫哲语 Hezhen

J

基尔巴语 Kilba

基尔语 Kir

基眉语 Zime

基诺语 jino

吉巴里语 Jibbali

吉达尔语 Gidar

吉拉语 Gera

吉斯伽语 Gisiga

吉兹语 Geez

加茂语 Jiamao

伽宾语 Gabin

嘉绒语 Gyarong

捷古语 Jegu

捷哈语 Jeh

捷吉语 Geji

金宾语 Jimbin

景颇语 Jingpo

K

喀喇沁方言 Harqin

卡比乐语 Kabyle

卡尔语 Kar

卡古语 Cagu

卡拉什语 Kalasha

卡利亚语 Kariya

卡罗语 Calo

卡姆元语 Kammu-Yuan

卡那卡那布语 Kanakanabu

卡纳达语 Kannada

卡瑞卡瑞语 Karekare

凯尔特语 Celtic

坎贝拉语 Kambera

坎修语 Kansiw

康家语 Kangjia

柯尔克孜语 Kirgiz

科达古语 Kodagu

科普特语 Coptic

克劳语 Chrau

克曼特语 Kemant

孔苏语 Konso

寇塔语 Kota

库塞利语 Kuseri

库瓦语 Kuva

库伊语 Kuy

夸拉语 Kwara

奎语 Kui

L

拉丁语 Latin

拉祜语 Lahu

拉眉语 Lame

拉脱维亚语 Latvian

朗央语 Langyang

廊开语 Nongkai

浪速语 Maru

勒勒语 Lele

黎语 Li

立陶宛语 Lithuanian

傈僳语 Lisu

列托语 Lettic

临高语 Lingao

楼勾内语 Logone

卢威语 Luwian

鲁凯语 Rukai

罗因吉语 Roinji

珞巴语 Lhoba

M

马波斯布昂语 Mapos Buang

马达加斯加语 Malagasy

马尔多语 Malto

马哈语 Maha

马拉瑙语 Maranao

马拉雅拉姆语 Malayalam

马来语 Malay

马散语 Masan

马歇尔语 Marshall

玛塔康语 Matakam

迈蒂利语 Maithili

满通古斯语 Man-Tungunsic

满语 Manchu

曼达拉语 Mandara

曼达语 Manda

曼德语 Mand

曼俄语 Man'e

曼买语 Manmai

芒语 Mương

毛难语 Maonan

美斯梅语 Mesme

门巴语 Monba

蒙古语 Mongol

蒙托尔语 Montol

孟汞语 Menggong

孟加拉语 Bengali

米迦玛语 Migama

米亚语 Miya

缅文 Burmese(written)

缅语 Burmese(oral)

苗瑶语 Hmong-Mien

苗语 Hmong

莫阿比特语 Moabite

莫夫语 Mofu

莫基尔科语 Mokilko

姆巴拉语 Mbara

姆布鲁克语 Mburku

姆其瑞语 Mchri

姆宋语 Musom

木比语 Mubi

木雅语 Muya

仫佬语 Mulam

慕斯宫语 Musgum

N

纳木义语 Namuyi

纳西语 Naxi

南岛语 Austronesian

南虎语 Nanhu

南谦语 Nanqian

南亚语 Austro-Asiatic

难考瑞语 Nancowry

楠其语 Naiki

尼克巴语 Nicobarese

怒语 Nu

女真语 Jurchen

P

帕阿语 Paa

排湾语 Paiwan

旁遮普语 Punjabi

胖品语 Pangpin

朋沟语 Pengo

皮尔里语 Pearic

普米语 Primi

Q

其普语 Chip

羌语 Chiang

R

任迪勒语 Rendille

日耳曼语 Germanic

瑞典语 Swedish

S

撒拉语 Salar

萨侯语 Saho

萨斯特语 Sasite

萨阳其语 Sayanchi

塞尔维亚-克罗地亚语 Serbo-Croatian

赛德语 Saide

赛迪语 Sahidic

赛诺伊语 Senoi

沙阿鲁阿语 Saaroa

闪含语 Semito-Hamitic languages

闪米特语 Semitic

邵语 Thao

石语 Saek

史兴语 Shixing

水语 Sui

斯拉夫语 Slavic

斯瑞语 Sre

斯汀语 Stieng

苏拉语 Sura

苏姆莱语 Sumray

索科罗语 Sokoro
索科特里语 Soqotri
索洛里语 Solorese
索马里语 Somali

T

塔拉语 Tala
塔米语 Tami
塔塔尔语 tatarça
泰耶尔语 Taiye'er
泰语 Thai
汤加勒语 Tangale
汤加语 Tonga
唐格拉语 Tangla
特拉语 Tera
提阿德语 Tea-de
提格雷语 Tigray
田恩语 Tean-ean
图马克语 Tumak
图佤语 Tuwa
土家语 Tujia
土族语 Monguor
吐火罗语 Tocharian
托达语 Toda

W

威尔士语 Welsh
维吾尔语 Uighur
乌加里特语 Ugaritic

乌兹别克语 Uzbek

X

西班牙语 Spanish
西部裕固语 Western Yugur
西达莫语 Sidamo
西达姆语 Sidaama
西莱基语 Siraiki
西梅来语 Semelai
西瑞语 Siri
希伯来语 Hebrew
希腊语 Greek
希纳语 Shina
锡伯语 Sibo
暹罗语 Siamese
硝厂沟语 Xiaochanggou
谢瑞语 Sheri
信德语 Sindhi
叙利亚语 Syriac

Y

雅哈伊语 Yahay
岩帅语 Yanshuai
瑶语 Yao
耶眉语 Yemei
伊拉克语 Iraqi
彝语 Yi
易洛魁语 Iroquois
意大利语 Italian

印度尼西亚语 Indonesian

印度 - 伊朗语 Indo-Iranian

印欧语 Indo-European languages

英语 English

越南语 Vietnamese

Z

载瓦语 Zaiwa

藏缅语 Tibeto-Burman

扎巴语 Zhaba

乍得语 Chadic

正蓝旗方言 Zhenglanqi

壮语 Zhuang

卓霍尔语 Johor

邹语 Tsou

祖尔语 Zul

参考文献

（汉）司马迁：《史记》，中华书局，1962年。

（宋）戴侗：《六书故》，上海社会科学院出版社，2006年。

（宋）李石、（清）陈逢衡：《续博物志疏证》，凤凰出版社，2017年。

（清）王念孙：《广雅疏证》，中华书局，2004年。

白乐思：《一位南岛语言学家眼中的汉语——南岛语系》，载王士元：《汉语的祖先》，李葆嘉主译，中华书局，2005年。

白鸟库吉：《匈奴民族考》，何建民译，载林幹：《匈奴史论文选集（1919—1979）》，中华书局，1983年。

白鸟库吉：《匈奴の人種について》，载《白鸟库吉全集·第四卷·塞外民族史研究上》，岩波书店，1970年。

白鸟库吉：《匈奴は如何なる種族に屬するか》，载《白鸟库吉全集·第四卷·塞外民族史研究上》，岩波书店，1970年。

白于蓝：《简帛古书通假字大系》，福建人民出版社，2017年。

包拟古：《原始汉语与汉藏语》，潘悟云、冯蒸译，中华书局，1995年。

贝罗贝、吴福祥：《上古汉语疑问代词的发展与演变》，《中国语文》2000年第4期。

蔡镜浩：《魏晋南北朝词语例释》，江苏古籍出版社，1990年。

岑仲勉：《从汉语拼音文字联系到周金铭的熟语》，载《两周文史论丛》，中华书局，2004 年。

岑仲勉:《隋唐史》，河北教育出版社，2000 年。

岑仲勉:《我国上古天文历数知识多导源于伊兰》，载《两周文史论丛》，中华书局，2004 年。

朝克:《满通古斯语族语言词汇比较》，中国社会科学出版社，2014 年。

陈保亚:《论语言接触与语言联盟:汉越(侗台)语源关系的解释》，语文出版社，1996 年。

陈国庆:《孟高棉语族语言次要音节研究》，上海师范大学博士学位论文，2008 年。

陈康:《台湾高山族语言》，中央民族学院出版社，1992 年。

陈梦家:《殷虚卜辞综述》，中华书局，1988 年。

陈其光:《汉语苗瑶语比较研究》，载丁邦新、孙宏开:《汉藏语同源词研究(二):汉藏、苗瑶同源词专题研究》，广西民族出版社，2001 年。

陈孝玲:《侗台语核心词研究》，华中科技大学博士学位论文，2009 年。

陈永霖、叶晓锋:《中古梵僧入唐与复数标记"们"的产生》，《民族语文》2020 年第 2 期。

陈章太、李行健:《普通话基础方言基本词汇集》(中)，语文出版社，1996 年。

陈章太、李如龙:《闽语研究》，语文出版社，1991 年。

陈宗振、雷选春:《西部裕固语简志》，民族出版社，1985 年。

陈宗振、努尔别克、赵相如:《中国突厥语族语言词汇集》，民族出版社，1990 年。

戴庆厦、彭茹:《景颇语的基数词:兼与汉语等亲属语言比较》，《民族语文》2015 年第 5 期。

道布:《蒙古语简志》，民族出版社，1983 年。

德力格尔玛、波·索德:《蒙古语族语言概论》，中央民族大学出版社，2006 年。

邓晓华:《南方汉语中的古南岛语成分》，《民族语文》1994 年第 3 期。

董志翘、蔡镜浩:《中古虚词语法例释》，吉林教育出版社，1994 年。

范志泉、邓晓华、王传超:《语言与基因:论南岛语族的起源与扩散》,《学术月刊》2018 年第 10 期。

方豪:《中西交通史》,上海人民出版社,2008 年。

冯·加班:《古代突厥语语法》,内蒙古教育出版社,2004 年。

冯时:《古文字所见之商周盐政》,《南方文物》2009 年第 1 期。

高本汉:《汉文典》,潘悟云等编译,上海辞书出版社,1997 年。

高亨、董治安:《古字通假会典》,齐鲁书社,1989 年。

高名凯:《汉语语法论》,开明书店,1946 年。

高田时雄:《敦煌·民族·语言》,钟翀等译,中华书局,2005 年。

龚煌城:《汉藏语研究论文集》,北京大学出版社,2004 年。

龚群虎:《汉泰关系词的时间层次》,复旦大学出版社,2002 年。

管燮初:《西周金文语法研究》,商务印书馆,1981 年。

郭庆藩:《庄子集释》,中华书局,1961 年。

汉语大字典编辑委员会:《汉语大字典》(缩印本),湖北辞书出版社,1996 年。

何成等:《越汉辞典》,商务印书馆,2014 年。

侯精一:《现代汉语方言概论》,上海教育出版社,2002 年。

胡振华:《柯尔克孜语简志》,民族出版社,1986 年。

华学诚:《扬雄方言校释汇证》,中华书局,2006 年。

黄布凡:《藏缅语族语言词汇》,中央民族大学出版社,1992 年。

黄德宽:《古文字谱系疏证》,商务印书馆,2007 年。

黄金贵、曾昭聪:《古代汉语文化百科词典》,上海辞书出版社,2016 年。

黄盛璋:《古汉语的人身代词研究》,《中国语文》1963 年第 6 期。

霍文文、金理新:《试论〈左传〉第一人称代词"余"》,《古汉语研究》2018 年第 2 期。

江蓝生、曹广顺:《唐五代语言词典》,上海教育出版社,1997 年。

江蓝生:《魏晋南北朝小说词语汇释》,语文出版社,1988 年。

金理新:《汉藏语核心词研究》,黄山书社,2010 年。

金理新:《汉藏语系核心词》,民族出版社,2012 年。

金理新:《上古汉语音系》,黄山书社,2002 年。

金理新:《上古音略》,黄山书社,2013 年。

荆门市博物馆:《郭店楚墓竹简》,文物出版社,1998 年。

景冰:《西周金文中纪时术语——初吉、既望、既生霸、既死霸的研究》,《自然科学史研究》1999 年第 1 期。

克洛德·列维 - 斯特劳斯:《结构人类学》(2),张祖建译,中国人民大学出版社,2006 年。

克洛德·列维 - 斯特劳斯:《忧郁的热带》,王志明译,中国人民大学出版社,2009 年。

拉特利夫:《苗瑶语言历史研究》,余金枝等译,中国社会科学出版社,2019 年。

蓝庆元:《壮汉同源词借词研究》,中央民族大学出版社,2005 年。

劳费尔:《中国伊朗编》,林筠因译,商务印书馆,2015 年。

乐仲迪:《信仰与葬仪:粟特人在中国的拜火教墓葬》,载乐仲迪:《从波斯波利斯到长安西市》,毛铭译,漓江出版社,2017 年。

李方桂:《比较台语手册》,丁邦新译,清华大学出版社,2011 年。

李方桂:《上古音研究》,商务印书馆,2001 年。

李锦芳:《侗台语言与文化》,民族出版社,2002 年。

李明晓:《战国楚简语法研究》,武汉大学出版社,2010 年。

李壬癸:《汉语和南岛语有发生学关系吗》,载王士元:《汉语的祖先》,李葆嘉主译,中华书局,2005 年。

李云兵:《苗瑶语比较研究》,商务印书馆,2018 年。

李珍华、周长楫:《汉字古今音表》,中华书局,1999 年。

力提甫·托乎提:《阿尔泰语言学导论》,山西教育出版社,2004 年。

林梅村:《丝绸之路考古十五讲》,北京大学出版社,2006 年。

刘一曼:《略论甲骨文与殷墟文物中的龙》,《三代考古》2004 年第 1 期。

刘迎胜:《从西太平洋到北印度洋——古代中国与亚非海域》,南京大学出版社,2017 年。

吕叔湘、江蓝生:《近代汉语指代词》,学林出版社,1985 年。

吕思勉：《中国民族史二种》，上海古籍出版社，2008 年。

麻赫默德·喀什噶里：《突厥语大词典》（第三卷），校仲彝、何锐、刘静嘉译，民族出版社，2001 年。

马承源：《商周青铜器铭文选》（三），文物出版社，1988 年。

马学良：《汉藏语概论》（上、下），北京大学出版社，1991 年。

蒙元耀：《壮汉语同源词研究》，民族出版社，2010 年。

米歇尔·福柯：《词与物：人文科学的考古学》，莫伟民译，上海三联书店，2016 年。

牛军凯：《从占婆国家保护神到越南海神：占婆女神浦那格的形成和演变》，《东南亚南亚研究》2014 年第 3 期。

欧阳觉亚：《少数民族语言与粤语》，暨南大学出版社，2011 年。

欧阳觉亚、郑贻青：《黎语调查研究》，中国社会科学出版社，1983 年。

潘悟云：《对华澳语系假说的若干支持材料》，载王士元：《汉语的祖先》，李葆嘉主译，中华书局，2005 年。

潘悟云：《汉语历史音韵学》，上海教育出版社，2000 年。

裴学海：《古书虚字集释》，中华书局，1954 年。

蒲立本：《古汉语语法纲要》，孙景涛译，语文出版社，2006 年。

蒲立本：《汉语的历史和史前关系》，载王士元：《汉语的祖先》，李葆嘉主译，中华书局，2005 年。

桥本万太郎：《语言地理类型学》，余志鸿译，世界图书出版公司，2008 年。

裘锡圭：《说卜辞的焚巫尪与作土龙》，载《裘锡圭学术文集》（第 1 卷），复旦大学出版社，2012 年。

全广镇：《汉藏语同源词综探》，台湾学生书局，1996 年。

荣新江：《从张骞到马可·波罗：丝绸之路十八讲》，江西人民出版社，2022 年。

沙加尔：《上古汉语词根》，龚群虎译，上海教育出版社，2004 年。

沙加尔：《关于汉语的祖先的若干评论》，载王士元：《汉语的祖先》，李葆嘉主译，中华书局，2005 年。

石德富：《汉借词与苗语固有词的语义变化》，《民族语文》2003 年第 5 期。

石林:《侗台语比较研究》，天津古籍出版社，1997 年。

睡虎地秦墓竹简整理小组:《睡虎地秦墓竹简》，文物出版社，1990 年。

斯塔罗斯金:《古代汉语音系的构拟》，林海鹰、王冲译，北京大学出版社，2012 年。

孙宏开:《原始汉藏语的复辅音问题:关于原始汉藏语音节结构构拟的理论思考之一》，《民族语文》1999 年第 6 期。

孙景涛:《古汉语重叠构词法研究》，上海教育出版社，2008 年。

孙竹:《蒙古语族语言词典》，青海人民出版社，1990 年。

覃小航:《侗台语源探索》，民族出版社，2009 年。

唐长孺:《魏晋南北朝隋唐史讲义》，中华书局，2012 年。

田天:《秦汉国家祭祀史稿》，生活·读书·新知三联书店，2015 年。

汪维辉:《〈说苑〉与西汉口语》，载《著名中年语言学家自选集:汪维辉卷》，上海教育出版社，2011 年。

王辅世、赵习:《苗语简志》，民族出版社，1985 年。

王辅世、毛宗武:《苗瑶语古音构拟》，中国社会科学出版社，1995 年。

王国维:《观堂集林》，河北教育出版社，2001 年。

王辉:《商周金文》，文物出版社，2006 年。

王敬骝:《华夏语系说》，国际汉藏语言暨语言学会议，2001 年。

王均等:《壮侗语族语言简志》，民族出版社，1984 年。

王力等:《古汉语常用词典》，商务印书馆，2008 年。

王力:《汉语史稿》，中华书局，2004 年。

王力:《王力古汉语字典》，中华书局，2015 年。

王小甫:《唐、吐蕃、大食政治关系史》，中国人民大学出版社，2009 年。

王艳红:《苗语的借词与苗汉关系词研究》，复旦大学博士学位论文，2013 年。

魏德胜:《〈睡虎地秦墓竹简〉语法研究》，首都师范大学出版社，2000 年。

魏培泉:《汉魏六朝称代词研究》，"中央研究院"语言学研究所，2004 年。

吴安其:《东亚太平洋语言的基本词及与印欧语的对应》，商务印书馆，2016 年。

吴安其:《汉藏语同源研究》,中央民族大学出版社,2002年。

吴晓玲、陈四四:《920支医简内含10部医书 价值远超马王堆》,《四川日报》2013年12月18日。

谢建猷:《广西汉语方言研究》,广西人民出版社,2007年。

邢公畹:《汉藏语同源词初探》,载丁邦新、孙宏开:《汉藏语同源词研究(二):汉藏、苗瑶同源词专题研究》,广西民族出版社,2001年。

邢公畹:《关于汉语南岛语的发生学关系问题》,《民族语文》1991年第3期。

邢公畹:《汉台语比较手册》,商务印书馆,1999年。

邢凯:《汉语和侗台语研究》,军事谊文出版社,2000年。

徐丹:《第三人称代词的特点》,《中国语文》1989年第4期。

薛才德:《汉语藏语同源字研究:语义比较法的证明》,上海大学出版社,2001年。

颜其香、周植志:《中国孟高棉语族语言与南亚语系》,社会科学文献出版社,2012年。

杨树达:《词诠》,中华书局,2004年。

杨秀礼:《海神若流变考释》,《文艺研究》2014年第6期。

叶晓锋:《汉语方言语音的类型学研究》,复旦大学博士学位论文,2011年。

叶晓锋:《上古楚语中的南亚语成分》,《民族语文》2014年第3期。

叶晓锋:《匈奴语言及族源新探》,《中山大学学报(社会科学版)》2018年第5期。

叶晓锋、陈永霖:《从丝绸之路语言接触的角度看先秦部分医学词语的来源——以"扁鹊"、"痹"、"达"等词语为例》,《民族语文》2018年第1期。

伊强:《秦简虚词及句式考察》,武汉大学出版社,2017年。

于沛芝:《东周金文代词研究》,华东师范大学硕士学位论文,2016年。

于省吾:《甲骨文字诂林》,中华书局,1996年。

俞理明:《从佛经材料看六朝时代的几个三身称谓词》,《中国语文》1990年第2期。

俞敏:《汉藏同源字稿谱》,《民族语文》1989年第1期。

俞敏:《后汉三国梵汉对音谱》,载《俞敏语言学论文集》,商务印书馆,

1999 年。

袁家骅:《汉语方言概要》,语文出版社,2001 年。

云南省地方志编纂委员会:《云南省志·汉语方言志》,云南人民出版社,1989 年。

《藏缅语语音和词汇》编写组:《藏缅语语音和词汇》,中国社会科学出版社,1991 年。

张玉金:《甲骨文语法学》,学林出版社,2001 年。

张玉金:《西周汉语代词研究》,中华书局,2006 年。

赵相如、朱志宁:《维吾尔语简志》,民族出版社,1985 年。

赵相如:《突厥语与古汉语关系词对比研究》,社会科学文献出版社,2012 年。

郑张尚芳:《汉语与亲属语同源根词及附缀成分比较上的择对问题》,载王士元:《汉语的祖先》,李葆嘉主译,中华书局,2005 年。

郑张尚芳:《上古音系》,上海教育出版社,2003 年。

中央民族学院苗瑶语研究室:《苗瑶语方言词汇集》,中央民族学院出版社,1987 年。

中央民族学院少数民族语言研究所第五研究室:《壮侗语族语言词汇集》,中央民族学院出版社,1985 年。

周法高:《中国古代语法》(称代编),中华书局,1990 年。

周及徐:《汉语印欧语词汇比较》,四川民族出版社,2002 年。

周季文、谢后芳:《敦煌吐蕃汉藏对音字汇》,中央民族大学出版社,2006 年。

周一良:《魏晋南北朝史札记》,中华书局,1985 年。

朱红:《先秦汉语第一人称代词研究》,南开大学博士学位论文,2010 年。

朱祖延:《尔雅诂林》,湖北教育出版社,1999 年。

曾晓渝:《侗台苗瑶语言的汉借词研究》,商务印书馆,2010 年。

宗福邦等:《故训汇纂》,商务印书馆,2003 年。

Akira, H. *Buddhist Chinese-Sanskrit Dictionary*. Tokyo: The Reiyukai, 1997.

Apte, V. S. *The Practical Sanskrit-English Dictionary*. Poona: Prasad Prakashan, 1957.

Ball, M. J. & Müller, N. *The Celtic Languages*. London: Routledge, 2009.

Beckwith, C. I. *The Tibetan Empire in Central Asia: A History of the Struggle for Great Power among Tibetans, Turks, Arabs, and Chinese during the Early Middle Ages*. Princeton: Princeton University Press, 1987.

Beekes, R. *A Grammar of Gatha-Avestan Asian Studies*. Leidon: Brill, 1988.

Beekes, R. S. *Comparative Indo-European Linguistics: An Introduction*. Amsterdam/ Philadelphia: John Benjamins Publishing Company, 2011.

Beekes, R. & Michiel de V. *Comparative Indo-European Linguistics: An Introduction*. Amsterdam/ Philadelphia: John Benjamins Publishing Company, 2011.

Benedict, P. K. Thai, Kadai, and Indonesian: A New Alignment in Southeastern Asia, *American Anthropologist*, New Series, 1942(4).

Benedict, P. K. & Matisoff, J. A. Sino-Tibetan: A Conspectus. Cambridge: Cambridge University Press, 1972.

Bennett, P. R. *Comparative Semitic Linguistics: A Manual*. Indiana: Eisenbrauns, 1998.

Bhat, D. N. S. Third-Person Pronouns and Demonstratives, Haspelmath, M. (Eds.) *The World Atlas of Language Structures*. Oxford: Oxford University Press, 2005.

Black, J. & Green, A. *Gods, Demons and Symbols of Ancient Mesopotamia: An Illustrated Dictionary*. London: The British Museum Press, 1992.

Blagdene, C. O. Early Indo-Chinese Influence In the Malay Peninsula. As Illustrated by Some of the Dialects of the Aboriginal Tribes, *Journal of the Straits Branch of the Royal Asiatic Society*, 1894(27).

Blust, R. A. Subgrouping, Circularity and Extinction: Some Issues in Austronesian Comparative Linguistics, *Selected Papers from the 8th International Conference on Austronesian Linguistics, Symposium Series of the Institute of Linguistics*. Taipei: Institute of History and Philology, 1999.

Bodman, N. C. Tibetan Sdud 'Folds of a Garment', The Character 卒 , and the *St-Hypothesis, *Bulletin of the Institute of History and Philology,* 1969(39).

Buck, C. D. *A Dictionary of Selected Synonyms in the Principal Indo-European Languages.* Chicago: The University of Chicago, 1949.

Clackson, J. *Indo-European Linguistics: An Introduction.* Cambridge: Cambridge University Press, 2007.

Coblin, W. S. *A Sinologists Handlist of Sino-Tibetan Lexical Comparisons.* Nettetal: Steyler Verlag, 1986.

Coleman, J. A. *Dictionary of Mythology: An A-Z of Themes, Legends, and Heroes.* London: Arcturus Publishing Limited, 2007.

Coogan, M. *The Old Testament: A Very Short Introduction.* Oxford: Oxford University Press, 2008.

Davids, T. W. & Stede, W. *The Pali Text Society's Pali-English Dictionary.* Chipstead: The Pali Text Society, 1921.

Derksen, R. *Etymological Dictionary of the Slavic Inherited Lexicon.* Leidon: Brill, 2015.

Ferlus, M. Arem, a Vietic Language, *Mon-Khmer Studies,* 2013(1).

Goddard, C. & Wierzbicka, A. *Words and Meanings: Lexical Semantics Across Domains, Languages, and Cultures.* Oxford: Oxford University Press, 2014.

Goddard, C. & Wierzbicka, A. *Introducing Lexical Primitives, Semantic and Lexical Universals: Theory and Empirical Findings.* Amsterdam: John Benjamins Publishing Company, 1994.

Gray, L. H. *Introduction to Semitic Comparative Linguistics.* New York: Columbia University Press, 1934.

Headley, R. K. An English-Pearic Vocabulary, *The Mon-Khmer Studies Journal,* 1978(7).

Heider, C. G., Tannīn, T., et al. *Dictionary of Deities and Demons in the Bible.* Leidon: Brill, 1998.

Helck, W. & Otto, E. *Lexikon der Ägyptologie-Band I: A–Ernte.* Wiesbaden: Otto

Harrassowitz, 1975.

Hudak, T. J. *William J. Gedney's Comparative Tai Source Book.* Hawaii: University of Hawaii Press, 2008.

Hurford, J. R. *The Origins of Grammar: Language in the Light of Evolution II.* New York: Oxford University Press, 2012.

Jakobson, R. "Why 'mama' and 'papa'?" In *Selected Writings, Vol. I: Phonological Studies.* The Hague: Mouton, 1962.

Johnson, E. L. *Historical Grammar of the Ancient Persian Language.* Cincinnati and New York: American Book Company, 1917.

Kapović, M. *The Indo-European Languages.* London: Routledge, 2016.

Kloekhorst, A. *Etymological Dictionary of the Hittite Inherited Lexicon.* Leidon: Brill, 2008.

König, E. & Auwera, J. *The Germanic Languages.* London: Routledge, 1994.

Krishnamurti, B. *The Dravidian Languages.* Cambridge: Cambridge University Press, 2003.

Leick, G. *A Dictionary of Ancient Near Eastern Mythology.* New York: Taylor & Francis, 2003.

Leslau, W. *Hebrew cognates in Amharic.* Wiesbaden: Otto Harrassowitz, 1969.

Leslau, W. Analysis of the Ge'ez Vocabulary: Ge'ez and Cushitic, *Rassegna di Studi Etiopici*, 1988.

Lipiński, E. *Semitic Languages: Outline of a Comparative Grammar.* Leuven: Peeters, 1997.

Macdonell, A. A. *A Practical Sanskrit Dictionary with Transliteration, Accentuation, and Etymological Analysis Throughout.* London: Oxford University Press, 1929.

Mackenzie, D. N. *A Concise Pahlavi Dictionary.* London: Oxford University Press, 1971.

Mair, V. H. Old Sinitic 'MyAG', Old Persian 'MAGUŠ', and English 'MAGICIAN', *Early China*, 1990(15).

Mair, V. H. *Reconfiguring the Silk Road: New Research on East-West Exchange in Antiquity.* Philadelphia: University of Pennsylvania Press, 2014.

Matisoff, J. A. *Handbook of Proto-Tibeto-Burman: System and Philosophy of Sino-Tibetan Reconstruction.* Berkeley: University of California Press, 2003.

Matisoff, J. A. Three TB/ST Word Families: Set (of the Sun); Pheasant/Peacock; Scatter/Pour, In *Papers from the Tenth Annual Meeting of the Southeast Asian Linguistics Society,* Arizona State University, Program for Southeast Asian Studies, 2002.

Moscati, S. *An Introduction to the Comparative Grammar of the Semitic Languages, Phonology and Morpholog.* Cambridge: Cambridge University Press, 1980.

Norman, J. & Mei, T. The Austroasiatics in Ancient South China: Some Lexical Evidence, *Monumenta Serica,* 1976(32).

Orel, V. E. *A Handbook of Germanic Etymology.* Leidon: Brill, 2003.

Orel, V. E. & Stolbova, O. V. *Hamito-Semitic Etymological Dictionary: Materials for a Reconstruction.* Leidon: Brill, 1995.

Peiros, I. Comparative Linguistics in Southeast Asia, *Pacific Linguistic,* 1998(142).

Phaiboon, D. Glossary of Aslian Languages: The Northern Aslian Languages of Southern Thailand, *Mon-Khmer Studies,* 2006(36).

Pulleyblank, E. G. East-West Contacts Across Eurasia: Notes and Comment, *Pacific Affairs,* 1974-1975, 47(4).

Ross, M., Pawley, A. & Osmond, M. *The Lexicon of Proto Oceanic: The Culture and Environment of Ancestral Oceanic Society.* Canberra: The Australian National University, 2016.

Ross, M. Reconstructing the Case-Marking and Personal Pronoun Systems of Proto Austronesian, *Streams Converging into an Ocean: Festschrift in Honor of Professor Paul Jen-kuei Li on His 70th Birthday.* Taipei: Institute of Linguistics, 2006.

Russell, P. *An Introduction to the Celtic Languages.* London: Routledge, 1995.

Sagart, L. New Views on Old Chinese Phonology, *Diachronica,* 1993(2).

Sagart, L., Hsu, T., Tsai, Y. & Hsing, Y. C. Austronesian and Chinese Words for the Millets, *Language Dynamics and Change*, 2017, 7(2).

Sagart, L., Jacques, G., Lai,Y., et al. Dated Language Phylogenies Shed Light on the Ancestry of Sino-Tibetan, *Proceedings of the National Academy of Sciences*, 2019, 116(21).

Sayers, W. The Irish Bóand-Nechtan Myth in the Light of Scandinavian Evidence, *Scandinavian-Canadian Studies*, 1983(1).

Shorto, H. L. *A Mon-Khmer Comparative Dictionary.* Canberra: Australian National University, 2006.

Sircar, D. C. *Indian Epigraphical Glossary.* Delhi: Motilal Banarsidass, 1966.

Steingass, F. J. *A Comprehensive Persian-English Dictionary.* London: Routledge & K. Paul, 1892.

Swadesh, M. Lexico-Statistic Dating of Prehistoric Ethnic Contacts: With Special Reference to North American Indians and Eskimos, *Proceedings of the American Philosophical Society*, 1952, 96(4).

Tryon, D. T. *Comparative Austronesian Dictionary: An Introduction to Austronesian Studies.* Berlin: Walter de Gruyter , 1995.

Turner, R. L. *A Comparative Dictionary of Indo-Aryan Languages.* London: Oxford University Press, 1962.

Von Richthofen, F. F. *China: Ergebnisse eigener Reisen und darauf gegründeter Studien.* Berlin: D. Reimer, 1877.

Wayne, H. *The Germanic Languages.* Cambridge: Cambridge University Press, 2007.

Weninger, S., Streck, P. & Watson, J. *The Semitic Languages: An International Handbook.* Berlin: De Gruyter Mouton, 2011.

Wierzbicka, A. *Semantics, Culture, and Cognition: Universal Human Concepts in Culture-Specific Configurations.* Oxford: Oxford University Press, 1992.